Les rois sacrés de la Bible

DES MÊMES AUTEURS
CHEZ LE MÊME ÉDITEUR

La Bible dévoilée, Bayard, 2002.

Israël Finkelstein
et Neil Asher Silberman

Les rois sacrés de la Bible

À la recherche de David et Salomon

Traduit de l'anglais (États-Unis) par Patrice Ghirardi

Bayard

Titre original : *David and Solomon. In Search of the Bible's Sacred Kings and the Roots of Western Tradition*

The Free Press. A Division of Simon & Schuster, Inc., New York (USA)

Pour la traduction française :

ISBN-10 : 2-227-47224-3

ISBN-13 : 978-2-227-47224-2

3 et 5, rue Bayard, 75393 Paris Cedex (France)

Prologue

Le berger et sa fronde

Au sud d'Israël, se niche une vallée isolée, la vallée d'Élah, un lieu des plus évocateurs pour un lecteur de la Bible. En effet, d'après le célèbre récit du livre de Samuel (1 S 17), ce paysage austère de champs arides et de petites collines aurait servi de cadre à un combat spectaculaire, dont le récit est resté gravé dans la conscience du monde occidental.

Encore aujourd'hui, dans le silence de la vallée, l'imagination n'a aucune peine à recréer cette scène épique. D'un côté, la masse des armées philistines, puissamment cuirassées, prêtes au combat, confiantes dans l'issue de la bataille. De l'autre, un bataillon de volontaires israélites, paysans accourus à la hâte de leurs villages et bergeries, déterminés à défendre leur terre et leur foi.

Impressionnant, un géant nommé Goliath émerge des rangs philistins. Vraie brute, armé d'une épée, d'un javelot et d'une lourde lance, protégé par une cotte de mailles et un casque de bronze, il se gausse de ses adversaires israélites, légèrement équipés. Il les met au défi de trouver dans leurs rangs un champion qui ose le combattre. « S'il l'emporte en luttant avec moi et s'il m'abat, tonne Goliath, alors nous serons vos serviteurs, mais si je l'emporte sur lui et si je l'abats, alors vous deviendrez nos serviteurs et vous nous servirez. »

Quarante jours de suite, le gigantesque Philistin s'avance entre les lignes adverses et hurle son défi. « Consternés », transis de peur, les Israélites n'osent le relever. Soudain, un jeune pâtre, « de belle apparence », nommé David, que son père avait envoyé sur le champ de bataille pour porter des provisions à ses frères aînés, se porte volontaire pour être l'improbable champion d'Israël. Armé de son bâton de berger et d'une besace remplie de pierres, il s'avance vers le géant. Méprisant, Goliath se rit de son chétif adversaire. Intrépide, David lui lance cette cinglante réponse : « Tu viens vers moi armé d'une épée, d'une lance et d'un javelot. Moi je viens vers toi au nom de Yahvé Sabaot, Dieu des armées d'Israël que tu as défiées. » Joignant le geste à la parole, David tire une pierre de sa giberne, en arme sa fronde, et il tire. Frappant le géant en plein front, la pierre abat instantanément Goliath qui s'étale de tout son long sur le sol.

Pris de panique à la vue de leur invincible champion tué par un adolescent, les Philistins s'enfuient. S'emparant de l'épée de Goliath, David le décapite, emportant sa tête comme un trophée. « Se dressant en poussant des cris de guerre, les hommes d'Israël et de Juda » poursuivent les Philistins qu'ils refoulent jusque dans leur propre territoire. La menace qui pesait sur l'indépendance d'Israël vient d'être écartée.

Ainsi débute la carrière de David, champion, puis chef de guerre et, enfin, roi de tout Israël.

Cette victoire de David sur Goliath demeure, sans conteste, l'une des scènes les plus mémorables de la Bible. Elle n'en soulève pas moins un certain nombre de questions : a-t-elle véritablement eu lieu ? Pouvons-nous tenir ce récit pour un exposé historiquement fiable ? Fut-il écrit du vivant de David ou après bien des années ? Est-il possible de dater sa composition ? Pouvons-nous déceler des strates cachées à l'intérieur du corps du récit ? Pourquoi la Bible, dans un passage trop souvent ignoré, crédite-t-elle *un autre* héros de la mort de Goliath ? Pourquoi le style fait-il penser aux descriptions homériques des duels mythiques entre héros grecs et troyens ? S'agit-il seulement d'un conte édifiant ou bien sa composition obéissait-elle à des circonstances et à des motivations cachées ? Sa dimension plus universelle permet-elle de mieux comprendre l'évolution de la théologie judéo-chrétienne ?

Telles sont les questions auxquelles ce livre s'efforcera de répondre, non seulement à propos du duel de David contre Goliath, mais de la totalité de l'histoire de David, de son fils Salomon, et de leurs fabuleux exploits. En effet, pendant de nombreux siècles, le récit biblique de David et Salomon a servi de leçon démontrant comment le courage, la foi et la sagesse combinés peuvent libérer un peuple de l'oppression et l'aider à fonder son indépendance et sa prospérité.

Tous les peuples y aspirent, tous les leaders dignes de ce nom s'y efforcent. L'histoire de l'instauration de la puissante et florissante monarchie unifiée d'Israël par David et Salomon offre un exemple de sage et juste gouvernance qui s'est enchâssé dans la tradition judéo-chrétienne et dans les sociétés qui y puisent leur autorité morale. L'étude de cette saga biblique présente un double intérêt : d'une part, elle révèle les différentes étapes de la paternité littéraire de la Bible hébraïque (et l'utilisation de ses symboles dans le Nouveau Testament) sur plus d'un millénaire ; d'autre part, elle explique, en dévoilant les raisons historiques qui ont présidé à l'évolution du récit, pourquoi les figures de David et Salomon ont exercé – et exercent encore – une influence marquante au sein de la tradition occidentale.

Le défi que nous souhaitons relever sera de dégager de nouvelles perspectives sur David et Salomon en partant des nouvelles données archéologiques qui éclairent l'essor et le développement de l'antique société au sein de laquelle a émergé le récit biblique. Nous tenterons de dégager l'histoire du mythe, de soulager d'anciens souvenirs du fardeau des élaborations ultérieures, de débarrasser les faits du sédiment de la propagande royale. Nous retracerons l'évolution du récit en remontant à ses origines les plus reculées, jusqu'à la composition finale de l'exposé biblique. En suivant cette méthode, notre quête de David et Salomon mettra l'accent sur la tension entre le fait historique et la tradition sanctifiée, autrement dit, dans le cas présent, entre la réalité du Juda de l'âge de Fer et la légende, toujours aussi vivante en Occident, des rois sacrés de l'ancien Israël.

Introduction

David, Salomon et la tradition occidentale
Légendes anciennes, Bible et archéologie

Des cathédrales élancées et des élégants palais de l'Europe médiévale et renaissante aux silencieuses galeries des musées d'art du monde entier, des chaires des lieux de culte de l'Amérique profonde aux épopées hollywoodiennes, l'histoire des rois sacrés d'Israël, David et Salomon, demeure l'un des legs les plus vivaces de la civilisation occidentale. Les personnages de David – berger, guerrier, souverain de droit divin – et de son fils, Salomon – grand bâtisseur, juge éclairé, serein dirigeant d'un vaste empire – sont devenus des archétypes intemporels de sage gouvernance sous l'autorité de Dieu. Icônes de l'idéal occidental de la monarchie, ils servirent de modèles exemplaires de piété royale, d'espérance messianique et de destin national.

Grâce à l'archéologie, nous sommes enfin en mesure – c'est une première – de disséquer les constituants majeurs du récit biblique, ce qui permet de voir quand et comment chacun d'eux a émergé. Les résultats de notre quête risquent de surprendre. En effet, les découvertes archéologiques des dernières décennies révèlent à quel point le monde véritable de David et Salomon différait de la fresque prestigieuse qu'on en a dressée. Pour autant, leur légende ne se réduit pas à une fiction romanesque tissée autour de personnages et d'événements purement imaginaires. Autour d'un noyau central de souvenirs authentiques, s'est forgée, au cours des siècles, une création littéraire d'une richesse immémoriale. Abondant en scènes d'une flamboyance épique – le duel contre Goliath, l'ascension fulgurante de David du statut de hors-la-loi à celui de souverain, la munificence de la cour de Salomon –, la geste de David et Salomon exprime un idéal universel d'indépendance nationale et de valeurs spirituelles dont la transcendance a fini par être adoptée par le monde entier. Pourtant, comme nous le verrons, ses origines, retracées par l'archéologie, appartiennent à l'histoire d'un minuscule royaume de l'âge de Fer, en pleine mutation d'une société archaïque et rurale à un État complexe.

COURT RÉSUMÉ DU RÉCIT BIBLIQUE

La version complète de l'histoire de David et Salomon, dont le récit dans la Bible s'étend du premier livre de Samuel au premier livre des Rois, décrit comment le peuple d'Israël gagne son indépendance avant de jouir d'une période de prospérité sans précédent. Harcelés dans leurs villages des hautes terres par la brutale agressivité des conquérants philistins des plaines, les anciens d'Israël implorent la venue d'un chef capable de les mobiliser pour répondre aux coups de leurs ennemis. Auparavant, des « juges » inspirés guidaient les Israélites, rassemblés en tribus indépendantes. Mais, en ces temps de crise, obéissant aux injonctions divines et faisant taire ses propres appréhensions, le vénérable prophète Samuel se résout à oindre Saül, un jeune homme de belle prestance, issu de la tribu de Benjamin, comme premier roi destiné à régner sur l'ensemble d'Israël. Saül est un chef de guerre audacieux. Mais il se révèle d'un caractère instable, sujet à des crises de dépression, violent, emporté, et peu respectueux des préceptes religieux. En secret, désavouant ce dernier, Dieu jette son dévolu sur David, fils de Jessé, un jeune berger de la tribu de Juda, que l'on avait convoqué pour calmer les crises de démence de Saül avec le son mélodieux de sa harpe.

Au gré de son développement, le récit révèle la fabuleuse destinée de David, de plus en plus apparente alors que Saül règne encore. Sur le champ de bataille, devant les puissantes armées philistines prêtes au combat, David abat le géant Goliath. L'exploit lui vaut les acclamations enthousiastes de la nation israélite, mais aussi la vindicte du roi Saül. Lors de sa fuite désespérée dans les étendues désertiques pour échapper à la jalousie criminelle de Saül,

David fait montre de remarquables qualités d'autorité, de bravoure et d'intelligence. À la tête d'une bande de hardis maquisards, il règle ses comptes, repousse les assauts de ses ennemis, accomplit la vengeance de Dieu et redistribue le butin capturé aux pauvres et aux opprimés. Quand Saül périt sur le champ de bataille, David est proclamé d'abord roi de Juda, puis roi de tout Israël, enfin « oint du Seigneur », ou « messie ». C'est l'histoire classique de l'ascension du jeune héros, du preux guerrier voué au triomphe de la vraie foi, de l'homme au charisme exceptionnel qui, s'emparant du manteau du chef tombé, devient la vivante incarnation des aspirations et des rêves de son peuple.

Les exploits ultérieurs de David comme roi d'Israël ont suscité nombre d'ambitions d'expansion territoriale et d'héritage sacré tout au long des siècles. Pour accomplir la promesse divine qu'Israël deviendra une grande nation, David conquiert Jérusalem pour en faire sa capitale, offrant ainsi un écrin prestigieux à l'Arche d'alliance, qui avait guidé les pas du peuple d'Israël durant son long périple. À la tête de son armée, David balaye les ennemis d'Israël, leur infligeant défaite et destruction ; il fonde un vaste royaume qui s'étend de l'Euphrate jusqu'aux frontières de l'Égypte. À la mort de David, son fils Salomon – né de la ravissante Bethsabée – lui succède. Salomon dirigera sagement le royaume, instaurant une ère de paix et de prospérité. C'est un récit émouvant sur la faveur et le pouvoir divins qui se répandent sur une nation dont les dirigeants ont été spécialement choisis par Dieu.

À Jérusalem, Salomon érige un temple magnifique ; doté d'une vaste intelligence et d'un sens aigu de la justice, il règne sur une bureaucratie compétente, une puissante armée et un grand peuple. Ses multiples contacts internationaux, son habileté au négoce et à la diplomatie lui valent une célébrité mondiale, celle du plus fortuné et du plus sage des souverains. Il prend pour épouse la fille de Pharaon. Sa perspicacité de jugement, son talent d'auteur de proverbes, sa maîtrise dans la connaissance des richesses de la création – arbres, bêtes, oiseaux, reptiles et poissons – élargissent l'étendue de sa renommée. La mystérieuse reine de Saba quitte son royaume de la lointaine Arabie et vient lui rendre visite à Jérusalem. Alors, « Salomon l'éclaire sur toutes ses questions et aucune n'est pour le roi un secret qu'il ne peut élucider » (1 R 10,3)[1]. Salomon incarne une combinaison idéale de sagesse, d'opulence et de pouvoir en la personne d'un souverain. Son règne à Jérusalem correspond à un moment exceptionnel, où la promesse divine atteint son apogée, culmine sur des sommets de prospérité, de connaissances et d'expansion pour tout le peuple d'Israël. Par la suite, le règne de Salomon sera toujours évoqué, avec nostalgie, comme un âge d'or de perfection spirituelle et matérielle qui pourrait bien, un jour, revenir.

Cependant, dans la Bible, David et Salomon ne sont pas dénués, l'un comme l'autre, de faiblesses humaines, aussi flagrantes que les dons impressionnants dont Dieu les a gratifiés. David en fuite n'hésite pas à collaborer avec l'ennemi philistin et à fragiliser l'autorité royale de Saül par sa soif de popularité. Après la mort de ce dernier, David décline de façon fort peu convaincante toute responsabilité personnelle dans l'assassinat des partisans et légataires de Saül. Plus tard, son mariage avec la ravissante Bethsabée résultera d'une séduction adultère et d'une manœuvre déloyale par laquelle il provoquera la mort d'Urie, l'époux légitime de Bethsabée, sur le champ de bataille. À mesure que passent les années, David se révélera impuissant à contrôler l'implacable rivalité qui opposera ses deux fils, les princes Amnon et Absalom. Lorsque ce dernier complotera pour le supplanter, le roi vieillissant fera preuve de faiblesse et de vulnérabilité – au point de se lamenter en apprenant l'exécution d'Absalom (2 S 19,1) : « Que ne suis-je mort à ta place ! Absalom mon fils, mon fils ! » Tantôt, David se comporte en chef implacable, tantôt en amant concupiscent, tantôt en père indécis et geignard. Bref, il est profondément humain, tiraillé entre ses faiblesses et sa destinée.

Le Salomon biblique dévoilera lui aussi un côté obscur et décadent. Trahissant sa réputation de pieux fondateur du Temple, il succombera à l'attraction des femmes et des dieux étrangers. Les séduisantes Moabites, Ammonites, Édomites, Sidoniennes et Hittites, qui peuplent son vaste harem, introduiront l'usage des cultes païens dans la cité sainte, provoquant le courroux divin. Des peuplades, jadis soumises, se sou-

1. Pour leurs citations bibliques, les auteurs ont utilisé la traduction en anglais de la Bible hébraïque, intitulée la *Revised Standard Version*. Les citations en français sont extraites soit de *La Bible de Jérusalem* soit de *la Nouvelle Traduction de la Bible* des éditions Bayard. Les courtes citations guillemetées qui font partie intégrante du texte ont parfois été traduites de l'anglais pour mieux respecter le propos des auteurs. *(N.d.T.)*

lèveront. Après la mort de Salomon, les dix tribus nordistes d'Israël feront sécession pour fonder un royaume séparé. Cette douloureuse leçon montre comment l'infidélité religieuse d'un chef trop amoureux des plaisirs et du luxe peut détruire un bel âge d'or.

Pourtant, Dieu n'a-t-il pas fait la promesse éternelle et inconditionnelle que le « trône [de David] sera affermi à jamais » (2 S 7,16), que la dynastie davidique ne s'éteindra pas ? De fait, même à la suite de l'effondrement moral de Salomon et de la désintégration de son vaste empire, Dieu promet au peuple d'Israël qu'il accordera un héritage éternel aux descendants de David. Un jour, leur humiliation cessera (1 R 11,39). Existe-t-il plus belle assurance, pour un peuple, que la certitude qu'en dépit des erreurs et des faiblesses de ses dirigeants, l'avenir de la nation sera éternellement préservé ?

La Bible brosse, de David et Salomon, de vibrants et inoubliables portraits, plus vrais que nature. Nonobstant les contradictions humaines et théologiques, la promesse d'une protection divine éternelle faite à David et à sa descendance permet d'espérer l'avènement futur d'un nouveau David ou d'un nouveau Salomon, annonciateur d'un nouvel âge d'or encore plus éblouissant.

ROIS OCCIDENTAUX DE JADIS ET DE DEMAIN

Dans l'ancien Israël, David et Salomon étaient des pères fondateurs de dimension locale ; dans la tradition judéo-chrétienne, à travers son évolution et son expansion au cours des siècles, David et Salomon en vinrent à représenter bien davantage. Enchâssée dans le canon biblique, et dans les traditions du judaïsme et du christianisme, ils seront vénérés comme les plus grands dirigeants d'Israël, le royaume élu de Dieu, et comme les précurseurs spirituels des leaders, princes et potentats ultérieurs du monde occidental.

En 586 av. J.-C., après l'effondrement du royaume de l'âge de Fer de Juda, s'élaborera la célébrité légendaire de David et Salomon, qui feront dès lors l'objet d'une vénération particulière. Abraham, le grand patriarche, reposait en paix dans son tombeau, à Hébron. Moïse, le grand législateur, n'était pas destiné à revenir. En revanche, David et Salomon avaient été les récipiendaires d'une promesse divine qui garantissait au peuple sa survie et sa rédemption éventuelle. En dépit des épreuves du présent, la lignée de David, le fils de Jessé, offrait une promesse d'avenir.

Comme l'exprime le livre d'Isaïe :

> Un rejeton sortira de la souche de Jessé, un surgeon poussera de ses racines. Sur lui reposera l'Esprit de Yahvé, esprit de sagesse et d'intelligence, esprit de conseil et de force, esprit de connaissance et de crainte de Yahvé : son inspiration est dans la crainte de Yahvé. Il jugera mais non sur l'apparence. Il se prononcera mais non sur le ouï-dire. Il jugera les faibles avec justice, il rendra une sentence équitable pour les humbles du pays. Il frappera le pays de la férule de sa bouche, et du souffle de ses lèvres fera mourir le méchant. La justice sera la ceinture de ses reins, et la fidélité la ceinture de ses hanches (Is 11,1-5).

Pendant des siècles, cette vision a nourri les espoirs des juifs. Mais elle n'est pas l'apanage des seuls juifs : quand les Écritures hébraïques furent adoptées par le christianisme au titre d'« Ancien Testament », la prééminence biblique de David et Salomon servit à une nouvelle perspective métaphysique. Aux yeux des chrétiens, Jésus – puis, par son intercession, tous les rois de la chrétienté – hérita de la promesse messianique faite à David. Au sein de la tradition islamique, Daoud et Soliman jouissent d'une réputation de grands rois et de juges empreints de sagesse, qui accomplirent la volonté d'Allah. Des déserts de l'Arabie aux falaises pluvieuses de Scandinavie et des îles Britanniques, la légende de David et Salomon représente une parabole universelle sur la souveraineté et la faveur divine.

Au cours des siècles, les scènes poignantes, les symboles et les personnages des histoires bibliques de David et Salomon ont été interprétés au moyen de quasiment tous les médias artistiques. Qui ne connaît l'image familière du jeune berger judéen, la musette pleine de galets, dominant le corps étendu de Goliath mort ; ou le beau jeune homme, dont la harpe enchanteresse apaise les esprits démoniaques ; ou le roi luxurieux qui, attiré par la femme d'un autre, complote la mort de son époux ; ou son fils et successeur royal, à la sagesse légendaire, qui reçoit en grande pompe la reine de Saba, environné de splendeurs et de richesses inouïes ? Les portraits de David et Salomon, conquérants intrépides, oints de Dieu, siégeant en majesté sur le trône, reflètent une vision universelle de protection divine et de destinée nationale.

L'histoire de David et Salomon fut l'outil qui a permis la fabrication de toute une série de royaumes ultérieurs, de dimension locale ou universelle. Quand il prit le contrôle de l'Empire romain christianisé, Constantin joua les nouveaux Salomon. Lors de l'inauguration de la basilique Sainte-Sophie de Constantinople, Justinien proclama avoir surclassé Salomon. Clovis, roi des Francs, se para des atours d'un David rustique. Charlemagne, couronné empereur romain d'Occident le jour de Noël de l'an 800, se vanta d'être un nouveau David, destiné à faire de la monarchie unifiée d'Europe occidentale une réalité médiévale, et non plus un mythe biblique. À sa suite, d'autres monarques, français, allemands ou anglais, reprirent à leur compte sa dévotion pour le roi David.

À partir du XIIe siècle apr. J.-C., les représentations peintes ou sculptées de l'arbre de Jessé, sur les porches ou les vitraux des grandes cathédrales européennes, rappellent à tous les croyants la continuité sacrée de la lignée davidique. De la forme étendue du géniteur de David, Jessé, les vrilles arachnéennes d'une plante grimpante, en pierre ou en verre teinté, forment comme une échelle végétale d'autorité divine : à la base, David, représenté avec sa harpe, suivi de Salomon, avec sa couronne, puis des derniers rois judéens, ensuite, de Jésus entouré des apôtres et, enfin, des têtes couronnées du monde médiéval. De même, le grand conquérant et législateur ottoman, Soliman II « le Magnifique », soucieux de sacraliser l'autorité historique et religieuse de son empire, cultiva soigneusement son image de marque de « Second Salomon ». Sous la Renaissance italienne, les célèbres représentations sculpturales de Michel-Ange, Donatello ou Verrocchio ont universalisé l'image de David, incarnation de l'intrépidité individuelle et de l'assurance confiante dans la destinée personnelle.

Plus tard, dans les tableaux de Rembrandt, à l'âge d'or de l'école hollandaise, dans les poèmes de John Dryden, sous la « Restauration » anglaise, dans les chants patriotiques des premiers colons américains, surgiront de nouvelles évocations d'un David plus prêt que jamais à écarter un Saül devenu fou ou à abattre un Goliath trop sûr de sa force. De nouveaux Absalom seront condamnés pour trahison ou rébellion. De nouveaux Salomon veilleront sur de vastes empires. Non contente de célébrer les exploits de héros bibliques et de préfigurer l'Incarnation du Christ, la geste des anciens rois d'Israël, David et

Salomon, a aussi servi de prototype sur lequel se sont calqués les souverains terrestres des nouveaux peuples du Livre.

Encore aujourd'hui, alors que nous n'avons plus guère de trace d'une monarchie occidentale, à l'exception d'un aspect purement cérémoniel, David et Salomon n'ont rien perdu de leur pouvoir d'évocation. Qu'il soit jugé historique ou apprécié pour sa puissance mythique, le récit biblique des rois fondateurs de l'Israël unifié occupe encore une place importante dans notre culture occidentale. Même parmi ceux qui ne savent pas grand-chose du contenu de la Bible, rares sont ceux qui seront obligés de demander ce que représente « un combat de David contre Goliath », ou ce que signifie « un jugement de Salomon ». C'est bien simple, privé de David et Salomon, notre monde ne serait pas le même. Leurs exploits constituent l'étalon des qualités requises d'un dirigeant occidental, un archétype du pouvoir royal, qui influence chacun d'entre nous, qu'on en soit ou non conscient.

ANATOMIE D'UNE ÉPOPÉE BIBLIQUE

Pour comprendre comment s'est développé cet archétype, il faut en premier lieu examiner sa source écrite, la Bible. Avant de nous tourner vers l'archéologie, il importe de prendre en considération l'immense travail des biblistes qui ont tenté de découvrir quand et pourquoi la Bible fut rédigée. Pour ces savants, la vie et les hauts faits de David et Salomon s'inscrivent dans des unités littéraires bien définies, dont on peut identifier l'historique et la date de composition à partir d'indices stylistiques, terminologiques et linguistiques.

L'analyse des textes de la Bible hébraïque a permis à de nombreux spécialistes de conclure que le long récit consacré à David et Salomon, contenu dans les deux livres de Samuel et dans le premier livre des Rois, fait partie d'une œuvre littéraire distincte. Intitulée « l'histoire deutéronomique[2] », elle couvre les livres de Josué, des Juges, de

2. Qualifiée aussi parfois de « deutéronomiste », notamment dans *La Bible dévoilée* des mêmes auteurs ; les deux qualificatifs sont corrects ; cependant, le *Dictionnaire des mots de la foi chrétienne* (éd. du Cerf) conseille de réserver le terme « deutéronomiste » à la désignation de l'auteur du Deutéronome, et d'employer l'adjectif « deutéronomique » pour qualifier ce qui appartient au Deutéronome ; employée par de nombreux livres spécialisés, c'est la forme adoptée dans cet ouvrage. *(N.d.T.)*

Samuel et des Rois. Principale source biblique de l'histoire d'Israël, cette œuvre – à laquelle nous ferons souvent référence – décrit les événements tumultueux et miraculeux qui, après la traversée du Jourdain, ont permis la conquête de Canaan, puis la fondation des royaumes israélites. La tragique destruction de Jérusalem, prélude à l'exil à Babylone, clôt le récit.

L'histoire deutéronomique fut ainsi nommée parce que les savants ont décelé dans ces œuvres une proximité théologique et linguistique toute particulière avec le dernier livre du Pentateuque, le Deutéronome. De tous les livres de la Torah, le Deutéronome est le seul qui impose au peuple d'Israël un culte strictement centralisé et qui prescrit une législation minutieuse de l'ensemble des activités humaines, des cérémonies religieuses aux coutumes alimentaires, en passant par la pratique du prêt et le processus légal du divorce. Ces lois y sont détaillées comme des injonctions divines non négociables. Si le peuple d'Israël les observe scrupuleusement, il sera prospère et béni de Dieu. S'il les viole, il devra payer un lourd tribut pour prix de son obstination pécheresse. Le Deutéronome dicte la loi ; l'histoire deutéronomique illustre de façon détaillée comment le principe divin s'est imposé tout au long de l'histoire humaine. Outre la description des événements et la présentation des personnalités bibliques majeures, elle détaille pourquoi la conquête de la Terre promise nécessita tant de violence, pourquoi les Israélites durent souffrir ultérieurement des mains des gentils, leurs voisins, et, enfin, pourquoi les rois David et Salomon, ainsi que leurs successeurs et le peuple d'Israël tout entier, ont traversé des périodes de prospérité alternant avec des périodes de déclin, correspondant à leur stricte observance ou à leur violation des lois et principes deutéronomiques.

D'après de nombreux savants, l'histoire deutéronomique fut compilée, sous une forme proche de l'actuelle, vers la fin du VIIe siècle av. J.-C., sous le règne de Josias, roi de Juda (639-609 av. J.-C.), soit environ trois siècles *après* l'époque de David et Salomon[3]. Pour autant, il ne faudrait pas en conclure que, lors de sa mise en forme, elle ait donné lieu à une composition entièrement nouvelle ou purement imaginaire. L'apparente et uniforme rigidité de son message

3. Les circonstances de la compilation initiale de l'histoire deutéronomique seront décrites au chap. 6.

théologique dissimule un patchwork littéraire. Issue d'un montage réalisé à partir de diverses sources antérieures, elle ne résulte pas d'une œuvre originale, rédigée par un individu ou par une groupe d'auteurs œuvrant à la même époque. Truffé de discontinuités évidentes, le texte est émaillé de bribes de poèmes, de citations empruntées à d'autres œuvres, de listes géographiques, interrompues par de longs narratifs.

À l'intérieur de l'histoire deutéronomique, le récit de David et Salomon – couvrant les deux livres de Samuel et les onze premiers chapitres du premier livre des Rois – résulte lui-même d'un assemblage de sources diverses. Liées – et souvent interrompues – de passages poétiques, d'interminables listes de noms, de résumés de hauts faits, de descriptions minutieuses, géographiques ou administratives, trois longues compositions narrent, en séquences, les événements majeurs de la vie de David et Salomon. Les savants ont baptisé ces compositions, que l'on présume primitives, « l'histoire de la montée de David » (1 S 16,14–2 S 5), « l'histoire de la succession [ou de la cour] » (2 S 9-20 ; 1 R 1-2) et « l'histoire de Salomon » (1 R 3-11).

« L'histoire de la montée de David » au pouvoir décrit l'onction du jeune pâtre à Bethléem, son arrivée à la cour de Saül, son duel contre Goliath, sa fuite de la cour de Saül, ses aventures de chef de bande ; elle se poursuit avec la mort de Saül, suivie de la montée sur le trône de David ; et elle se conclut par la capture de Jérusalem par David, suivie de la défaite finale des Philistins.

« L'histoire de la succession », appelée aussi parfois « l'histoire de la cour », se concentre surtout sur la question : « Qui siégera sur le trône de mon seigneur le roi [David] après lui ? » (1 R 20,27). Elle poursuit le récit avec l'établissement par David de la capitale d'Israël à Jérusalem, ses grandes victoires contre les ennemis d'Israël et la suite touffue d'événements, d'actions et de tourments personnels, à la morale ambiguë, qui a marqué le règne de David. Elle finit sur le choix de Salomon comme successeur et sur la mort de David, devenu sur le tard un vieillard faible et indécis.

Par contraste, « l'histoire de Salomon » se livre à un exposé franc et direct des grandes réalisations du roi Salomon, à une glorification de son faste et de sa sagesse. La fin décrit le déclin moral du souverain, ainsi que les rébellions et dissensions qui mirent un terme à l'âge d'or d'Israël.

De quand date la rédaction de ces anciens récits ? La réponse à cette question est cruciale pour peser leur fiabilité historique. Jusqu'à récemment, la plupart des savants pensaient que leur composition initiale avait eu lieu à une époque quasi contemporaine, ou en tout cas très proche du temps où David et Salomon avaient vécu. Dans un livre qui a fait autorité, publié en 1926, intitulé *Die Überlieferung von der Thronnachfolge Davids* (« La Succession de David sur le trône »), le bibliste allemand Leonhard Rost parle de « l'histoire de la montée de David » comme d'une œuvre de propagande politique dont l'objectif était de légitimer la montée de David sur le trône de Saül et de démontrer qu'il était bien le roi de l'ensemble d'Israël, du Sud aussi bien que du Nord. Pour soutenir la légalité de l'ascension vers le pouvoir de David, le récit prouve que Saül a été rejeté, à cause de ses erreurs et de ses manquements religieux, et que David a été choisi par Dieu. Le transfert de souveraineté de Saül à David s'est donc opéré par la volonté de Dieu, car « l'esprit de Yahvé s'était retiré de Saül » (1 S 16,14), alors que Yahvé était avec David (1 S 16,18). D'après la théorie de Rost – et de nombreux chercheurs à sa suite –, la paternité de ce texte doit être attribuée à un partisan de la dynastie davidique, qui l'aurait écrit vers la fin du règne de David, ou sous Salomon, afin de contrer les arguments des Nordistes « saülides », lesquels contestaient aux Sudistes « davidiens » le droit de les dominer.

Par la suite, le bibliste américain Kyle McCarter présenta le récit comme une grande *apologia*, destinée selon lui à démontrer que, nonobstant la violence sanguinaire des événements qui avaient présidé à sa montée au pouvoir, David était dans son droit. Grâce à un habile portrait de David, le narrateur réfute l'insinuation qu'il était un déserteur, un traître, un mercenaire philistin, et qu'il portait une lourde culpabilité dans la mort de Saül. Il impute à d'autres la responsabilité de la mort d'Ishboshet, fils et successeur de Saül, et celle de l'assassinat d'Abner, le général commandant l'armée de Saül. Il innocente David de ces deux actions, pourtant instrumentales dans sa consolidation du pouvoir. Pour résumer, l'*apologia* visait à démontrer que David avait eu un comportement irréprochable à l'égard de Saül et de sa famille, et qu'il n'était ni un traître ni un usurpateur. Successeur légitime de Saül, il était l'élu du Dieu d'Israël.

De la même façon, « l'histoire de la succession » justifiait l'élévation de Salomon sur le trône de David à la place des fils aînés de ce dernier, Amnon, Absalom et Adonias. Le récit atteint son apogée avec l'onction de Salomon, un événement qui, lui aussi, a reçu la sanction divine. D'après Rost et les partisans de sa thèse, « l'histoire de la succession » serait due à un contemporain, témoin oculaire ou acteur des circonstances qu'elle décrit – probablement à un scribe de la cour de Jérusalem au tout début du règne de Salomon. Ces chercheurs voient, dans le triptyque de la « montée », la « succession » et « Salomon », le fruit d'une ère de raffinement culturel, en Israël, au sein d'une cour royale où officiaient des rédacteurs et des scribes hautement qualifiés (2 S 8,17 ; 20-25 ; 1 R 4,3). Rost qualifie la « succession » d'« œuvre la plus accomplie dans l'art hébraïque du récit ». Pour le grand bibliste allemand, Gerhard von Rad, adepte des théories de Rost, la « succession » marque le début de l'historiographie israélite, voire de toute la tradition occidentale de l'écriture de l'histoire.

Dans son ouvrage marquant sur l'histoire deutéronomique, paru au début des années 1940, un autre bibliste allemand, Martin Noth, reprend lui aussi à son compte un grand nombre d'affirmations de Rost. Il affirme que le deutéronomiste a respecté le récit originel, en l'introduisant quasiment mot pour mot dans sa composition. Par la suite, un grand nombre de savants ont adopté la même position, persuadés qu'ils étaient que les récits majeurs relatifs à David et Salomon puisaient leur origine dans des sources indépendantes datant des débuts de la monarchie israélite. Toutefois, nous savons aujourd'hui qu'il s'agit d'une théorie erronée. Comme nous le verrons, l'archéologie en apporte clairement la preuve. Puisées dans de primitives traditions populaires, ces histoires familières de David et Salomon résultent de montages et de travaux de réécriture extensifs, exécutés durant les quatre siècles qui ont suivi les règnes de David et Salomon. En dépit de sa maigre fiabilité historique, le nouvel éclairage, très surprenant, que ce récit projette sur les origines de la tradition biblique nous aidera à comprendre pourquoi elle demeure, aujourd'hui encore, aussi vivante que jamais.

À QUELLE ÉPOQUE DAVID ET SALOMON ONT-ILS VÉCU ?

Pour mesurer le degré de fiabilité historique des récits concernant David et Salomon, il faut en premier lieu préciser les dates de leurs règnes. Pour ce faire, le témoignage de la Bible reste déterminant. En effet, ni les grandes civilisations de l'écrit, voisines de l'ancien Israël, notamment l'Égypte et la Mésopotamie, ni les fouilles archéologiques menées dans l'Israël moderne ne nous ont livré de textes ou d'inscriptions, précisément datées, contenant des références contemporaines à David et Salomon. Nous devons donc nous contenter – avec les précautions d'usage – des indices chronologiques transmis par l'histoire deutéronomique.

Quand ils retracent les vies et les règnes des rois de Juda – le royaume du Sud – et d'Israël – le royaume du Nord –, les deux livres des Rois mentionnent en général l'âge de chaque souverain au moment de sa montée sur le trône, la longueur de son règne et la correspondance en années et en durée avec le règne du souverain du royaume concurrent. Si on remonte dans le temps à partir de la dernière référence biblique à un roi de la dynastie davidique – 2 R 25,27 mentionne que Joiakîn, le dernier roi davidique vivant, fut libéré de captivité à Babylone pendant la première année du règne du roi de Babylone, Avil-Marduk (l'Évil-Mérodak de la Bible) –, nous avons un solide point de départ. D'après les textes babyloniens, Avil-Marduk est monté sur le trône en 561 avant notre ère. À partir de cette date, après avoir tenu compte de données contradictoires en provenance d'autres sources anciennes, d'erreurs scripturaires évidentes, de chiffres ronds douteux, de possibles chevauchements de dates pour certaines successions, les savants sont parvenus à reconstruire une séquence chronologique qui remonte à David et Salomon.

Ces dates – plutôt fiables pour les rois les plus récents, plus approximatives pour les plus anciens – ont été obtenues par la projection vers le passé de la chronologie biblique des règnes de tous les souverains (et d'une reine, Athalie) de la dynastie davidique qui ont succédé à David et Salomon :

ROIS	DURÉE DU RÈGNE	DATES (av. J.-C.)
Sédécias	11 ans	596-586
Joiakîn	3 mois	597**
Joiaqim	11 ans	608-598
Joachaz	3 mois	609
Josias	31 ans	639-609
Amon	2 ans	641-640
Manassé	56 ans	698-642
Ézéchias	29 ans	727-698
Achaz	16 ans	743-727*
Yotam	16 ans	759-743*
Ozias/Azarias	52 ans	785-733*
Amasias	29 ans	798-769
Joas	39 ans	836-798
Athalie	7 ans	842-836
Ochozias	1 an	843-842
Joram	8 ans	851-843*
Josaphat	25 ans	870-846*
Asa	41 ans	911-870
Abiyyam	3 ans	914-911
Roboam	17 ans	931-914

* Corégences incluses.

** Libéré à Babylone en 561 avant notre ère.

On peut comparer certains points de la liste aux références contemporaines aux rois davidiques dans les chroniques assyriennes et babyloniennes. Les chroniques babyloniennes, par exemple, mentionnent le siège de Jérusalem sous le bref règne de Joiakîn, durant la septième année du règne de Nabuchodonosor, soit en 597 avant notre ère. Une inscription, datant de 674, du roi assyrien Asarhadon note le tribut versé par Manassé à l'Assyrie. Les Annales de Sennachérib décrivent une attaque assyrienne contre Jérusalem, survenue vers 701, sous le règne d'Ézéchias. Le tribut versé par Achaz à l'Assyrie figure dans une inscription de Téglat-Phalasar III, datant de 734 av. J.-C. Les correspondances avec les règnes des souverains nordistes – en remontant à la bataille de Qarqar, sous Achab – confirment la fiabilité globale de cette chronologie. Un autre synchronisme jugé acceptable est l'invasion du pays par le pharaon égyptien Shéshonq, durant la cinquième année de règne du fils de Salomon, Roboam (vers 926 av. J.-C., d'après la liste), mais cela n'est pas sans poser des problèmes cruciaux et lourds de conséquences, comme nous le verrons.

Plus on remonte dans le temps, à partir de Roboam, plus la chronologie devient floue. D'abord, comme nous l'avons dit, les noms de David et Salomon ne figurent dans aucun texte contemporain extra-biblique, ce qui nous prive d'un ancrage précieux dans d'autres chronologies proche-orientales. Deuxièmement, le premier livre des Rois (1 R 11,42) attribue à Salomon le chiffre rond des plus douteux de quarante ans de règne. Ce nombre rappelle fâcheusement l'expression biblique traditionnelle qui consiste à dire « quarante ans » pour « une génération », comme pour l'errance des Israélites dans le désert, par exemple, ou simplement pour signifier « une très longue durée ». Le règne de David, commencé à Hébron et poursuivi à Jérusalem, est estimé de la même manière à quarante ans. Pour corser la difficulté, le passage mentionnant la longueur du règne de Saül, le premier roi d'Israël, a été conservé en blanc par les copistes successifs, ce qui donne : « Saül était âgé de… ans lorsqu'il devint roi, et il régna… et deux ans sur Israël » (1 S 13,1). De nombreux biblistes se sont attaqués à la recherche du nombre originel. En se fondant sur le grand nombre de batailles qu'il est supposé avoir menées et sur l'importance que la mémoire historique d'Israël accorde à sa dynastie, ils ont opté pour un règne d'une vingtaine d'années.

Malheureusement, un certain nombre de savants ont eu tendance à prendre ces chiffres ronds pour des indications précises des dates des premiers rois :

ROIS	DURÉE DU RÈGNE	DATES (av. J.-C.)
Salomon	40 ans	v. 970-931
David	40 ans	v. 1010-970
Saül	22 (?) ans	v. 1030-1010

La vérité est que ces descriptions bibliques symboliques peuvent au mieux servir de repères généraux de l'époque vers laquelle David et

Salomon ont pu avoir vécu, plutôt que de chronologie précise de dates et de durée de chacun de leurs règnes. Le problème est aggravé par le fait qu'il serait faux de tenir pour assuré que Saül et David se sont succédé selon une séquence chronologique claire, autrement dit que leurs règnes ne se sont pas télescopés. Pour résumer, nous ignorons la durée exacte des règnes de David et Salomon. Tout ce que nous pouvons dire sans risque majeur est qu'ils ont probablement vécu l'un et l'autre durant le Xe siècle avant notre ère.

LANCEMENT DE LA QUÊTE DE DAVID ET SALOMON

Le Xe siècle av. J.-C. nous servira donc de point d'ancrage dans notre quête des David et Salomon historiques. Les vestiges archéologiques dégagés par les fouilles entreprises sur l'ensemble du territoire d'Israël depuis une centaine d'années en témoignent : ce siècle correspond à une époque de grands bouleversements. Les sites archéologiques urbains et villageois indiquent qu'une transformation radicale s'est opérée. La désintégration de la vieille civilisation palatiale de la fin du Bronze récent (v. 1550-1150 av. J.-C.) a laissé le champ libre à de nouvelles entités territoriales et à de nouveaux groupes ethniques, en Méditerranée orientale et sur l'ensemble du Proche-Orient. Les cités-États phéniciennes indépendantes, le long du littoral nord, prennent de l'expansion, devenant des puissances commerciales. Dans les cités côtières méridionales, les Philistins élargissent leur territoire, en étroit contact avec une Égypte en déclin. Dans les vallées, de vieilles cités cananéennes, comme Megiddo, jouissent encore d'un bref été indien de prospérité. Dans les hautes terres, lieu de naissance d'Israël, berceau de ses traditions royales, un réseau de plus en plus dense de villages de fermiers, perchés sur les sommets, couvre une région à l'habitat auparavant dispersé, phénomène révélateur de l'émergence d'une culture et d'une société dont les membres se qualifieront plus tard d'« israélites ».

L'archéologie est le meilleur outil dont nous disposons aujourd'hui pour reconstituer l'évolution de l'ancienne société israélite. Ailleurs, dans le monde ancien, la recherche archéologique a également transformé notre vision du passé. Ainsi, l'histoire de la Grèce primitive peut être reconstituée sans recourir aux biographies mythiques de Minos, de Thésée ou d'Agamemnon comme références principales. L'étude des inscriptions, des tessons et des modèles d'occupation des territoires nous permet de mieux comprendre l'émergence des civilisations égyptienne et mésopotamienne que les récits des exploits légendaires de demi-dieux royaux. L'écart entre l'art et la littérature, d'un côté, et les données historiques et archéologiques, vérifiables et documentées, de l'autre, nous a conduit à prendre les mythes fondateurs pour ce qu'ils sont : des visions partagées d'anciennes identités communautaires, exprimées avec puissance et talent, dignes d'intérêt, certes, mais qu'il serait faux d'interpréter de façon littérale comme des exposés fiables de véritables événements.

C'est le cas de David et Salomon, introduits dans le récit biblique comme les pères fondateurs de l'ancien État israélite. Pourtant, nous pouvons l'affirmer aujourd'hui – et nous le prouverons avec une abondance de détails dans cet ouvrage –, la plupart des célèbres épisodes de l'histoire biblique de David et Salomon sont soit fictifs, soit douteux sur le plan historique, soit considérablement exagérés. Dans les chapitres qui vont suivre, nous démontrerons, preuves archéologiques à l'appui, qu'il n'y a jamais eu de monarchie israélite unifiée comme celle que décrit la Bible. Même s'il semble probable que David et Salomon aient été des personnages historiques réels, ils n'en différaient pas moins des portraits brossés par les Écritures. Nous prouverons qu'il y a peu de chances que David ait conquis des territoires distants de plus d'un ou deux jours de marche du cœur géographique de Juda. Nous évoquerons le souvenir d'une Jérusalem du temps de Salomon dont l'étendue n'aura rien d'impressionnant ; son apparence sera celle d'un piton rocheux fortifié, fief d'une dynastie locale de chefs tribaux. Cependant, l'objectif de ce livre ne vise nullement à contredire les récits de la Bible. Des grandes légendes du Proche-Orient et de l'Antiquité classique, la Bible est la seule à avoir gardé le pouvoir d'inspirer les espoirs et d'alimenter les rêves de communautés encore bien vivantes aujourd'hui dans le monde. Notre but est de montrer comment se sont développées les légendes de David et Salomon, comment elles ont servi de guides à la pensée occidentale, comment elles ont modelé de façon significative les traditions religieuses et politiques de l'Occident.

À mesure que nous progresserons, au fil des prochains chapitres, nous analyserons et tenterons de dater les différentes strates du récit biblique, en exposant les questions principales sur lesquelles reposent les différends, de plus en plus acerbes, qui divisent la communauté scientifique à propos de sa fiabilité historique, et en introduisant les nouvelles données archéologiques qui alimentent ce débat. Nous montrerons, étape par étape, période après période, comment la réalité historique de l'ancien Juda – révélée par la recherche archéologique – permit l'émergence à la fois d'une dynastie et d'une légende, laquelle s'est transformée et enrichie par un processus de réinterprétation historique qui se poursuit encore aujourd'hui.

En effet, l'histoire biblique de David et Salomon que nous connaissons n'est ni un exposé historique ni un mythe purement imaginaire. À partir de diverses sources anciennes, au cours des siècles, elle n'a cessé d'évoluer, par le rajout de détails, par le mélange des contextes, en revêtant de nouvelles significations. Elle résulte de l'accumulation d'une stratigraphie complexe de contes folkloriques, de ballades, de récits dramatiques, lesquels, pris comme un tout, ne reflètent guère le vécu réel des protagonistes, mais bien davantage les concepts évolutifs de nation et de souveraineté. Comme nous le verrons, la reconnaissance de ce processus complexe d'évolution littéraire et historique, et l'appui des données archéologiques permettent de mieux saisir le véritable génie de l'histoire biblique de David et Salomon, et d'apprécier son immémoriale perception de la nature profonde du pouvoir royal et de l'identité nationale.

La découverte de la réalité concrète vécue par David et Salomon, au Xe siècle av. J.-C., et des rôles qu'ils ont pu jouer, ne sera donc qu'un début. En effet, pourquoi leurs légendes ont-elles survécu aux vicissitudes de l'Antiquité pour devenir l'un des plus puissants symboles de la civilisation occidentale ? Quelles valeurs, quels rêves ontelles suscités lors des périodes successives ? Les réponses à ces questions devraient – nous espérons en convaincre le lecteur – se révéler aussi fascinantes que le récit biblique lui-même.

PÉRIODE	ÉTAPES DE L'ÉVOLUTION DU MATÉRIAU BIBLIQUE
Xe s. av. J.-C. – Chap. 1 –	Premiers souvenirs de David, hors-la-loi, chef de bande, actif dans le désert judéen et la Shefelah ; élaboration par ses partisans de légendes et ballades transmises oralement.
Xe s. av. J.-C. – Chap. 2 –	Premiers souvenirs de Saül, chef d'une confédération tribale nord-israélite ; création d'une saga dramatique par les villageois nord-israélites après la mort de Saül à partir de trad. orales.
IXe s. av. J.-C. – Chap. 3 –	Transformation des récits du règne de David à Jérusalem en ballades contées à la cour des successeurs de David ; légendes transmises oralement sur les conquêtes de David pour concurrencer l'extension territoriale de l'État omride nord-israélite.
Fin du VIIIe s. av. J.-C. – Chap. 4 –	Premières versions écrites des contes et ballades de Saül, David et Salomon, combinant les anciennes traditions orales du Nord et du Sud, utilisées comme épopée nationale en vue de l'unification du royaume d'Ézéchias.
Début du VIIe s. av. J.-C. – Chap. 5 –	Composition écrite d'une chronique de Salomon en monarque riche et avisé, dans le style impérial assyrien ; insistance sur sa sagesse, ses activités de bâtisseur (incluant la construction du Temple) et ses expéditions commerciales vers des pays lointains.
Fin du VIIe s. av. J.-C. – Chap. 6 –	Élaboration des sources écrites antérieures (histoire de la montée de David, de la succession, traditions salomoniques) et incorporation dans l'histoire deutéronomique ; édition en vue d'offrir un unique message théologique mis au service des réformes religieuses de Josias ; rajout de détails (duel David-Goliath, autres réalités grecques, condamnation de Salomon).
VIe-IVe s. av. J.-C. – Chap. 7 –	Deuxième rédaction exilique de l'histoire deutéronomique ; actualisation du récit, explication de l'exil ; prophéties de la période exilique (ex. Aggée et Zacharie) ; emploi de David et Salomon comme symboles religieux dans les Chroniques.
Du IIIe s. av. J.-C. au Ve s. apr. J.-C. – Chap. 8 –	Traductions grecques des Rois et Chroniques ; développement des versions des Psaumes, Proverbes, Cantique des Cantiques ; matériaux extra et postbibliques aux accents messianiques : Psaumes de Salomon, Flavius Josèphe, manuscrits de la mer Morte ; le Nouveau Testament fait le lien entre Jésus et la tradition davidique ; la littérature rabbinique et les pères de l'Église élaborent associations et métaphores religieuses.

CONTEXTE HISTORIQUE	DÉCOUVERTES ARCHÉOLOGIQUES
Absence de pouvoir régional à la suite de l'effondrement de la culture palatiale du Bronze récent ; éclipse de l'Égypte.	Jérusalem est un petit village ; Juda est peu peuplé ; continuité du Bronze récent et du Fer ancien dans l'habitat ; rareté des sites permanents dans Juda ; population à dominante pastorale.
Émergence d'« Israël » comme première entité territoriale des hautes terres menaçant les intérêts égyptiens, puis affaiblie par la campagne du pharaon Shéshonq.	Soudaine multiplication des habitats dans les hautes terres au nord de Jérusalem, suivie d'une vague d'abandon autour de Gabaôn.
Lent développement de Juda passant du stade de chefferie des hautes terres à celui de royaume, vivant à l'ombre de la dynastie omride ; survie de la dynastie davidique en dépit de l'ascension politique d'Aram-Damas et de la chute de la dynastie omride.	Développement de Jérusalem dans les limites de la Cité de David ; premiers centres administratifs : Lakish, Bet-Shémesh, Beersheba et Arad ; importance de la cité philistine de Gat jusqu'à sa destruction par Aram-Damas.
Juda, vassal de l'Assyrie ; chute d'Israël ; influx de réfugiés venus du Nord ; émergence de Juda en un État développé, doté d'une bureaucratie, peuplé d'un mélange de Judéens et d'Israélites.	Croissance soudaine de Jérusalem : fortifications, sépultures élaborées, tunnel de Siloé ; importante croissance démographique dans le territoire de Juda ; production à grande échelle d'huile d'olive ; activités scripturaires, développement de l'administration.
Poursuite de la domination assyrienne après la campagne de Sennachérib contre Juda en 701 ; pour remettre le royaume sur pieds, Manassé incorpore Juda dans l'économie assyrienne mondialisée.	Activité assyrienne dans la plaine côtière méridionale et à Édom ; renouveau des cités judéennes détruites par Sennachérib ; début d'un retour dans la Shefelah ; activité dynamique dans la vallée de Beersheba et le désert judéen ; intensification des traces de développement administratif : sceaux, impressions de sceaux, poids, ostraca, etc. ; importance croissante d'Éqrôn en centre de pouvoir philistin et producteur en gros d'huile d'olive.
L'Assyrie en déclin se retire du Levant ; réformes religieuses judéennes ; tentative d'expansion territoriale de Juda ; mort de Josias tué à Megiddo sur ordre du pharaon de la XXVIe dynastie d'une Égypte en résurgence.	Intensification de l'expansion judéenne dans la Shefelah ; poursuite de l'activité dans la vallée de Beersheba et dans le désert judéen ; augmentation du nombre d'ostraca et d'impressions de sceaux ; indices d'une alphabétisation croissante ; présence égyptienne (et de mercenaires grecs) le long du littoral ; poursuite de la lucrative production d'huile d'olive à Éqrôn.
Nabuchodonosor dévaste Juda et Jérusalem, et déporte les Judéens à Babylone ; Cyrus laisse quelques déportés retourner à Yehoud ; construction du Second Temple ; fin des espoirs d'une restauration politique de la dynastie davidique.	Destruction de Jérusalem ; survie de Miçpa ; impressions de sceaux de Yehoud ; lente restauration de Jérusalem ; construction du temple samaritain du mont Garizim.
Période hellénistique : Ptolémées et Séleucides ; dynastie hasmonéenne ; période romaine : Hérode le Grand, révoltes juives inspirées par l'idéologie messianique ; débuts du christianisme ; établissement officiel du christianisme à la période byzantine.	Croissance de l'influence hellénistique sur la culture et l'économie ; activités hasmonéenne de construction à Jérusalem et dans les régions désertiques ; destruction du temple samaritain du mont Garizim ; expansion de Jérusalem et construction d'un nouveau Temple par Hérode le Grand ; construction d'autres forteresses et cités, comme Massada ; manuscrits de la mer Morte ; destruction de Jérusalem par les légions romaines ; synagogues des périodes romaine et byzantine ; églises byzantines.

Première partie

Redécouverte de l'histoire

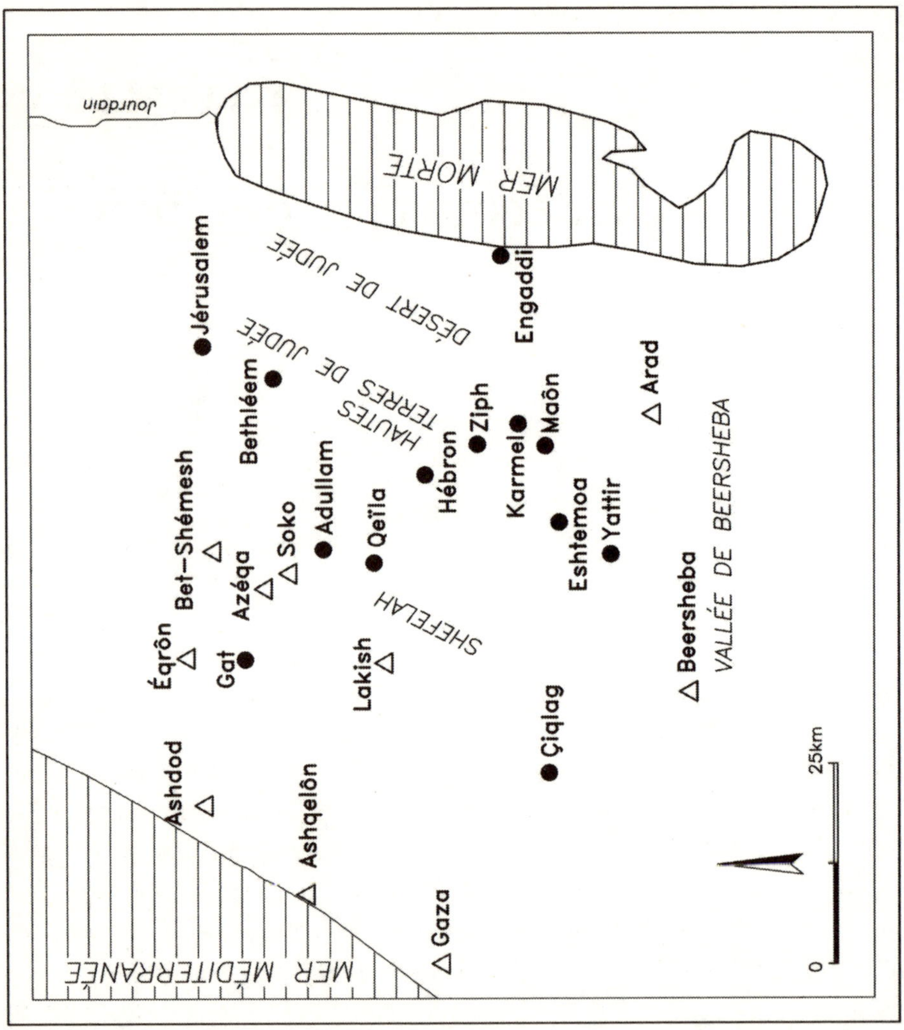

● Sites mentionnés dans ce chapitre.

△ Sites mentionnés dans d'autres chapitres.

Région dans laquelle se sont exercées les activités de banditisme de David au sud de Juda et dans la Shefelah.

1

Le bandit

La geste de David dans les monts de Juda

(Xe siècle av. J.-C.)

Le récit biblique de la montée au pouvoir de David (1 S 16,14–2 S 5) – ou l'extraordinaire accession au trône d'un Bethléemite anonyme – a été loué à la fois comme un chef-d'œuvre de la littérature occidentale et l'une des premières épopées en prose connues. C'est une saga pleine de coups audacieux, de rebondissements surprenants, d'actes de violence sanguinaire, ponctués par les acclamations enthousiastes du peuple. À son entrée en scène, David n'est qu'un humble pastoureau venu au camp israélite apporter des provisions à ses trois frères aînés. Mû par l'inspiration divine, il abat le terrifiant Goliath, provoquant la déroute des Philistins. Devenu le nouvel héros d'Israël, David n'en est pas moins contraint de fuir la jalousie furieuse du roi Saül. Avec ses aventures picaresques parmi les hameaux isolés et les étendues sauvages de Juda, la geste de David tourne à la légende classique du bandit d'honneur, révélant ainsi ses origines les plus lointaines. Autrement dit, le véritable David, pour autant que puissent le définir les sources archéologiques et historiques, doit le plus gros de sa notoriété à ses exploits de chef de bande.

Comme le conte la Bible, fuyant l'ire de Saül, David se voit dans un premier temps refuser l'asile en territoire philistin ; réfugié dans la grotte d'Adullam, il rassemble autour de lui une solide bande de hors-la-loi. « Tous les gens en détresse, tous ceux qui avaient des créanciers, tous les mécontents se rassemblèrent autour de lui et il devint leur chef. Il y avait avec lui environ quatre cents hommes » (1 S 22,2).

David et ses hardis maquisards forment un commando mobile et rapide. Ils portent secours à des villageois en détresse, ridiculisent l'arrogance d'un notable local, se jouent du dirigeant d'une puissante cité philistine voisine, tout en esquivant les troupes du roi Saül, lancées à leur poursuite. David recourt librement à l'extorsion, à la séduction, à la ruse, à la violence. Le récit fourmille de détails ironiques, d'épisodes hilarants, d'événements captivants. Le répertoire est classique, connu partout dans le monde : faisant assaut de panache et de ruse, un rebelle populaire – Robin des bois, Jesse James ou Pancho Villa – défie les agents du pouvoir, corrompus et brutaux. Le souvenir de certains de ces bandits s'est graduellement estompé ; mais les exploits de certains autres, amplifiés et magnifiés à mesure que le temps passait, sont restés gravés dans la mémoire collective. Leurs modestes faits d'armes sont devenus de fabuleux exploits, leurs traits de caractère originaux se sont parés d'une aura mythique. Dans le cas du récit biblique, les péripéties des débuts de David dans le brigandage se sont fondus dans l'histoire nationale d'Israël.

À la mort de Saül sur le champ de bataille, David, proclamé roi de Juda, décide alors de s'emparer de Jérusalem pour y établir son trône. En dépit du fait que le destin l'a choisi pour régner sur l'ensemble d'Israël, son passé de bandit d'honneur restera une composante essentielle de sa légende.

Comment évaluer la fiabilité historique de ce récit de l'ascension sociale d'un brigand ? En se fondant sur l'analyse littéraire, de nombreux savants ont considéré la totalité du texte relatif « à la montée de David » comme une composition unique, écrite d'un seul jet, pendant ou peu après le règne de David ; elle servait, selon eux, de texte de propagande pour légitimer et louer l'établissement de la dynastie davidique. D'autres savants, s'accordant avec les précédents sur l'unicité de la composition, en repoussent néanmoins la rédaction de plusieurs siècles ; ils n'y voient qu'une fable populaire et fantaisiste, dénuée de la moindre valeur historique. En nous fondant sur les données archéologiques et sur quelques indices fournis par le texte, nous pouvons à présent affirmer qu'en effet, la composition de ce récit n'a pu être entreprise avant deux bons siècles après la mort de David. En revanche, le texte semble avoir conservé des souvenirs d'une précision étonnante sur les conditions de vie qui prévalaient dans les hautes terres de Juda au Xe siècle avant notre ère. Peut-être contient-il également au moins quelques traces d'un exposé fiable et originel des événements relatifs aux débuts d'un David historique.

LA VIE DANS LES HAUTES TERRES

Les descriptions détaillées de l'environnement et les schémas d'occupation d'un territoire sont indubitablement les meilleurs repères pour dater les textes historiques de la Bible. La masse de détails géographiques et les interminables listes de noms de lieux, intégrés dans la trame du récit, témoignent d'une familiarité évidente avec les paysages des Juda et Israël de l'époque. Les multiples descriptions géographiques de la Bible, qui nous semblent, aujourd'hui, d'ennuyeuses listes de hameaux obscurs ou de sites naturels, d'un intérêt douteux, interrompant inopportunément le flot du récit, faisaient jadis partie intégrante du corps du narratif. Elles s'adressaient à des auditoires particuliers, lesquels *reconnaissaient* les lieux en question ; leur mention ajoutait à l'admiration suscitée par les exploits des personnages bibliques car elle les intégrait dans un cadre familier. L'évocation d'un endroit isolé, perdu au cœur des étendues sauvages, suffisait à faire souffler l'air de la liberté sur un auditoire soumis au fardeau routinier de la vie paysanne. La mention d'une cité connue pour sa dépravation, ou pour être le siège d'un pouvoir régional répressif, pimentait le récit des incursions espiègles ou des évasions audacieuses du rebelle au grand cœur. Celle d'humbles et pauvres villages, tremblant sous la menace de raids de maraudeurs, renforçait le sentiment de gratitude suscité par le récit de leur sauvegarde ou de leur protection.

Par conséquent, la fréquente apparition de noms de localités et de repères géographiques dans le récit de David du premier livre de Samuel ne doit rien à une obsession du détail dont aurait souffert un rédacteur biblique. Il s'agit d'un langage codé, réservé à un public familiarisé avec le paysage contemporain des pouvoirs locaux. Ce genre de détails, jadis parlant, a perdu évidemment de son pouvoir d'évocation à mesure qu'ont transité les générations et qu'ont apparu

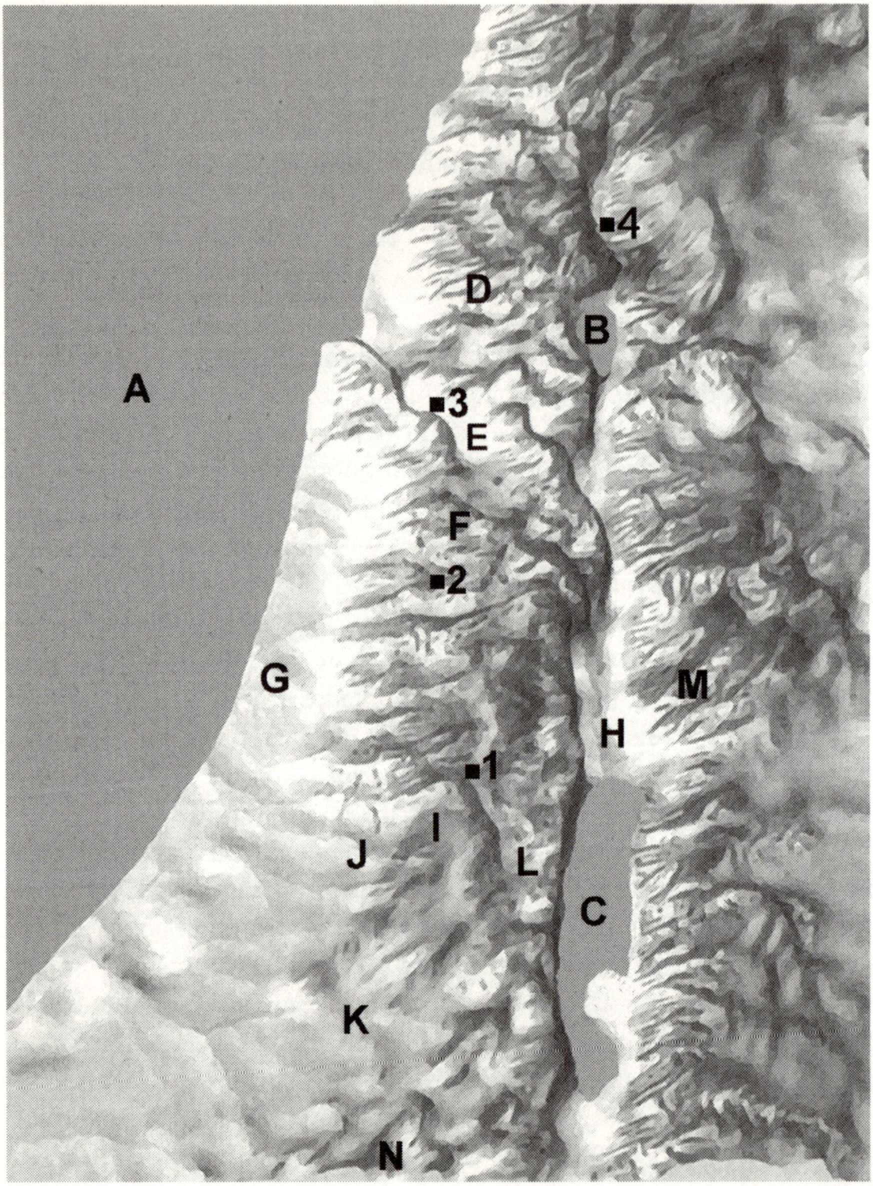

Zones géographiques et principaux sites archéologiques en terre biblique :

A/ mer Méditerranée. B/ mer de Galilée. C/ mer Morte. D/ Galilée. E/ vallée de Jezréel. F/ hautes terres nordistes (plateau samaritain). G/ plaine littorale. H/ vallée du Jourdain. I/ hautes terres sudistes (plateau judéen). J/ Shefelah. K/ vallée de Beersheba. L/désert de Judée. M/ hautes terres transjordaniennes. N/ hautes terres du Néguev.

1 – Jérusalem. 2 – Samarie. 3 – Megiddo. 4 – Haçor.

de nouvelles constellations de cités, de campagnes et d'étendues sauvages. Comme des fossiles préservés dans le roc de la tradition biblique, on peut les identifier d'après leur schéma particulier et les associer à des périodes historiques déterminées. Ils nous permettent aussi de dater certains des éléments clefs du récit.

La région montagneuse de Juda, au sein de laquelle grandit David, simple berger devenu leader national, forme un massif central, coupé du reste du pays ; un étroit plateau, orienté nord-sud, offre un corridor de communication à ses villes principales, Jérusalem, Bethléem et Hébron. Sa topographie, qui n'a guère varié depuis, est accidentée, le terrain, aride et rocailleux, la pluviosité, aléatoire. Les populations locales doivent leur survie à leur capacité d'adaptation à un mode de vie très rude. Récemment, les archéologues travaillant en Israël ont entrepris des prospections de surface sur une large échelle à travers la région ; elles avaient pour objectif l'étude de la distribution de l'habitat lors de chaque période historique, ainsi que l'identification des sites archéologiques avec les localités mentionnées dans la Bible ou dans d'autres textes anciens. Or il se trouve que la description géographique du Juda de l'époque de David correspond bien à l'environnement, à la topographie et à la distribution de l'habitat des débuts de l'âge du Fer, notamment du xe siècle av. J.-C.

L'isolement naturel de Juda a profondément influencé son histoire. Ses frontières géographiques ont modelé ses relations avec le monde extérieur. Vers l'ouest, le massif se termine en un abrupt, marqué d'éperons rocheux et de ravines profondes, jusqu'au contrefort des collines du bas pays de la Shefelah. C'est sur le flanc oriental de la Shefelah que David s'est abrité dans la grotte d'Adullam (1 S 22,1) et qu'il remporta sa première victoire en prenant, avec ses valeureux compagnons, la défense du village de Qéïla contre une attaque philistine (1 S 23,5). Les communications et les déplacements entre le massif central et la populeuse Shefelah, puis la plaine littorale, sont malaisés et périlleux. Les routes principales descendent en pentes raides, formant une déclivité de plus de cinq cents mètres sur une distance d'à peine quelques kilomètres. Plus à l'ouest, la Shefelah offre un paysage contrasté de collines et de vallons fertiles, abritant de nombreux villages. Les aventures de David en improbable vassal d'Akish, le roi philistin de Gat, se déroulent dans cette zone tampon, entre le massif central et la Shefelah, puis, plus à l'ouest, les cités philistines du littoral.

Vers l'est, le massif s'affaisse vers le désert judéen. On pénètre alors dans une steppe aride, car les nuages lourds de pluie en provenance de la Méditerranée crèvent au-dessus du plateau de la crête centrale. Encore quelques kilomètres en direction de l'est, et le paysage se transforme vite en une solitude stérile et tourmentée. Des ravines serpentines charrient les précipitations hivernales, lesquelles déboulent en torrents impétueux qui se jettent dans la mer Morte, ou dans la vallée du Jourdain. Le long du rivage occidental de la mer Morte, comme à Engaddi, de profonds canyons se sont creusés, aux parois trouées de grottes. C'est le cadre biblique des escapades spectaculaires de David fuyant les poursuites vengeresses de Saül.

Au sud, les collines d'Hébron s'inclinent en paliers vers la vallée de Beersheba ; la transition entre les terres arables et la zone aride est ici moins brutale. Les noms actuels de certaines localités rappellent les légendes davidiques ; nombre de sites en ruine et de villages ont conservé les noms des anciens lieux bibliques. Khirbet (« ruine » en arabe) Ma'in est le site de la biblique Maôn ; à un bon kilomètre plus au nord, Khirbet Karmil est le site de la Karmel biblique – « l'affaire Abigayil » (1 S 25) se déroule dans ces deux localités. Khirbet Zif équivaut à la biblique Ziph (ou Zif), qui servit de cachette à David fuyant Saül (1 S 23,14-15). Es-Samu' est le site de la biblique Eshtemoa, Khirbet 'Attir, celui de Yattir, deux villages mentionnés comme ayant reçu des parts du butin saisi par David après sa grande victoire sur Amalek (1 S 30,26-27).

La géographie biblique colle bien au paysage actuel des hautes terres de Juda. Ce fait ne nous aide pas nécessairement à établir notre chronologie. Les conditions géographiques n'ont guère varié depuis des millénaires ; leurs caractéristiques devaient être familières aux créateurs de légendes et aux inventeurs de mythes à toutes les périodes de l'Antiquité. Pour nous persuader que les histoires relatives à David ne sont pas des contes purement imaginaires mis en scène dans un cadre familier, nous devons nous tourner vers l'archéologie, laquelle permet de vérifier si cette constellation précise de noms de lieux et de conditions géographiques est le reflet d'une situation spécifique du Xe siècle av. J.-C., inconnue des générations ultérieures qui n'auraient pu l'inventer.

LES VARIATIONS DES SCHÉMAS D'OCCUPATION D'UN TERRITOIRE

Ces dernières décennies, ont été entreprises d'extensives explorations archéologiques dont les résultats ouvrent une perspective entièrement nouvelle sur l'évolution sociétale des hautes terres judéennes à travers plusieurs millénaires. Un travail assidu de prospections de surface (relevé minutieux de la moindre trace d'habitat ancien sur de larges tranches de territoire, datation d'après les types caractéristiques de céramique, cartographie établie pour chaque période chronologique) a permis de brosser le tableau fascinant des cycles d'expansion et de récession démographique. Nous sommes à présent en mesure de préciser vers quelle époque de nombreux sites anciens se sont fondés, l'époque à laquelle certaines zones étaient abondamment peuplées, l'époque à laquelle elles ne l'étaient plus. C'est un outil précieux pour dater l'environnement historique crédible du récit biblique.

Dans la mesure où Juda ne contient aucune trace d'activité littéraire antérieure à la fin du VIIIe siècle av. J.-C., il semble hautement improbable que « l'histoire de la montée » au pouvoir de David ait pu être écrite moins de deux siècles « après David ». En ce cas, est-il possible que le récit ait été composé plus tardivement, et que le schéma du peuplement et la distribution de l'habitat suggérés par l'histoire de David soient le reflet d'une situation qui régnait *au moment de la composition du récit* – n'ayant rien à voir par conséquent avec celle du Xe siècle av. J.-C. ?

La réponse est non. L'environnement géographique des premières histoires de David ne correspond pas à celui du VIIIe siècle av. J.-C. Juda était alors une monarchie pleinement développée, bien outillée pour la production littéraire, capable de répondre au besoin de création d'une histoire nationale. Surtout, aux VIIIe et VIIe siècles av. J.-C., les contrées isolées où David, fuyant Saül, menait ses raids de brigandage étaient très peuplées. Elles n'offraient plus le terrain propice à une large liberté de mouvements et à d'audacieuses escapades. Au sud d'Hébron, nombre de gros bourgs se trouvaient à portée d'intervention rapide des autorités centrales de Jérusalem. Plus au sud, dans les étendues arides du Néguev et dans la vallée de Beersheba, où David lançait des razzias contre les peuplades voisines (1 S 27,10), un maillage étroit de fortins, de villes et de villages fortifiés, protégeaient les frontières méridionales du royaume et sécurisaient le commerce caravanier.

Comme le démontre l'archéologie, le développement de cette région a débuté au IXe siècle av. J.-C. Deux forteresses judéennes – celles d'Arad et de Beersheba – gardaient la vallée de Beersheba, contrôlant les voies reliant Hébron aux contrées désertiques du Sud. C'est aussi vers cette époque que la Shefelah fut intégrée dans la sphère du contrôle royal centralisé. Les fouilles des deux sites judéens les plus importants de la région – Lakish et Bet-Shémesh – ont révélé d'importantes activités de constructions au IXe siècle, période à laquelle ces deux villes sont devenues les centres administratifs majeurs du gouvernement de Juda dans l'ouest du pays. Or, détail significatif, le cycle de David ne mentionne aucune de ces deux cités, pas même en passant.

Par conséquent, la description d'un « Sud sauvage » – propice aux activités de brigandage dans les zones frontalières de Juda, chères à la saga davidique – ne colle plus à l'époque la plus reculée à laquelle aurait pu être composée « l'histoire de la montée de David ». Un scribe vivant à Jérusalem à la fin du VIIIe siècle av. J.-C. (*a fortiori* plus tard) n'aurait déjà pu décrire ce genre de réalité, et n'aurait pas davantage pu l'inventer. En fait, un indice supplémentaire majeur nous incite à remonter dans le temps d'un siècle et demi, suggérant que l'origine du récit doit être antérieure à la fin du IXe siècle – soit quelques générations seulement après David.

Cet indice est l'importance attribuée à la cité philistine de Gat dans le récit davidique. David en fuite s'y réfugie à deux reprises ; le roi de Gat, Akish, y est décrit comme un puissant souverain, régnant sur des territoires et des villages éloignés des murs de la cité. Le rôle central joué par Akish dans le rassemblement des forces philistines avant la bataille décisive contre Saül (1 S 29) suggère que Gat devait occuper un rôle important au sein de la coalition, dont parle la Bible, de cinq cités philistines, comprenant également Ashdod, Gaza, Ashqelôn et Éqrôn. D'autres exposés bibliques sur l'organisation politique des

Philistins (Jos 13,3 ; 1 S 6,17) mentionnent la « pentapole philistine ». Détail intéressant : les textes qui relatent la fin de la monarchie et l'exil (parties de la Bible dont la composition date de la fin du VIIe et du VIe siècle avant notre ère), comme Jérémie 25,20 et Sophonie 2,4, ne citent plus que *quatre* cités philistines, omettant Gat. De la même manière, les archives royales assyriennes, datant du VIIe siècle, ne font référence qu'à Ashdod, Gaza, Ashqelôn et Éqrôn dans leur description du territoire des Philistins. Là encore, Gat est omise.

Que s'est-il passé ? D'après le second livre des Rois (2 R 12,17), alors que Joas régnait sur Juda (vers 830 avant notre ère), Hazaël, le roi de Damas, partit en campagne dans la Shefelah et conquit la cité de Gat[1]. Les fouilles de Tell es-Safi, site de l'ancienne Gat, confirment le compte rendu biblique : la cité a bien été détruite vers la fin du IXe siècle. Après avoir été la ville la plus importante de la Shefelah, peut-être même la plus puissante du pays, Gat subit un déclin irréversible en dimension et en importance durant les siècles suivants. Les archives assyriennes nous informent qu'un siècle plus tard, Gat n'était plus qu'une modeste bourgade vivant à l'ombre de la cité côtière d'Ashdod. Il est donc improbable qu'une personne ayant vécu après la fin du IXe siècle ait choisi Gat comme localité de référence dans les histoires de David, à moins, bien sûr, que quelque tradition populaire n'ait préservé le souvenir de sa grandeur passée.

En effet, si l'on tient compte des conditions démographiques correspondant à l'époque du David historique, on s'aperçoit que l'environnement général dans lequel se déroule le récit biblique colle bien aux données archéologiques. Au Xe siècle av. J.-C., Gat la Philistine semble avoir été le centre de pouvoir régional le plus important. Le massif des monts de Juda, surtout au sud d'Hébron, n'abritait qu'une population dispersée, rassemblée dans de rares et pauvres villages. C'était une zone frontalière, âpre et dure, échappant au contrôle gouvernemental. Serait-ce pure coïncidence ? Ou bien d'autres indicateurs suggèrent-ils qu'au moins certains passages sur la montée au pouvoir de David reflètent un souvenir collectif et partagé d'événements historiques bien réels.

1. .Un oracle du prophète Amos (6,2) rappellera l'événement.

AU ROYAUME DE ABDI-HÉBA

Les schémas d'occupation d'un territoire ne peuvent servir que d'indicateurs physiques. Ils donnent une idée de la datation et de la distribution spatiale de l'habitat à une période donnée, mais ils n'offrent que des aperçus indirects sur le contexte politique, social et économique. Les archéologues travaillant dans différentes parties du monde, cependant, ont tenté d'associer certains schémas de peuplement à des modes d'existence ou à des formations sociales particulières. Dans le cas des hautes terres avant la formation du royaume de Juda, nous pouvons certainement déceler un mode de vie caractéristique. Le terrain, rocheux et boisé, et la faible pluviosité n'étant guère propices à l'activité agricole, le nombre de communautés sédentaires était relativement limité. Jérusalem comprise, une poignée de sites permanents du Bronze récent et du Fer I (v. 1550-900 av. J.-C.) figure dans l'inventaire des prospections archéologiques régionales entreprises sur l'ensemble du territoire. La plupart correspondaient à de minuscules hameaux. Il n'y avait ni véritable centre urbain ni même une ville fortifiée. La population sédentaire des hautes terres méridionales se résumait, à en juger par la superficie des habitats, à quelques milliers de personnes. Le contraste est vif avec le bas pays occidental, où les cités-États cananéennes, puis philistines administraient plusieurs dizaines de villes et de villages, abritant une population stable et très nombreuse, établie dans les centres urbains les plus importants et les terres agricoles environnantes.

Le terrain rocailleux et la dense couverture forestière des hautes terres de Juda ne se prêtant guère à l'activité agricole intensive, la population comprenait une proportion relativement élevée de groupes nomades, bergers et éleveurs. Les prospections archéologiques à grande échelle, entreprises dans les hautes terres méridionales, ont permis de retrouver des traces de cette population mobile de pasteurs, sous la forme de plusieurs cimetières datant du Bronze récent ; installés loin des habitats permanents, ils devaient servir de lieu tribal de sépulture.

En raison de leur variété de paysages et des possibilités qu'ils offraient, les monts de Juda devaient présenter un environnement propice à ce mélange singulier de populations sédentaires coexistant avec des groupes pastoraux. Les steppes du désert judéen et de la vallée de Beersheba pouvaient servir de pâturages hivernaux, tout en permettant le dry-farming saisonnier ; la crête centrale du massif permettait les labours et les plantations de vergers ; elle pouvait également servir de pâturage estival pour les troupeaux, quand la sécheresse sévissait dans les plaines.

Les sociétés rurales à l'habitat dispersé, mélange de populations sédentaires et nomades, sont fréquemment organisées en chefferies « dimorphes », comme les qualifient les anthropologues. Dans ce type d'organisation, une communauté unique se partage un vaste territoire sur lequel cohabite deux activités économiques : l'agriculture et l'élevage. Les liens familiaux forment le socle d'un système politique au sein duquel villageois sédentaires et éleveurs nomades vivent plus ou moins sous l'autorité d'un même chef de clan, doté d'une forte personnalité, vivant, avec son entourage, dans une place forte centrale.

Plusieurs siècles avant David, il semblerait que Juda ait présenté les caractéristiques d'une chefferie dimorphe, comme le suggèrent certaines données historiques. Une collection riche de quelque quatre cents tablettes fut découverte par hasard vers la fin du XIXe siècle de notre ère par des paysans qui fouillaient le site égyptien d'el-Amarna, à environ deux cents kilomètres au sud du Caire. Datant du XIVe siècle av. J.-C., écrites en akkadien (la *lingua franca* du Proche-Orient ancien) et en caractères cunéiformes, elles faisaient partie de la correspondance diplomatique entre, d'un côté, les pharaons Amenhotep III et Amenhotep IV (le célèbre Akhenaton) et, de l'autre, les dirigeants des États asiatiques et des cités-États cananéennes. À l'époque, la province de Canaan était administrée par l'Égypte qui y maintenait des garnisons, établies dans quelques cités importantes, laissant le plus gros de la région sous domination locale. Le bas pays était divisé en districts populeux, contrôlés par les cités-États ; les hautes terres étaient partagées en territoires plus vastes mais beaucoup moins peuplés. Les renseignements apportés par les archives amarniennes concordent avec les données archéologiques ; les nombreux détails personnels et politiques offrent un aperçu unique de la structure sociale et des tensions internes d'une région destinée à devenir, plus tard, le territoire de Juda, puis, après quelques siècles, la scène de la montée au pouvoir de David.

À l'époque des archives amarniennes, un dénommé Abdi-Héba régnait à Jérusalem. Les six suppliques qu'il adressa à l'Égypte, jointes à celles de ses voisins, fourmillent d'informations précieuses sur sa capitale, son territoire et ses sujets. La contrée qu'il dominait s'étendait de Béthel, à une quinzaine de kilomètres au nord de Jérusalem, à la vallée de Beersheba, au sud, et du désert judéen, à l'est, à la zone tampon entre le massif central et la Shefelah, à l'ouest – le tout représentant à peu près le cœur du territoire qui deviendra plus tard le royaume de Juda. Le domaine d'Abdi-Héba se résumait à quelques hameaux ; des groupes de pasteurs nomades – appelés Shosou, ou « pilleurs », dans les archives égyptiennes – parcouraient le pays, fréquentant plus volontiers les zones dépeuplées des steppes et des hautes terres. D'après les données archéologiques, ils devaient constituer une large portion de la population du fief d'Abdi-Héba.

Les activités et l'influence d'Abdi-Héba s'étendaient sur un territoire beaucoup plus large, allant jusqu'à la vallée de Jezréel, au nord. Le point névralgique de son royaume était la zone tampon qui le séparait des grosses cités-États des plaines occidentales. En termes de comparaison avec l'époque de David, on notera avec intérêt que le contrôle des champs et des moissons des villes frontalières situées entre la région des collines et la Shefelah était une source de contentieux permanents entre Abdi-Héba de Jérusalem et son rival Shuwardata, le dirigeant de la cité-État de Gat.

La Jérusalem présentée par les archives amarniennes comme le siège du pouvoir d'Abdi-Héba devait se réduire, à l'époque, à un modeste village, perché sur la même corniche qui sera plus tard occupée par la Jérusalem davidique. Après plus d'un siècle de fouilles archéologiques à Jérusalem, aucun vestige significatif de l'ère d'Abdi-Héba n'est apparu. Seuls quelques tombeaux épars et une poignée de tessons du Bronze récent ont été mis au jour sur la corniche de la Cité de David, principalement aux abords de l'unique source d'eau potable de la ville, le Gihon. La Jérusalem d'Abdi-Héba devait ressembler à un hameau montagnard blotti autour d'un palais de modestes proportions, dont le confort rustique devait contraster avec le luxe des résidences princières des grandes cités du bas pays. Un petit temple devait l'avoisiner, ceinturé peut-être de quelques demeures abritant l'élite locale, composée surtout des membres de la famille du chef de clan. Voilà à quoi devait se résumer l'importance de Jérusalem.

Les lettres d'Amarna ne couvrent qu'une courte période, à peine quelques décennies du XIVe siècle av. J.-C. La situation qu'elles décrivent s'applique-t-elle aux siècles suivants ? Si l'on examine l'habitat de la région sur tout le millénaire, on constate qu'un schéma constant et identique s'en dégage. Les hautes terres isolées du Sud ont toujours été occupées par une large proportion d'éleveurs et de bergers. Les rares villes et villages servaient avant tout d'avant-postes isolés dans un paysage humain mouvant dont les activités pastorales se concentraient dans les massifs forestiers et en bordure du désert. Des changements de dynastie ont dû se produire ; un village a dû être abandonné, remplacé peut-être par un autre ; mais le tableau général des hautes terres méridionales est demeuré celui d'une chefferie dimorphe, à l'habitat dispersé, dirigée à partir de l'un de ses plus gros villages par un chef de clan dont l'autorité s'exerçait à travers un réseau d'éleveurs et de fermiers vaguement associés par des liens de parenté. Ce modèle général d'occupation du territoire n'a guère dû varier jusqu'à l'avènement du royaume de Juda, au IXe siècle av. J.-C., soit une centaine d'années après David. Ces observations archéologiques et anthropologiques nous permettent de reconstituer la géographie humaine de son époque – et d'expliquer peut-être aussi sa montée au pouvoir.

ROIS ET HORS-LA-LOI

Les appels à l'aide désespérés d'Abdi-Héba à l'administration égyptienne témoignent de la turbulence et de l'instabilité politiques qui régnaient dans les zones montagneuses. Avec leur environnement difficile et leur faible population, les hautes terres n'offraient pas le surplus agricole qui aurait permis à un dirigeant local de recruter des forces armées en nombre suffisant pour imposer davantage qu'un semblant d'autorité. De sa modeste place forte, avec l'aide de son scribe, Abdi-Héba ne pouvait guère faire mieux que de se plaindre au pharaon des raids menés par les cités-États des basses terres contre sa paysannerie déjà peu prospère. En outre, la menace ne venait pas seulement de l'extérieur. Il semblerait qu'à l'intérieur des hautes terres, les régimes comme celui d'Abdi-Héba subissaient les pressions économiques et sociales de la population. Une forme de résistance à l'ordre établi, potentiellement dangereuse, faisait son apparition.

Les missives d'Amarna mentionnent fréquemment deux groupes, vivant en marge du système sédentaire imposé aux villes et villages sous contrôle égyptien. Nous venons de parler des Shosou, ces communautés pastorales qui transhumaient à travers les monts et les steppes. Mais le nom d'un second groupe revient plus souvent, qui nous intéresse davantage, celui des Apirou. Translittéré parfois comme « Habirou », ce terme sembla un moment être à l'origine du mot « Hébreux » ; mais les textes égyptiens indiquent clairement qu'il ne désignait pas un groupe ethnique, mais une classe socio-économique, devenue source de problèmes. Ces Apirou étaient d'anciens paysans ou éleveurs ruinés ou déplacés. Ils se livraient tantôt au brigandage, tantôt ils offraient leurs services de mercenaires au plus offrant ; dans l'un et l'autre cas, ils représentaient un élément perturbateur aux yeux des dirigeants locaux ou de l'administration égyptienne, qui voyaient en eux un obstacle au maintien de l'ordre établi.

Dans sa correspondance avec le pharaon, Abdi-Héba – à l'instar d'autres vassaux de l'Égypte – accuse ses ennemis de se liguer avec les Apirou, ces marginaux hostiles au pouvoir égyptien, ou de leur céder des terres. Une majorité d'entre eux devaient être des paysans qui avaient été expropriés ou qui fuyaient la brutalité du système féodal qui sévissait dans les villes et les villages des plaines. Les paysans y occupaient l'échelon le plus bas de l'échelle sociale ; lourdement imposés, corvéables à merci, ils étaient harassés par les représentants de l'autorité. Ceux d'entre eux qui avaient charge de famille n'avaient pas d'autre choix que de tenter de survivre sur place du travail de la terre. Mais, en réaction à la pression et au désespoir, les plus jeunes, surtout les célibataires, prenaient parfois leur liberté et couraient se réfugier dans des contrées isolées, hors de portée des dirigeants locaux ou étrangers. Là, ils avaient le choix entre se joindre à une bande de hors-la-loi ou servir comme mercenaires. Les hautes terres de Juda offraient un asile idéal à ceux que tentait l'aventure.

L'historien britannique Eric Hobsbawm, dans son étude sur le phénomène mondial du banditisme social, explique que les brigands et les rebelles sont toujours attirés par les environnements montagneux et isolés, et que les villages de montagnes et les communautés pastorales servent souvent de théâtre à leurs plus célèbres exploits. Hobsbawm démontre qu'un groupe typique de bandits dans une zone montagneuse est généralement composé de jeunes bergers, de paysans privés de terres, ou, parfois, de soldats démobilisés. Après avoir étudié le phénomène dans les Balkans, au Mexique, en Italie, au Brésil, en Hongrie et en Chine, il constate que les régions montagneuses sont plus propices à ce type d'activité ; en effet, les agents du gouvernement hésitent à s'aventurer dans des régions accidentées et reculées, où les groupes de brigands peuvent aisément imposer leurs lois. Ce devait être le cas à Canaan, où leur refus du servage poussait les Apirou vers les activités illégales. Les dirigeants locaux les considéraient évidemment comme de dangereux marginaux, qu'il convenait de soudoyer ou d'éliminer, en tout cas de contrôler.

Les Apirou ont continué à faire parler d'eux jusqu'en 1000 av. J.-C. Le phénomène qu'ils représentent fournit une explication des plus prosaïques à l'ascension au pouvoir de David.

UN APIROU NOMMÉ DAVID

En clair, la description des débuts de David dans le premier livre de Samuel offre de nombreux parallèles avec les activités d'un chef apirou typique, à la tête de sa bande de hors-la-loi. David et ses « hommes forts » imposent leur loi, changent opportunément d'alliance politique au gré de leurs intérêts. Tapis dans des villages reculés ou en bordure du désert – dans les étendues dépeuplées de Juda et dans les steppes desséchées du Sud –, ils restent hors de portée du bras armé de l'autorité centrale. Contraints par les circonstances de se réfugier chez un dirigeant philistin des environs, ils n'hésitent pas à lui servir d'agents et de mercenaires. Ils se gardent bien cependant de couper le cordon ombilical qui les relie à leur base de support et de protection, auprès des villageois et des éleveurs de leur contrée d'origine – d'où les démonstrations ostentatoires de protection contre des intrus agressifs et le partage avec eux du butin pour renforcer leur soutien. Les bandits d'honneur sont toujours regardés soit avec mépris, soit avec admiration. Les lettres amarniennes décrivent les Apirou comme des assassins sans foi ni loi, tandis que la Bible dépeint David sous les traits d'une personnalité audacieuse, parfois fantasque, qui possède à merveille l'art de s'attirer la dévotion des populations des hautes terres, en se présentant à elles comme un chef et un protecteur auquel elles peuvent s'identifier.

En y regardant de plus près, certains détails du récit sont quasiment identiques aux descriptions de bandes d'Apirou dans les lettres d'Amarna. L'un des plus révélateurs, déjà cité en début de ce chapitre, évoque le large éventail d'éléments marginaux de la société judéenne qui se joignit à la bande de David :

> David partit de là et se réfugia dans la grotte d'Adullam. Ses frères et toute sa famille l'apprirent et descendirent l'y rejoindre. Tous les gens en détresse, tous ceux qui avaient des créanciers, tous les mécontents se rassemblèrent autour de lui et il devint leur chef. Il y avait avec lui environ quatre cents hommes (1 S 22,1-2).

La comparaison vaut aussi pour la description des tactiques de David quand il se porta au secours des villageois de Qéïla, attaqués par les Philistins. David et ses compagnons – rapides, mobiles, aguerris – écrasent une menace extérieure qui pesait sur la population rurale mais que l'administration centrale s'était révélée incapable de neutraliser. Prenant promptement l'affaire en main, David émerge avec une réputation de sauveur. À peine la victoire éclair remportée et le butin collecté, David et ses preux rejoignent sans s'attarder la sécurité protectrice de leur maquis.

> Avec ses hommes, David se rendit à Qéïla : il affronta les Philistins et leur infligea une sévère défaite en s'emparant de leurs troupeaux. Ainsi David sauva-t-il les habitants de Qéïla (1 S 23,5).

> Alors David se leva avec sa bande, six cents hommes environ qui sortirent de Qéïla pour errer à l'aventure (1 S 23,13).

> David trouva des refuges dans le désert, il demeura dans la montagne du désert de Zif (1 S 23,14).

En fait, ce qui précède trouve une correspondance directe avec la situation à l'époque d'Amarna. Le village de Qéïla, identifié avec le site de Khirbet Qeila, était situé en bordure de la partie la plus orientale et la plus élevée de la Shefelah – l'isolement de la localité la rendait vulnérable aux raids lancés par les dirigeants de la basse Shefelah et de la plaine côtière. Depuis le retrait égyptien de Canaan, les Philistins exerçaient un contrôle sur la région. Des incursions des puissantes cités philistines en bordure de la région des collines – pour piller les moissons et rançonner la population – devaient donc se produire. Mais le récit biblique mettant Qéïla en scène pouvait aussi bien refléter une longue série de raids, suivis de contre-attaques, qui affectaient la région depuis au moins le Bronze récent.

Ce n'est pas un hasard si les archives amarniennes mentionnent Qéïla comme une ville dont on se disputait âprement la possession. Dans le cas présent, Shuwardata, de Gat, était en guerre ouverte avec Abdi-Héba, de Jérusalem. Shuwardata avait attaqué le village (appelé Qiltu ou Qeltu dans la correspondance amarnienne), qu'il considérait comme faisant partie de son territoire. Un extrait d'une lettre écrite par Shuwardata, déclarant « je dois me rendre [à] Qeltu pour [combatt]re les t[raîtres] », laisse entrevoir qu'une force d'Apirou locaux était engagée dans le conflit, cette fois-ci du côté d'Abdi-Héba. L'histoire de David, survenue dans la même région et dans les mêmes conditions environ quatre siècles plus tard, est rapportée par la Bible de façon similaire : Qéïla est défendue et l'envahisseur est repoussé par une bande armée indépendante, qui intervient de sa propre initiative, pour compenser l'impotence du gouvernement central.

L'emploi fréquent des Apirou comme mercenaires soulignait leur rejet des loyautés politiques conventionnelles. C'était aussi le cas de David. Puissante, agressive, la cité philistine de Gat représentait une menace pour les hautes terres ; son dirigeant, Akish, était un ennemi redouté. Pourtant, à deux occasions, David trouve refuge en territoire philistin : la première fois (1 S 21,10-15), il se rend seul à Gat et demande l'asile, qui lui est refusé ; la deuxième fois, David devient carrément l'allié des Philistins et Akish lui octroie un fief, d'où il lance des raids contre les territoires non philistins :

> David se mit en route et passa, avec les six cents hommes qu'il avait, chez Akish, fils de Maok, roi de Gat. David s'établit auprès d'Akish à Gat, lui et ses hommes… David dit à Akish : « Je t'en prie, si j'ai trouvé grâce à tes yeux, permets qu'on me donne, dans l'une des villes de la campagne, un endroit où je puisse résider. Pourquoi ton serviteur demeurerait-il à côté de toi

> dans la ville royale ? » Ce même jour, Akish lui donna Çiqlag... David monta avec ses hommes et ils firent des raids chez les Geshurites, les Girzites et les Amélicites, car ce sont eux qui habitent le pays depuis toujours... David dévastait le pays et ne laissait en vie ni homme ni femme, il enlevait le petit et le gros bétail, les ânes, les chameaux et les vêtements, puis il revenait et rentrait chez Akish (1 S 27,2-9).

Par ailleurs, David et sa bande n'hésitent pas à rançonner leur propre peuple. David envoie dix de ses hommes voir Nabal, un riche éleveur du village de Karmel, pour lui « rappeler » la « protection » dont ont bénéficié ses bergers et ses tondeurs, et lui demander en retour « de donner ce qu'il pourra ». La réplique colérique de Nabal n'aurait pu être plus méprisante – ni plus révélatrice du parallèle avec les Apirou :

> Qui est David ? Qui est le fils de Jessé ? Aujourd'hui, nombreux sont les serviteurs qui s'évadent de chez leurs maîtres. Prendrais-je de mon pain, de mon eau, de ma viande que j'ai abattue pour mes tondeurs, pour les donner à des gens dont je ne sais pas d'où ils sont ? (1 S 25,13).

Certes, la réponse de Nabal était bien envoyée, mais elle manquait de tact.

> Alors David dit à ses hommes : « Que chacun ceigne sont épée ! » Ils ceignirent chacun son épée, David aussi ceignit la sienne, et quatre cents hommes environ partirent à la suite de David, tandis que deux cents restaient près des bagages (1 S 25,13).

On peut en croire la Bible : David n'eut aucune peine à obtenir la rançon. L'apprenant, Nabal tombe raide mort, ce qui permet à David d'envoyer quérir sa veuve – la belle Abigayil –, qu'il prend pour épouse. Peut-être ces événements se sont-ils déroulés comme le rapporte la Bible, mais il se peut aussi qu'ils soient l'expression imagée et colorée d'une relation coutumière entre bandits et hobereaux locaux, dans les hautes terres méridionales. Dans l'un et l'autre cas, la situation est dénuée d'ambiguïté.

Le récit laisse entendre que David envisageait une stratégie plus ambitieuse que des actes isolés de violence et de pillages. Après Qéïla, la population locale le reconnaît comme son protecteur et son vengeur. Au lendemain de sa grande victoire sur les Amalécites, il partage fort opportunément son butin avec les anciens des villages des hautes terres de Juda qui l'ont soutenu et accueilli (1 S 30,26-31[2]). Il n'est donc pas surprenant de voir, peu après, ces mêmes anciens proclamer David « roi » de Juda, lors de leur grand rassemblement à Hébron. C'est ainsi qu'un inconnu devenu brigand, David, sera plébiscité comme chef populaire des monts méridionaux, pauvrement peuplés. À Juda, en importance, Hébron n'occupait que la deuxième place. Il était donc logique que le récit biblique nous décrive David jetant un regard avide en direction de Jérusalem, la clef du contrôle de l'ensemble des hautes terres méridionale.

L'IRRÉSISTIBLE ASCENSION SOCIALE D'UN BANDIT

Il existe des précédents à l'ascension politique d'un leader apirou. La correspondance amarnienne nous laisse entendre que certains dirigeants locaux – surtout dans les hautes terres – auraient aussi bien pu être d'anciens Apirou. Dans ses lettres, Abdi-Héba use du terme de façon violemment péjorative mais il n'est pas improbable qu'il ait lui-même bénéficié de la coopération de ces bandes lors d'attaques dirigées contre les cités du bas pays. On ne peut même pas exclure qu'Abdi-Héba ait lui-même fait partie des Apirou avant d'accéder au pouvoir.

Le même scénario s'est reproduit dans des régions voisines. Au nord du mont Liban, près de la frontière entre le Liban et la Syrie actuelles, deux chefs nommés Abdi-Ashirta et Aziru – le père et le fils –, à partir de leur petit village de montagne, étaient parvenus à étendre leur sphère d'influence sur les collines des contreforts et, plus loin, sur la plaine côtière environnant la ville moderne de Tripoli, dans le nord du Liban. Après la conquête d'une cité-État locale, ils s'étaient emparés d'un centre administratif égyptien. Ils établirent ainsi le puissant État d'Amurru, qui disposait d'un large territoire couvrant à la fois des zones côtières et montagneuses. Quelques générations plus tard, au XIIIe siècle av. J.-C., le pays Amurru fut assez puissant pour faire pencher la balance du pouvoir entre les Empires égyptiens et hittites.

2. Le texte original semble s'arrêter à 1 S 30,26. Comme nous le verrons dans les prochains chapitres, la liste de villes qui suit serait un rajout tardif destiné à justifier les ambitions territoriales expansionnistes du royaume de Juda.

Un autre exemple – plus proche de Juda – est celui de Labayu, qui régnait sur la cité de Sichem, dans les hautes terres septentrionales. À force de complots et de manœuvres, ce Labayu, originaire de la région des collines, étendait sa zone d'influence sur une grande partie du pays – de Gézér et Jérusalem, au sud, jusqu'à la vallée de Jezréel, voire au-delà, au nord. Les lettres d'Amarna décrivent ses tentatives – assistées sans doute par des bandes d'Apirou – de contrôler la vallée de Jezréel et de s'emparer des territoires des cités-États de la région, y compris Megiddo. Sa stratégie échoua. Poursuivi comme un criminel, capturé, il fut éliminé par ses voisins qui agissaient au nom des autorités égyptiennes.

Nous ne sommes malheureusement pas en mesure de suivre l'évolution de la situation politique des hautes terres méridionales pendant les quatre siècles qui séparent l'époque d'Abdi-Héba (XIVe siècle av. J.-C.) de celle où David est présumé avoir vécu (Xe siècle av. J.-C.). Les textes égyptiens sont rares et très fragmentaires. D'après le récit biblique, avant la conquête de David, Jérusalem appartenait aux Jébuséens. Nous ignorons tout de cette peuplade, de son époque et des conditions de sa montée au pouvoir ; en tout cas, d'après l'archéologie, le schéma général d'occupation de l'ère amarnienne semble s'être poursuivi sans variation notable.

À Jérusalem, les vestiges du début du Fer (fin XIIe siècle – v. 900 av. J.-C.) sont plus substantiels que ceux de la fin du Bronze, ce qui signifie que le modeste hameau d'Abdi-Héba avait graduellement pris de l'expansion. Des fouilles menées sur la pente orientale de la Cité de David, en surplomb de la source du Gihon, ont révélé un système de terrassements pierreux qui devait supporter un fortin, voire un palais. Nous ignorons si l'ensemble est dû à la dynastie d'Abdi-Héba ou à de nouveaux dirigeants dont l'apparition aurait privé ses héritiers du pouvoir. Nous ne savons pas non plus si les dirigeants de la Jérusalem du début du Fer avaient une relation quelconque avec les Jébuséens de la Bible.

En dehors de Jérusalem, en tout cas, la situation n'avait guère varié. La région des collines au sud de la cité était toujours aussi peu peuplée, même si le nombre de sites d'habitat avait modestement augmenté. Dans les hautes terres méridionales, les prospections n'ont relevé les vestiges que d'une vingtaine de sites permanents datant du début du Fer. La population devait s'élever à quelques milliers d'habitants, auxquels il faut ajouter les groupes mobiles de bandits et les communautés d'éleveurs nomades.

Que pouvons-nous dire du rôle de David dans cet environnement ?

Le brigandage traditionnel n'était qu'un expédient, un moyen brutal et hasardeux de compenser les tensions et les inégalités internes de la société. Parfois, la popularité et le pouvoir croissants d'un leader apirou entraînaient un changement de régime dans la région ; un chef victorieux et influent prenait alors en main les rênes du pouvoir dans les hautes terres. Que nous percevions ou non un fondement historique au récit biblique de la conquête davidique de la Jérusalem jébuséenne à l'issue d'un assaut audacieux, nous pouvons au moins reconnaître le scénario familier d'un changement de régime. Depuis des siècles, Jérusalem n'était pas uniquement la place forte la plus importante de la région ; la cité servait aussi de centre cérémoniel et de lieu d'ancrage politique de la forme traditionnelle de chefferie dimorphe qui gouvernait l'ensemble des hautes terres méridionales.

Il est difficile d'établir un lien entre la modeste expansion des activités de construction dans la Jérusalem du début du Fer et les événements décrits par la Bible. On ne peut affirmer de façon sûre que les terrasses et les autres structures bâties sur la pente orientale de la Cité de David supportaient une citadelle[3]. Nous ne savons même pas quand, exactement, au cours des premiers siècles de l'âge du Fer, ces travaux de construction ont été entrepris. Nous savons seulement qu'à un moment donné, les partisans et les descendants de David ont reconnu Jérusalem comme leur capitale. L'apparat officiel du nouveau régime de David devait être des plus modestes. Les relations avec les clans des hautes terres devaient se déterminer au cours de rencontres et d'interactions sociales. Depuis que, de protecteur occasionnel, David s'était élevé au statut de dirigeant, l'art de conter ses exploits devait jouer un rôle déterminant dans le maintien du support des populations des hautes terres méridionales.

3. Pour une description plus détaillée du débat qui entoure les vestiges des débuts du Fer à Jérusalem, voir l'Appendice B.

LA STRATIGRAPHIE DES LÉGENDES HÉROÏQUES

Même si, derrière les histoires de David-Apirou, se profilent des réalités sociales, démographiques et politiques qui semblent refléter des souvenirs de temps révolus – voire des souvenirs de réalités factuelles, sinon d'événements bien réels ayant appartenu au Xᵉ siècle av. J.-C. –, il est clair que ces récits n'ont pas été rédigés à l'époque. Les récits du cycle de David-Apirou, qui ont conservé certains souvenirs assez fiables des conditions prévalant dans les hautes terres au tout début de sa carrière, se sont sans doute transmis oralement pendant quelque deux siècles, jusqu'au VIIIᵉ siècle, époque à laquelle les premiers témoignages d'alphabétisation apparaissent dans Juda. Auparavant, pendant deux siècles, David devait être le héros central de contes et légendes célébrant ses extraordinaires exploits. Mais la tradition orale est fluctuante. La forme sous laquelle ces récits nous sont parvenus – incorporés d'abord dans une version cohérente de « la montée de David », puis englobés dans celle plus vaste de l'histoire deutéronomique – doit différer sensiblement des contes originels. Des siècles d'exagérations et d'embellissements ont magnifié certains éléments, en ont supprimé d'autres, ont accumulé des couches successives d'interpolations politiques et idéologiques, au gré des interprétations et des motivations personnelles des conteurs.

Comment séparer ces différentes couches ? Le bibliste américain Stanley Isser suggère de partir du processus de création d'une légende. L'examen de « l'histoire de la montée de David » lui a permis d'identifier les thèmes qu'elle partage en commun avec les histoires de bandits et de héros mythiques à différentes périodes historiques et dans différentes parties du monde. Le phénomène le plus curieux sont les « fossiles » littéraires que l'on trouve éparpillés dans le texte. Des bribes d'anciennes légendes héroïques semblent avoir été « copiées-collées » en divers endroits du récit. De ce souci apparent de conserver et d'intégrer toutes sortes de traditions connues, résultent deux des plus curieux passages d'un texte, par ailleurs, plutôt cohérent et bien écrit.

Encadrant le discours d'adieu d'un David moribond – curieusement placé au milieu de la narration de ses dernières années de règne –, survient une série de résumés (2 S 21,15-22 ; 23,8-39) contant, dans un style coloré mais quasiment télégraphique, des hauts faits accomplis par les compagnons de David *au tout début* de sa carrière, en particulier pendant les guerres contre les Philistins. Apparemment, le ou les compilateurs qui ont cousu ce *patchwork* textuel avaient collecté des données additionnelles sur les exploits de certains des plus importants partisans de David sans parvenir à les intégrer harmonieusement dans le flot du récit. Ils ont dû les placer en quelque sorte en appendice, comme des rappels de ce qui devait être par ailleurs de fameuses légendes.

Yishbi, fils de Nob, était un des descendants des géants. Le poids de sa lance était de trois cents sicles, poids du bronze, et il avait une ceinture à laquelle pendait une épée neuve. Il parlait de frapper David. Mais Abishaï fils de Çeruya vint au secours de celui-ci, frappa le Philistin et le mit à mort. C'est alors que les hommes de David le conjurèrent et dirent : « Tu n'iras plus avec nous au combat, pour que tu n'éteignes pas la lampe d'Israël ! » (2 S 21,16-17.)

Il y eut encore un combat à Gat. Il y avait là un champion, qui avait six doigts à chaque main et à chaque pied, vingt-quatre doigts au total. Il était, lui aussi, un descendant des géants. Comme il défiait Israël, Yehonatân, fils de Shiméa, frère de David, l'abattit (2 S 21,20-21).

Adino l'Etsnite, un Tahkemonite, chef des Trois, c'est lui qui tua huit cents hommes d'un coup de lance (2 S 23,8).

Éléazar fils de Dodo, fils d'un Ahohite. Il faisait partie des Trois qui accompagnaient David quand ils provoquèrent les Philistins qui s'étaient rassemblés pour se battre. Il se dressa quand Israël donna l'assaut, frappa les Philistins jusqu'à ce que sa main se fatigue, tétanisée sur son épée. L'armée ne le suivit que pour détrousser les morts : Yahvé remporta ce jour-là une grande victoire (2 S 23,9-10).

Shamma, fils d'Aguê, le Hararite. Les Philistins s'étaient rassemblés à Léhi. Il y avait là une parcelle de champ couverte de lentilles. L'armée prit la fuite devant les Philistins. Mais lui se posta au milieu de la parcelle, la préserva et battit les Philistins. Yahvé opéra une grande victoire (2 S 23,11-12).

Trois d'entre les Trente descendirent et vinrent, au temps de la moisson, trouver David à la grotte d'Adullam, tandis qu'une compagnie de Philistins campait dans le val des Rephaïm. David était alors dans le refuge et un poste de Philistins se trouvait à Bethléem. David exprima ce désir : « Qui me fera boire l'eau du puits qui est à la porte de Bethléem ? » Les trois preux, s'ouvrant un passage au travers du camp philistin, tirèrent l'eau au puits qui est à la porte de Bethléem ; ils l'emportèrent et l'offrirent à David, mais il ne voulut pas en boire et

> il la répandit en libation à Yahvé. Il dit : « Que Yahvé me garde de faire cela ! C'est le sang des hommes qui sont allés risquer leur vie ! » (2 S 23,13-17.)
>
> Abishaï, frère de Joab et fils de Çeruya, était chef des Trois. C'est lui qui brandit sa lance sur trois cents victimes et se fit un nom parmi les Trois (2 S 23,18).
>
> Benayahu, fils de Hehoyada, un homme vaillant, prodigue en exploits, originaire de Qabçéel, c'est lui qui abattit les deux héros de Moab, et c'est lui qui descendit et abattit le lion dans la citerne, un jour de neige. C'est lui aussi qui abattit un Égyptien qui avait une belle apparence. L'Égyptien avait en main une lance, mais il descendit contre lui avec un bâton, arracha la lance de la main de l'Égyptien et tua celui-ci de sa propre lance (2 S 23,20-21).

Aucune de ces actions d'éclat ne figure dans le corps du récit consacré à David. Notons qu'elles ont lieu dans la même région : les monts judéens et leurs environs. Cependant, la concision de leur forme les prive du moindre sens dramatique, soulevant par là bien des questions. Pourquoi Adino l'Etsnite dut-il affronter, à lui seul, huit cents guerriers ? Où se déroula la bataille au cours de laquelle la main d'Éléazar, fils de Dodo, fut tétanisée sur la poignée de son glaive ? Que faisait Shamma, fils d'Aguê, dans un champ de lentilles ? En quelles circonstances Benayahu, fils de Hehoyada, dut-il abattre « les deux héros de Moab », « le lion dans la citerne, un jour de neige » et un Égyptien, « de sa propre lance » ?

Ces sommaires sont très surprenants (sans parler de certains détails comme le guerrier aux douze doigts et douze orteils) ; ils donnent d'avantage l'impression de vouloir *rappeler* au lecteur des histoires déjà célèbres, chargées de détails familiers, que de prétendre à un compte rendu historique précis. D'après Isser, ces débris littéraires seraient des fragments d'un corpus primitif de ballades épiques célébrant les exploits de David et de ses compagnons. En dépit de leur popularité auprès des habitants de Juda, ces contes ne furent pas incorporés dans leur intégralité dans le récit biblique. Leur présentation succincte laisse entendre que les compilateurs de l'exposé biblique devaient disposer d'une vaste corpus de contes traditionnels dans lequel ils pouvaient librement puiser. Ils en ont choisi certains, en ont abrégé d'autres, et ont probablement rejeté le reste. Leur travail consistait avant tout à collecter avant de trier ce qu'il convenait de publier ; il ne visait pas à la transmission de faits historiques.

Nous n'avons pas abordé ce qui constitue certainement le plus célèbre exploit attribué à David : sa victoire miraculeuse dans le duel qui l'opposa au géant philistin, Goliath, dont la lance était aussi « grosse qu'un cylindre de métier à tisser » (1 S 17,7). C'est la première image qui vient à l'esprit quand on songe au jeune David. Un grand nombre de lecteurs de la Bible sont persuadés que cette action d'éclat, au souvenir largement répandu, est un événement historique. Or, parmi les courtes évocations dont nous venons de parler, figure ceci :

> Puis, toujours à Gov, une nouvelle bataille eut lieu contre les Philistins. Pendant celle-ci, Elhanân, fils de Yaaré-Orégim le Bethléemite, abattit Goliath de Gat, dont la lance était montée sur un bois gros comme une ensouple de tisserand (2 S 21,19).

Qui a tué Goliath ? Comme nous le verrons dans les prochains chapitres, la version de l'histoire David-Goliath que nous connaissons porte clairement les marques d'influences beaucoup plus tardives. Or, ici, un résumé de conte provenant probablement d'une couche légendaire plus primitive attribue le même exploit à un certain Elhanân. S'agit-il d'une version primitive de l'un des passages les plus célèbres de la Bible ? Elhanân était-il le véritable nom du héros qui l'emporta sur le géant philistin ? À moins que, comme l'ont suggéré certains chercheurs, Elhanân n'ait été en fait le premier nom du futur roi de Juda.

CONTES POUR LES VEILLÉES D'HIVER

Contées à la veillée, autour d'un feu ou lors de réjouissances publiques, les anciennes légendes célébrant la geste héroïque du bandit au grand cœur et de ses preux compagnons étaient destinées à impressionner l'auditoire par l'évocation de leurs extraordinaires exploits et à inspirer le respect pour la force du héros. Issu du peuple, ce brave rebelle menait un combat farouche contre les ennemis de ce même peuple. Mû par une volonté aussi forte que ses désirs, déterminé à résister aux hommes de pouvoir, il se dressait contre les injustices que ses contemporains, plus prudents, étaient enclins à tolérer. Les évocations de ses éclatantes victoires et des actes de bravoure de ses plus proches compagnons devaient plonger l'auditoire dans un profond ravissement, lui inspirer un sentiment réconfortant de sécurité. À mesure que ces légendes se transmettaient de bouche à oreille, de village en village, les détails du récit prenaient une dimension de plus en plus miraculeuse et captivante, en perdant, du même coup, de plus en plus de leur exactitude.

D'après les passages du premier livre de Samuel qui correspondent aux conditions archéologiques et anthropologiques du Xe siècle av. J.-C. dans les hautes terres de Juda, le scénario historique le plus plausible que nous soyons en mesure de proposer est celui de l'émergence, en une période de chaos politique, d'un chef local, de type Apirou, nommé David, qui serait parvenu à s'imposer comme l'homme fort de la région. Les suffrages de la population des hautes terres méridionales lui étant acquis, les anciens des villages alentour le désignèrent comme chef du centre tribal d'Hébron. Peu après, ayant établi le siège de son pouvoir à Jérusalem, il étendit son règne sur l'ensemble des fermiers et des éleveurs de la région, à l'instar d'Abdi-Héba quelques siècles avant lui. Les monts du Sud se dressant à l'écart des grands axes commerciaux et des centres de pouvoir du bas pays, l'émergence du David historique devait être avant tout une affaire locale, ne concernant à la rigueur que les quelques cités philistines voisines des contreforts occidentaux des monts judéens. Dans ces conditions, les exploits locaux du bandit David caché dans les grottes d'Adullam, son intervention salvatrice en faveur des habitants de Qéïla, la protection qu'il offrit à ceux de Çiqlag, les cinglantes leçons qu'il infligea aux arrogants propriétaires de troupeaux, tous ces récits étaient de nature à éveiller, chez les villageois des hautes terres méridionales et de la Shefelah orientale, un élan de sympathie et de soutien propice à l'éveil d'une solidarité communautaire.

Il serait cependant erroné d'en tirer la conclusion qu'à l'époque de David, les populations des monts méridionaux partageaient une identité nationale unique et bien définie. En réalité, la région était socialement fragmentée entre fermiers sédentaires, éleveurs itinérants, et toutes sortes de clans plus ou moins interconnectés. Bien plus tard, rétrospectivement, les habitants de Juda se sont persuadés qu'ils avaient toujours formé un seul peuple. Leur assurance devait beaucoup à la transmission et à l'élaboration ininterrompues des légendes anciennes, dédiées au fondateur de leur dynastie, et dont la valeur essentielle réside dans le sentiment de solidarité communautaire qu'elles ont suscité.

Dans les chapitres suivants, nous dégagerons les couches dues à la fabrication du mythe et à la réinterprétation historique, accumulées sur la strate plus ancienne des légendes du bandit David. Tout ne saurait être daté. De nombreuses questions resteront sans réponse. Mais nous introduirons les pièces à conviction archéologiques qui indiquent, pas à pas, ère après ère, comment se sont forgées les légendes bibliques de David et de son fils Salomon, à l'adresse d'une coalition de plus en plus vaste de communautés – et, finalement, à l'adresse de la civilisation occidentale dans son ensemble.

David a fondé quelque chose de nouveau, dans les monts judéens, à l'aube de l'époque que nous appelons à présent l'âge du Fer. Les hautes terres de Juda ne devaient certainement pas manquer de héros locaux. Mais David était différent. Sa carrière ne s'est pas résumée à un bref moment de triomphe, condamnée à ne survivre dans les mémoires que comme la légende d'un roi-bandit célèbre avant de sombrer dans l'oubli. Grâce à son habileté, à son intelligence, ou à des circonstances historiques favorables, des nombreux brigands et hors-la-loi qui hantaient alors l'âpre contrée située entre la mer Rouge et les contreforts judéens, lui seul est parvenu à fonder une dynastie qui perdura pendant quatre siècles d'affilée. Et même après avoir perdu son pouvoir politique, elle survécut dans les souvenirs de ceux qui l'ont révérée pendant des millénaires.

Il reste une question sur laquelle nous allons devoir nous pencher, à savoir comment l'attraction et l'influence exercées par ce petit chef de bande méridional, à peine sorti de sa bergerie et de ses planques de bandit, sont-elles parvenues à transcender son rôle local d'origine ? Comment le souvenir de David s'est-il fondu dans les aspirations profondes et les traditions nationales de la vaste confédération de villages des collines situées au *nord* de Juda, qui sera plus tard identifiée avec Israël ?

2

La démence de Saül

L'Égypte, les Philistins et la chute du premier Israël

(Xe s. av. J.-C.)

La carrière de bandit de David dans les hautes terres de Juda n'occupe qu'une partie du récit de sa montée au pouvoir. Dans l'exposé biblique, sa biographie et le sort tragique du héros nordiste, Saül, sont étroitement entremêlés. D'ailleurs, le premier roi sacré d'Israël ne fut pas David mais Saül. Au début du premier livre de Samuel, c'est Saül qui tient la vedette. L'entrée en scène de David n'aura lieu que plus tard, quand l'impulsivité maladive et les faiblesses de Saül anéantiront ses efforts pour libérer son peuple du joug de l'ennemi, quand son impiété ne lui permettra plus de guider les Israélites dans le respect de la religion. Dès lors, les faveurs divines – et la souveraineté d'Israël – transiteront de Saül, le Nordiste, à David, le Sudiste.

Selon toute apparence, Saül était de loin le meilleur de sa génération. C'était un jeune homme au physique imposant, charismatique, courageux, et « nul parmi les Israélites n'était plus beau que lui » (1 S 9,2). L'apparition sur la scène historique d'Israël de ce natif de la tribu de Benjamin coïncide avec une époque de crise. À la bataille d'Ében-ha-Ézèr, la redoutable armée philistine avait mis en déroute les forces israélites et capturé leur emblème le plus sacré : l'arche d'alliance (1 S 4). À la suite de cette catastrophe nationale, les anciens d'Israël s'étaient rendus à Rama, où résidait le chef spirituel d'Israël, le vieillissant prophète Samuel, pour le conjurer de désigner un roi. « Nous aurons un roi, l'implorent-ils, et nous serons, nous aussi, comme toutes les nations : notre roi nous jugera, il sortira à notre tête et combattra nos combats » (1 S 8,20). Faisant taire ses appréhensions, Samuel obéit aux injonctions divines et, après avoir versé une fiole d'huile sur la tête de Saül, il lui déclare, solennellement : « N'est-ce pas Yahvé qui t'a oint comme chef sur son héritage ? C'est toi qui jugeras le peuple de Yahvé et le délivreras de la main de ses ennemis d'alentour » (1 S 10,1). Ainsi, Saül devient le premier roi d'Israël, le « messie » – selon le sens originel du terme hébreu, « celui qui est oint ».

Pourquoi ce premier choix a-t-il mal tourné ? Comment et pourquoi David, ce jeune pâtre originaire de Bethléem, en est-il venu à hériter du trône d'Israël ? Le récit biblique répond à ces questions fondamentales, lesquelles nous ramènent, comme nous allons le voir, au conflit central de l'histoire israélite ultérieure : les droits et pouvoirs du Sud dans sa relation tendue avec le Nord. David est en effet le champion de Juda et des hauteurs méridionales, tandis que Saül personnifie l'impulsive combativité des hautes terres nordistes d'Israël.

Son onction sacrée métamorphose Saül en un valeureux guerrier ; ranimant l'ardeur belliqueuse des Israélites, il remporte d'éclatantes victoires sur les Ammonites, les Amalécites et les Philistins. Pourtant, avec son fils Jonathan, Saül a beau combattre « de tous côtés » et délivrer « Israël de la main de celui qui le pillait » (1 S 14,47-48), ses faux pas liturgiques et sa démence vont croissant : le rôle de véritable sauveur d'Israël finit par lui échapper.

Sa resplendissante victoire contre Goliath pare le jeune David d'une aura de célébrité nationale. Les jeunes filles d'Israël exultent en chantant ses louanges : « Saül en a frappé mille, mais David dix mille ! » (1 S 18,7.) La rage de Saül à l'encontre de David devient meurtrière, contraignant ce dernier à la fuite.

Nous avons déjà évoqué les activités de maquisard de David dans les étendues sauvages, sa célébrité croissante en Israël, l'habileté avec laquelle il se joue de la hargne vengeresse d'un roi israélite de plus en plus incontrôlable. Cependant, Saül ne tombera pas à l'issue d'une confrontation violente avec David, mais dans un baroud

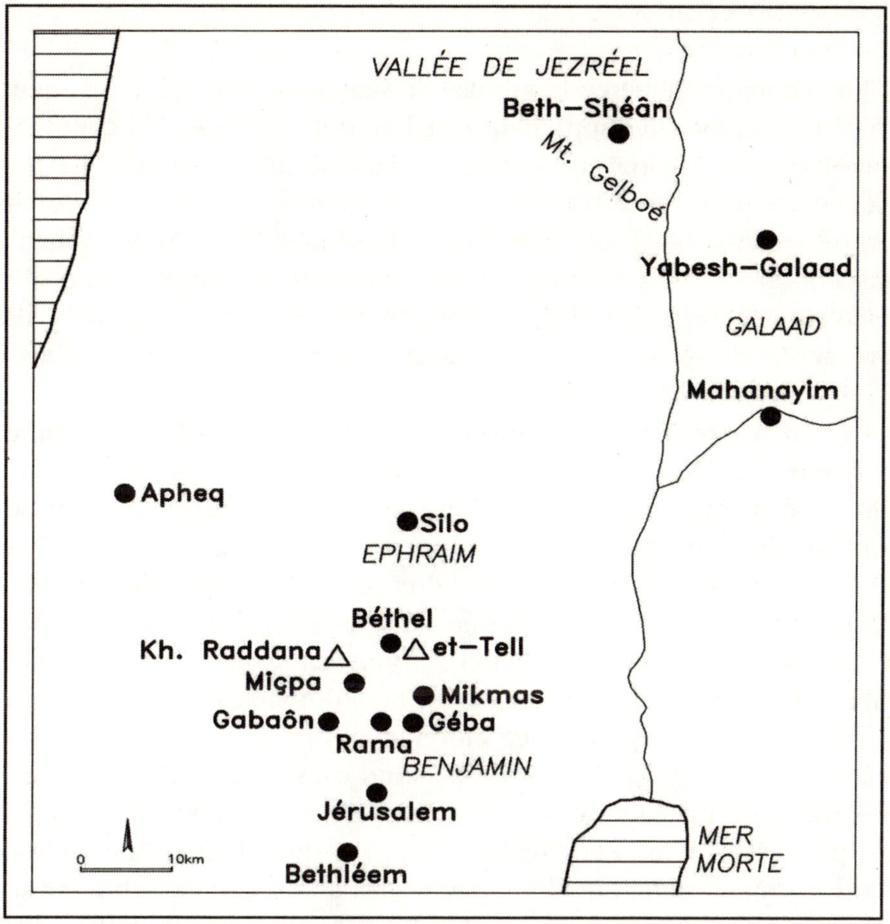

Territoire de Saül et d'Ishboshet.

d'honneur lancé par le roi déchu contre une force philistine très supérieure en nombre, loin vers le nord. La victoire revenant aux Philistins, désespéré, Saül met fin à ses jours sur le champ de bataille (1 S 31,4).

Si, dans le récit biblique, on ne peut séparer la chute de Saül de la montée de David, peut-on au moins séparer l'histoire de la légende ? L'archéologie nous éclaire-t-elle sur les prémices de la souveraineté royale dans l'ancien Israël ?

QUI, QUAND ET OÙ ?

La version biblique de la vie du roi Saül soulève d'épineuses questions. Ce personnage appartient-il à l'histoire ? Si oui, l'archéologie peut-elle nous éclairer sur le lieu et l'époque de son règne ? Le portrait contrasté que la Bible brosse de Saül, héros et pécheur, sombre et torturé – choisi par Dieu pour être le sauveur d'Israël puis impitoyablement condamné par le même Dieu –, est trop complexe pour être aisément compris. David a commis autant de fautes que Saül ; dès lors, pourquoi a-t-on déchu Saül de sa souveraineté et promis à David un règne éternel ?

Commençons par l'existence historique de Saül. Aucune source extérieure à la Bible – inscription ancienne ou chronique de pays voisins – ne mentionne son nom. Cette absence, guère surprenante, de témoignage contemporain ne doit pas nous inciter à conclure hâtivement que le récit de la vie de Saül doit tout à la fiction. Comme nous l'avons mentionné, avant la fin de l'âge du Fer, l'usage de l'écriture n'était pas répandu dans la région ; et puis les exploits d'un petit chef tribal des hautes terres ne risquaient pas d'impressionner les auteurs d'inscriptions publiques ou de chroniques égyptiennes ou mésopotamiennes ; en outre, pour ce qui concerne les siècles cruciaux entre la fin du Bronze récent et le IXe siècle, nous n'en possédons que très peu, qui plus est dans un état fragmentaire. Par conséquent, l'absence de confirmation extrabiblique ne signifie pas qu'un chef israélite portant le nom de Saül n'ait jamais existé. Au contraire, comme nous allons le souligner, un nombre surprenant d'indices historiques et archéologiques permettent d'établir un parallèle avec les traits essentiels de la biographie biblique de Saül.

Nous savons déjà à quel point il est difficile de répondre à la question de *l'époque* du règne de Saül. Dans la Bible, la réponse repose sur un verset lacunaire à propos de l'âge de Saül au moment de sa consécration et la durée de son règne : « Saül était âgé de… ans lorsqu'il devint roi, et il régna… et deux ans sur Israël » (1 S 13,1). La plupart des biblistes ont adopté la conclusion, raisonnable au demeurant, d'une défectuosité du texte, son règne ayant certainement duré plus de deux ans. La longue suite d'événements attribués à Saül, en particulier ses exploits guerriers sur les deux rives du Jourdain, contre les Philistins et les Amalécites – le chiffre deux se trouvant dûment précisé dans le texte – a encouragé certains chercheurs à spéculer sur un nombre originel de vingt-deux. En remontant à partir de la séquence des derniers monarques dont les règnes ont reçu des confirmations extérieures – et en acceptant tel quel le nombre de quarante pour les années de règne de Salomon (1 R 11,42) et de David (2 S 5,4) –, la majorité des historiens bibliques a daté le règne de Saül de la fin du XIe siècle, vers 1030-1010 avant notre ère.

Mais, comme nous l'avons déjà noté, ces dates sont loin d'être aussi précises qu'elles le paraissent. Des générations d'historiens et de biblistes ont pris l'habitude de les adopter littéralement alors que ce sont, au mieux, de grossières approximations. Si on adopte la chronologie biblique en guise de datation, le chiffre des années de règnes attribuées à David et Salomon – soit une « génération » de quarante ans pour chacun d'entre eux – est trop parfait pour être exact. La lacune textuelle concernant l'âge de Saül aggrave le problème. Imaginons que les règnes de David et Salomon aient duré moins longtemps (disons comme la moyenne des rois ultérieurs d'Israël et de Juda) et que celui de Saül n'ait pas totalisé ces vingt-deux hypothétiques années, alors, le siècle formé par l'addition de deux fois quarante plus vingt se réduit comme peau de chagrin. On ne peut exclure non plus la possibilité que les règnes de Saül et de David se soient télescopés. Dans le doute, on peut se risquer à déduire que Saül, David et Salomon ont vécu et régné au cours du Xe siècle avant notre ère. On ne peut rien affirmer de plus. Cette réévaluation chronologique peut paraître d'une importance secondaire mais, comme le prouvera la suite du chapitre, l'acceptation *littérale* des dates bibliques a induit des générations d'archéologues et d'historiens à interpréter de façon erronée les données relatives à l'histoire primitive de Juda et d'Israël.

Quelle était l'étendue du royaume de Saül ? D'après la Bible, il régnait sur « tout Israël ». Mais le texte ne précise pas la dimension de son domaine. Il convient bien entendu de faire preuve de prudence dans l'emploi des termes « roi » et « royaume ». De même que Rembrandt a dépeint Saül comme un despote oriental et que les artistes médiévaux ont représenté David et Salomon sous les traits et les atours de monarques européens contemporains, les auteurs bibliques, plusieurs siècles après Saül, David et Salomon, ont eu recours, pour les décrire, aux termes honorifiques en usage à leur propre époque. Cependant, si on fait abstraction, pour l'instant, de la nature de la royauté de Saül, on constate que le texte biblique localise assez clairement les traditions qui le concernent.

Né Benjaminite, Saül borne le plus gros de ses activités de monarque au périmètre de son territoire tribal et aux régions limitrophes au nord de celui-ci. Les localités qui jouent un rôle clef dans la geste de Saül – Rama, Miçpa, Géba, Mikmas et Gibéa – appartiennent aux hautes terres benjaminites au nord de Jérusalem. Dans sa fatidique recherche des ânesses de son père (1 S 9), Saül s'aventure un peu plus au nord : de Benjamin au pays de Shalisha, puis au pays de Shaalim, enfin au pays de Çuph, dans les collines d'Éphraïm. Parsemée de villages isolés, cette contrée s'étend de la frontière nord de Juda à la région plus fertile et prospère des collines qui bordent la rive occidentale du Jourdain.

Après l'onction du prophète Samuel, en portant secours à la population de Yabesh-Galaad, Saül élargit son domaine d'intervention à la région des collines située à l'est du Jourdain. Par la suite, cette contrée semble avoir fait partie intégrante du territoire associé à Saül et sa famille. Après le suicide de Saül et la mort de ses trois fils, tués par les Philistins, les habitants de Yabesh enlèveront leurs corps dont ils enseveliront les cendres « sous le tamaris de Yabesh » (1 S 31,11-13). Qui plus est, l'héritier de Saül, Ishboshet, est emmené à la ville de Mahanayim, dans la même région, pour y être proclamé « roi sur Galaad, sur les Ashurites, sur Yizréel [Jezréel], Éphraïm, Benjamin et sur tout Israël » (2 S 2,9). « Galaad » représente la contrée située dans la partie nord du plateau transjordanien, où se trouvent les villes de Mahanayim et de Yabesh-Galaad. Les autres noms font référence à la région centrale des collines qui s'élèvent à l'ouest du Jourdain, aboutissant, au nord, à la vallée de Jezréel. Cette combinaison de peuples et de contrées, à cheval sur les deux rives du Jourdain, ne correspond à aucune des entités territoriales ultérieures de l'histoire d'Israël. En fait, la description biblique de l'héritage domanial de Saül n'a pas recours aux termes géographiques qui désigneront ces mêmes régions vers la fin de la Monarchie.

Comment résumer les indices bibliques ? En dépit de l'affirmation textuelle selon laquelle Saül régnait sur « tout Israël », ses activités se bornaient aux hautes terres du Nord situées à l'ouest du Jourdain, avec des incursions occasionnelles de l'autre côté du fleuve, au pays de Galaad. Notons un détail important : le récit biblique ne mentionne pas d'incursion de Saül dans les hautes terres de Juda. Les descriptions détaillées de localités situées au sud et au sud-ouest de Jérusalem font partie des récits qui relatent les tentatives de Saül pour s'emparer de David, ou les exploits accomplis par David seul. Apparemment, Saül ne régnait donc pas sur « tout » Israël. Le souvenir qu'en a préservé la Bible semble être celui d'un chef des hautes terres du Nord, vivant au Xe siècle av. J.-C., et régnant sur un territoire relativement étendu, de part et d'autre du Jourdain, à partir d'un centre situé au cœur des collines de Benjamin, au *nord* de Jérusalem. De quel genre de « royaume » s'agissait-il ?

L'ÉMERGENCE DES HAUTES TERRES DU NORD

Si, au Xe siècle av. J.-C., Juda faisait encore figure de chefferie obscure et isolée, la situation différait dans les hautes terres du Nord. Les prospections archéologiques sur une large échelle entreprises dans les collines au nord de Jérusalem et les fouilles de certains sites majeurs datant du Fer I de la même région nous en offrent un remarquable panorama. Nous savons à présent que, lors des dernières phases du Fer I – fin du XIe et Xe siècle av. J.-C. –, le territoire où la Bible situe le domaine de Saül était *abondamment* peuplé, en raison d'une transformation démographique importante. Le nombre, la distribution spatiale et la dimension croissante des habitats témoignent d'un rapide et important essor démographique. Alors qu'au Bronze récent, dans la région qui s'étend de Jérusalem à la vallée de Jezréel, on relève vingt-cinq sites, au cours de la période finale du Fer I, on en dénombre plus de deux cent trente. La population est estimée à plus de quarante mille habitants, pour moins de cinq mille dans les collines de Juda.

Bien sûr, l'environnement a joué un rôle majeur dans l'essor économique de cette région, fort avantagée quand on la compare au terrain ingrat et semi-aride de Juda. De larges portions des hautes terres au nord de Jérusalem permettaient l'agriculture intensive. Le plateau de Benjamin, les vallons fertiles au sud de Sichem, les vallées plus étendues situées entre cette ville et la plaine de Jezréel, au nord, le flanc oriental des hautes terres, moins aride, offraient à leurs habitants de vastes terrains propices à l'agriculture céréalière. Même les zones plus arides du flanc occidental des hautes terres du Nord comportaient de vastes ensembles de terrasses sur lesquelles poussaient la vigne et l'olivier. Les fouilles de certains tertres les plus importants de cette région ont dégagé des vestiges d'édifices publics et révélé des traces d'une activité administrative significative : en particulier, à Silo (ville qui, d'après la Bible, abritait un sanctuaire important à la fin de la période des Juges), un ensemble complexe de silos à grains et, à Sichem, la poursuite possible d'une activité dans l'ancien temple monumental.

Une expansion de l'occupation tout aussi considérable a pris place sur l'autre rive du Jourdain, au nord du plateau transjordanien. Là aussi, le nombre de sites s'est multiplié, passant d'une trentaine à la fin du Bronze à environ deux cent vingt au début du Fer. Dans le Galaad, où la fertilité du plateau offrait un fort potentiel agricole, les prospections ont révélé la plus forte concentration d'habitats à cette période, indice d'une population stable importante.

Par conséquent, alors que le nombre de sites du Xe siècle dans les monts de Juda était extrêmement réduit – une vingtaine tout au plus –, et les villages, relativement petits (la plupart ne dépassant pas une superficie d'un demi-hectare et n'abritant pas plus d'une centaine d'habitants), les hautes terres du Nord étaient occupées par une quantité considérable d'habitats, la plupart, plus importants, indiquant un phénomène démographique beaucoup plus significatif et potentiellement plus puissant.

Dans le chapitre précédent, nous avons vu que les archives de Tell el-Amarna ont fourni de précieux renseignements sur la société et l'économie des hautes terres au Bronze récent. Leur témoignage sur la situation contemporaine laisse entrevoir une division nord-sud ; à l'époque, deux centres principaux – Jérusalem et Sichem – départageaient les hautes terres, dominant chacun une région d'environ mille cinq cents kilomètres carrés. Cependant, alors que, dans son fief sudiste, Abdi-Héba s'estimait menacé sur sa frontière occidentale et ne disposait pas des effectifs militaires adéquats pour sa défense ou pour son expansion territoriale, en revanche, le fief nordiste, dirigé à partir de Sichem par un prince local nommé Labayu, était sur l'offensive, s'efforçant par tous les moyens d'agrandir son domaine. En fait, Labayu semble caresser l'ambition d'élargir son territoire en y intégrant de larges portions des plaines de façon à régner sur une entité politique plus vaste et composite. Dans le Sud, il menace Gézér et Jérusalem. Dans le même temps, il tente d'imposer son autorité dans la vallée de Jezréel et de s'emparer des terres des cités-États de la région, y compris Megiddo. Ses ambitions sont contrecarrées par une coalition d'autres vassaux cananéens qui le capturent et le mettent à mort sur ordre des autorités égyptiennes. Toutefois, la menace évidente que représentaient ses capacités d'expansion territoriale offre un témoignage intéressant sur le potentiel militaire et économique de l'entité politique qui régissait les hautes terres du Nord.

Les relevés archéologiques suggèrent que, dans les siècles qui ont suivi la période amarnienne, le centre du pouvoir dans les hautes terres nordistes s'est quelque peu déplacé vers le sud. Labayu dirigeait son domaine à partir de la cité de Sichem. Au Xe siècle av. J.-C., une proportion importante de la population des hautes terres vivait sur le plateau au nord de Jérusalem. Ce modeste territoire d'à peine cent cinquante kilomètres carrés – le cœur du royaume de Saül, d'après la tradition biblique – abritait à lui seul une cinquantaine d'habitats, dont un certain nombre de localités importantes, comme Khirbet Seilun (identifiée au centre de culte israélite de Silo), el-Jib (identifiée à la Gabaôn biblique) et Tell en-Nasbeh (la Miçpa biblique). Même si cela s'intègre dans la grande vague d'occupation qui submergea les hautes terres qui s'élèvent de part et d'autre du Jourdain, ce bouquet de sites benjaminites regroupés autour de Gibéa n'en représente pas moins un phénomène particulier.

UN MYSTÉRIEUX ABANDON

Par contraste avec la grande majorité des sites du Fer I dans les hautes terres – plus de 90 % des quelque 250 sites repérés dans les collines du centre –, dont l'occupation s'est poursuivie sans interruption jusqu'à la fin du Fer II (VIIIe et VIIe siècles), l'aire habitée située au nord de Jérusalem traversa une crise qui provoqua l'abandon d'un grand nombre de sites. De récentes datations au carbone 14 et le réexamen des ensembles céramiques suggèrent que, vers la fin du XIe siècle, un incendie ravagea Silo, provoquant son abandon. Khirbet et-Tell (l'Aï biblique), Khirbet Raddana, proche de Ramallah, et Khirbet ed-Dawara, au nord-est de Jérusalem, ont été définitivement abandonnées vers la fin du Xe siècle. Gabaôn semble avoir subi le même sort, avant d'être réoccupée après une longue période d'abandon.

Ce qui précède suggère un corollaire intéressant : la région où on a relevé une forte densité de sites du Fer I, dont certains furent détruits et abandonnés au début du Fer, correspond au cœur du « royaume » de Saül, au nord de Jérusalem. Cette région semble avoir bénéficié d'un développement significatif – indice possible d'émergence d'une nouvelle entité politique –, contrastant avec le fief isolé de Juda, encore plongé dans le banditisme. Pourtant, contrairement au reste des hautes terres qui ont été transformées par cette vague d'occupation, la période d'intense croissance démographique de cette aire particulière, qui s'étendit du XIIe au Xe siècle av. J.-C., connut une fin abrupte.

La nouvelle datation situe l'abandon des sites de cette aire d'occupation à la fin du Xe siècle av. J.-C., correspondant à une époque de paix et de prospérité présumées sous le règne de Salomon. La nécessité de réévaluer la chronologie biblique traditionnelle semble donc s'imposer. Comment la nouvelle datation s'intègre-t-elle dans le tableau général de ce qui se passait dans la région à cette période ? Qu'est-ce qui a provoqué l'abandon des sites du plateau de Benjamin, cœur de l'habitat dans les hautes terres ? Les réponses à ces questions jetteront-elles une lumière nouvelle sur les événements et les développements historiques sur lesquels se fondent les traditions bibliques sur l'ascension et la chute de Saül ? Le plus surprenant est que les réponses nous viennent d'une source totalement inattendue.

LE RETOUR DU PHARAON

À la simple mention du nom de Shéshonq, un passage célèbre du premier livre des Rois viendra à la mémoire d'un lecteur averti de la Bible. Ce texte n'a rien à voir avec Saül ou David ; il fait référence à Roboam, le petit-fils de David, qui, d'après la chronologie traditionnelle des rois de Juda et d'Israël, régna vers la fin du Xe siècle av. J.-C. À en croire la Bible, le règne de Roboam fut terni par l'idolâtrie de ses sujets, « qui s'étaient fait construire des hauts lieux, avaient dressé des stèles et des pieux sacrés sur toute colline élevée et sous tout arbre verdoyant. Même il y eut des prostitués sacrés dans le pays » (1 R 14,23-24).

Le désastre ne se fit pas attendre.

> La cinquième année du roi Roboam, le roi d'Égypte, Shéshonq, marcha contre Jérusalem. Il se fit livrer les trésors du Temple de Yahvé et ceux du palais royal, absolument tout… (1 R 14,25-26.)

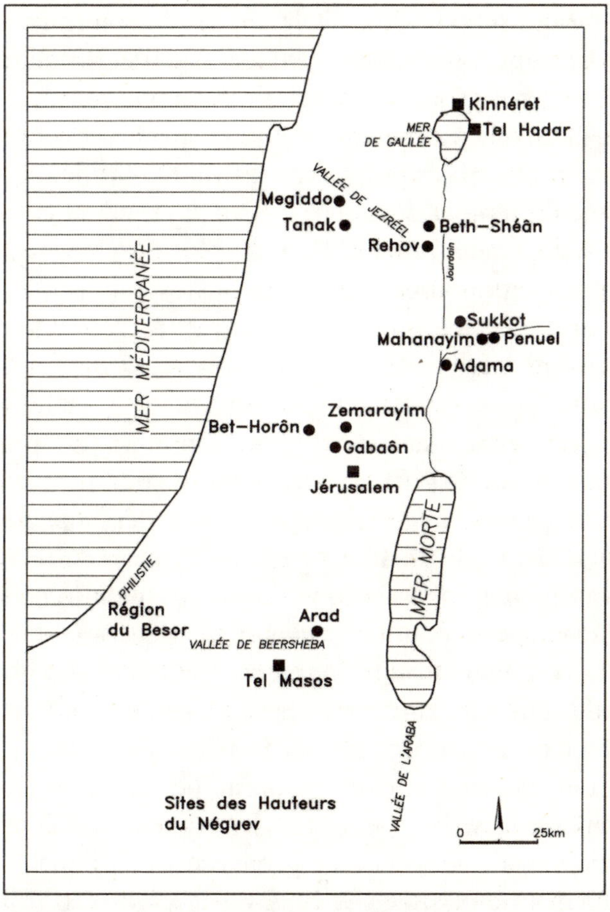

● Sites mentionnés dans la liste de Shéshonq.

■ Autres sites.

La campagne de Shéshonq Ier.

Comme nous l'avons vu, il est difficile d'établir une chronologie fiable pour cette phase primitive de l'histoire israélite. La rareté des inscriptions datables (due, on le suppose, au déclin de l'Égypte et des puissances voisines qui avaient maîtrisé l'écriture) ôte quasiment toute possibilité de confirmer ou de préciser la date des événements bibliques. Le passage biblique qui fait référence à Shéshonq semble donc détenir la clef d'un unique ancrage chronologique – en tout cas, c'est l'usage qu'on en a fait pendant des décennies. Dès le début des explorations modernes de l'Égypte, les chercheurs sont tombés devant un haut-relief triomphal commandé par Shéshonq Ier, un pharaon de la XXIIe dynastie qui régna au xe siècle av. J.-C. Déterminé à rétablir le pouvoir de l'Égypte après deux siècles de déclin durant lesquels l'empire avait perdu son statut de grande puissance, Shéshonq Ier s'était lancé dans une campagne militaire en direction du nord – en terre de Canaan. Des inscriptions sur les murs extérieurs de la grande salle hypostyle du temple d'Amon, à Karnak, rendent compte de cette campagne. Ce document prenait d'autant plus de valeur qu'un consensus accordait les égyptologues et les biblistes sur le fait que l'Égyptien Shéshonq Ier et le Shéshonq biblique représentaient le même personnage historique.

Le relief de Karnak représente un Shéshonq gigantesque frappant ses ennemis et emmenant un groupe important de prisonniers de guerre. Chaque prisonnier est associé au nom de la localité que le pharaon affirme avoir conquise. En dépit de son désordre géographique, cette liste de noms de lieux fournit une indication de la voie possible empruntée par l'armée pharaonique. Les lieux mentionnés se divisent en trois groupes, correspondant à des régions géographiquement très dispersées. Le premier groupe inclut des villes et des villages de la plaine littorale, une aire de la région des collines au nord de Jérusalem, un secteur de Transjordanie sur la berge du Yabboq, et la vallée de Jezréel. Le deuxième groupe comprend des localités du Sud, vallée de Beersheba comprise, et, peut-être, les monts du Néguev. Le relief étant en partie détruit, le troisième groupe est incomplet, mais il semble concerner des lieux situés le long de la côte méridionale. Le fait important à noter est que Jérusalem et les hautes terres de Juda – en fait l'ensemble du pays judéen –, cible présumée du pharaon, d'après la Bible, sont totalement absents de la liste de Karnak.

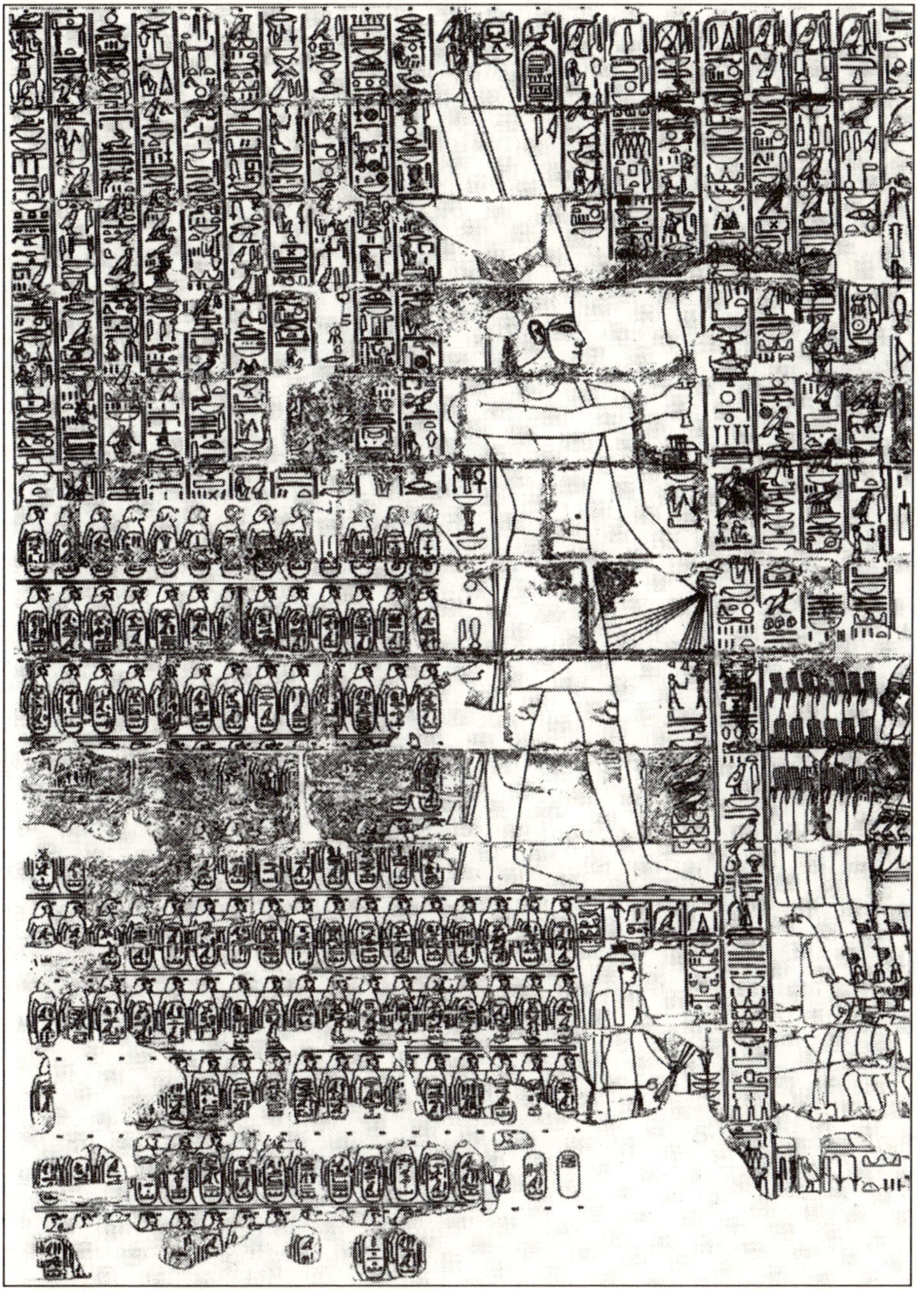

Relief de Shéshonq Ier, temple d'Amon, Karnak, Haute-Égypte.

Le texte biblique affirme que la campagne de Shéshonq a eu lieu à la cinquième année du règne de Roboam, soit en 926 av. J.-C., d'après la chronologie des monarques judéens la plus autorisée. Cette date n'en est pas moins douteuse car elle se fonde sur un raisonnement en boucle. En raison de la nature très fragmentaire des archives égyptiennes de cette période, il est difficile d'attribuer des dates précises aux pharaons des XXIe et XXIIe dynasties. On a donc coutume de calculer le règne de Shéshonq Ier en l'identifiant à son homonyme biblique et en prenant pour référence la chronologie traditionnelle des rois judéens. Pour aggraver le problème, dans leur zèle à vouloir prouver la fiabilité historique de la Bible, les savants ont mis en évidence le témoignage du relief de Karnak. Or, l'un ne prouve pas l'autre. Aucun ne fournit une datation fiable et indépendante. Même s'il est permis de présumer que les deux Shéshonq ne font qu'un et que le pharaon régnait durant le Xe siècle av. J.-C., il demeure un élément non négligeable d'incertitude quant à l'époque exacte à laquelle il entreprit sa fameuse campagne en direction du nord.

On ignore si Shéshonq a lancé cette expédition dès sa montée sur le trône ou plus tardivement. Les égyptologues débattent même pour savoir s'il a entrepris une ou plusieurs campagnes contre Canaan. En tenant compte de ces facteurs, la campagne de Shéshonq a pu avoir lieu à n'importe quel moment entre le milieu et la fin du Xe siècle av. J.-C., pas nécessairement sous le règne de Roboam[1].

Quel était l'objectif de cette campagne ? De nombreux biblistes ont traditionnellement décrit cette invasion égyptienne comme une razzia – une sorte de raid destructeur, visant à provoquer un maximum de dégâts mais pas à maintenir une présence constante. Or, un réexamen attentif des données suggère que cette campagne répondait au

1. La raison qui a poussé le deutéronomiste à lier l'invasion de Shéshonq au règne de Roboam devait être plus théologique qu'historique. Nous nous trouvons devant un exemple frappant du principe deutéronomique du péché et du châtiment divin : Roboam ayant permis l'idolâtrie, en guise de punition des troupes étrangères ont envahi son royaume. L'auteur biblique qui vivait vers la fin du VIIe siècle av. J.-C. pouvait prendre connaissance de cet événement lointain à partir de plusieurs sources possibles : des inscriptions hiéroglyphiques sur une stèle encore debout quelque part au nord de Jérusalem (comme celle qui fut exhumée à Megiddo), la tradition orale locale, des Judéens émigrés qui vivaient dans le Delta à la fin du VIIe siècle, près de Tanis, la capitale de Shéshonq Ier, où s'était conservé le souvenir de ses monuments et de ses accomplissements historiques.

contraire à l'ambition séculaire de tous les pharaons égyptiens, autrement dit qu'elle visait ni plus ni moins la reconquête et le contrôle de leurs anciennes possessions cananéennes.

LA STRATÉGIE SECRÈTE DE SHÉSHONQ

Pendant des siècles, les grands pharaons du Nouvel Empire (Bronze récent – du XVIe au XIIe siècle av. J.-C.) accordaient une grande importance à Canaan en raison de ses voies stratégiques de communication, à usage militaire ou commercial, et de ses richesses agricoles. À l'apogée de la puissance égyptienne, les pharaons administraient les cités-États de Canaan, soit directement, par le maintien de garnisons et de centres administratifs, soit indirectement, par l'intermédiaire de leurs vassaux. À la fin du Bronze récent, vers le milieu du XIIe siècle, la domination égyptienne s'effondra sous l'effet de grands bouleversements. La destruction de la vieille culture palatiale des cités cananéennes et les invasions des Peuples de la Mer – dont faisaient partie les Philistins – avaient créé un paysage politique entièrement nouveau. Par la suite, au moment où les hautes terres nordistes connaissaient une expansion démographique considérable, certaines des vieilles cités cananéennes, situées dans des vallées fertiles et importantes d'un point de vue stratégique, semblent avoir bénéficié d'un regain de vie urbaine.

Dans la vallée de Jezréel, la jadis puissante cité de Megiddo se relevait lentement des ruines de sa destruction au Bronze récent. Des signes de renaissance néocananéenne sont encore visibles dans les cités voisines de Tanak, de Rehov, dans la vallée de Beth-Shéân, à Kinnéret et Tel Hadar, au bord de la mer de Galilée. L'examen des poteries fabriquées dans ces centres, des objets en métal ou en pierre, du mobilier cultuel et de l'architecture révèle à l'évidence que les vieilles traditions cananéennes s'y poursuivaient. Qui plus est, les résultats des nouvelles datations au carbone 14 effectuées à Megiddo et sur d'autres sites situent cette période de renouveau indépendant et cananéen au beau milieu du Xe siècle av. J.-C. Or, cette embellie néocananéenne dans les vallées du Nord connut une fin brutale, les traces d'un incendie dévastateur ayant été relevées sur chacun des sites fouillés.

Dans le Sud profond, dans les étendues désertiques de la vallée de Beersheba et des hautes terres du Néguev, un phénomène très différent se manifestait, qui posait un autre genre de problème au contrôle égyptien. Un réseau étendu de nouveaux habitats s'éleva dans le désert ; le plus important en était Tel Masos, au beau milieu de la vallée de Beersheba, le long de l'ancienne voie caravanière allant d'est en ouest, près d'un groupe de puits d'eau douce. Les fouilles ont révélé des traces de contacts culturels avec le littoral philistin et phénicien, à l'ouest et au nord-ouest, ainsi qu'avec les centres de production de cuivre de la Araba et de la Transjordanie méridionale, au sud-est. Un petit habitat fut également et pour la première fois établi à Arad, un nom spécifiquement mentionné dans la liste topographique de Shéshonq Ier.

D'après l'archéologie, Tel Masos et les sites environnant semblent témoigner de l'émergence d'une chefferie du désert, qui avait dû se fonder lorsque des conditions économiques favorables, associées à une prospérité résultant de l'activité commerciale, avaient sédentarisé des pasteurs nomades de la région. Situé le long de la voie commerciale reliant la mer Morte à la Méditerranée, Tel Masos devait servir de relais caravanier pour le transport du cuivre de la vallée de la Araba, et plus généralement des produits de l'Arabie, jusqu'aux centres de commerce de la côte méditerranéenne.

Il n'est pas difficile de deviner les motivations des deux objectifs majeurs de la campagne de Shéshonq. Le réexamen des données archéologiques suggère que la campagne militaire, interprétée par de nombreux biblistes comme un raid temporaire (en particulier parce que la chronologie traditionnelle le situait après la création, par David et Salomon, de ce que la Bible décrit comme un vaste et puissant royaume), correspondait en réalité à une tentative de l'Égypte de recouvrer son ancien Empire cananéen.

Dans les vallées du Nord, la reprise du contrôle des cités principales constituait un motif évident. Dans le Sud, Shéshonq devait vouloir s'emparer de l'entité politique de Tel Masos pour exercer un contrôle sur le commerce méridional. La découverte d'une stèle de victoire dressée par Shéshonq à Megiddo, une localité qui figure sur le relief de Karnak, nous révèle que les objectifs égyptiens ont été partiellement accomplis. La vague évidente d'abandon qui affecta Tel Masos, la vallée de Beersheba et, plus au sud, un groupe d'habitats établis sur les hauteurs du Néguev, suggère que ces chefferies commerciales surgies du désert perdirent leur indépendance à la même époque.

Mais que devons-nous penser de la liste du relief de Karnak qui énumère des noms de lieux appartenant aux hautes terres du Centre et du Nord, et au plateau transjordanien ? Depuis le Nouvel Empire, les Égyptiens hésitaient avant de risquer leurs troupes dans la région montagneuse, peu habitée, boisée et rocailleuse, où les chars de combat cessaient d'être opérationnels et où l'hostilité d'une population farouche et mobile devait être anticipée. Néanmoins, le relief de Karnak mentionne des noms comme Adama, Sukkot, Penuel, Mahanayim, tous situés sur la rive du Yabboq, une région de Transjordanie à laquelle les pharaons précédents n'avaient prêté aucune attention. La liste mentionne également des lieux situés dans une aire très limitée des hautes terres, au nord de Jérusalem, dont Gibéa, Bet-Horôn et Zemarayim (proche de la moderne Ramallah).

Peut-on considérer comme pure coïncidence le fait que ces deux zones, fortement peuplées au début du Fer – et qui n'avaient auparavant jamais attiré la convoitise égyptienne –, étaient, si l'on en croit la tradition biblique, étroitement associées aux activités de Saül ? Peut-on considérer comme pure coïncidence le fait que la liste de Shéshonq inclut Gibéa, une localité que de nombreux savants voient comme le berceau familial de Saül et le cœur de son territoire ? Peut-on considérer comme pure coïncidence, enfin, le fait que, dans la contrée située au nord de Jérusalem, on a découvert un bouquet de sites qui furent tous abandonnés au Xe siècle, contrairement aux autres habitats des hautes terres ?

De toute évidence, quelque chose a dû attirer l'attention du pharaon vers cette zone isolée, d'une importance géopolitique mineure. Il n'est pas déraisonnable d'envisager la possibilité que la région avoisinant Gibéa et les rives du Yabbok, en Transjordanie, ait formé, à l'époque, une entité territoriale et politique dont l'émergence menaçait directement les intérêts égyptiens.

JÉRUSALEM N'EST PAS MENTIONNÉE

Cependant, la Bible n'envisage qu'une cible unique comme objectif de campagne de Shéshonq. Dans le récit sévère de 1 R 14,25-26, le pharaon n'a qu'une idée en tête : attaquer Jérusalem, capitale de la dynastie davidique. D'après l'histoire deutéronomique, depuis environ quatre-vingts ans, Jérusalem baignait dans la prospérité et la puissance. David, le souverain de tout Israël, y avait établi un vaste empire. Salomon, son fils et successeur, avait embelli la cité en y construisant un splendide palais et le complexe du Temple. La fortune de Salomon étant légendaire, il n'est guère surprenant que la Bible fasse mention du butin fabuleux prélevé par Shéshonq sur le trésor du Temple lors du sac de Jérusalem, y compris « tous les boucliers d'or qu'avait faits Salomon ».

Pendant longtemps, les biblistes tenaient l'invasion de Shéshonq du premier livre des Rois pour l'événement le plus ancien à avoir reçu le support d'un texte extrabiblique. Pourtant, le nom de Jérusalem – cible présumée de la marche du pharaon dans les hautes terres – n'apparaît pas sur la liste de Karnak.

Pour certains savants, la raison en est simple : le mauvais état de conservation du relief de Karnak explique la disparition du nom de Jérusalem. Sans être impossible, c'est assez improbable dans la mesure où la rangée de captifs sur laquelle figurent les noms de lieux situés dans les hautes terres immédiatement au nord de Jérusalem est en relativement bon état et où aucune autre ville de Juda – que ce soit dans les hautes terres ou dans la Shefelah – n'apparaît sur la liste. Ce n'est d'ailleurs pas un seul nom qui manque, mais tout le pays de Juda, totalement absent des inscriptions. Néanmoins, un effort persistant pour harmoniser la Bible et Karnak a encouragé certains chercheurs à suggérer que, si Jérusalem ne figure pas dans la liste officielle des villes conquises, c'est précisément parce que la rançon versée l'avait sauvée de la destruction.

Pourtant, si le témoignage biblique quant à la grandeur de la Jérusalem du Xe siècle et à l'ampleur du butin capturé dans le Temple par Shéshonq était véridique, le pharaon (ou les artisans qui ont sculpté son inscription triomphale) aurait-il eu la modestie de ne pas mentionner l'humiliation infligée au dirigeant d'une ville aussi importante et d'un État aussi puissant ? Une telle discrétion eût tranché avec des siècles de tradition égyptienne, qui voulait que l'on présentât les conquêtes des pharaons avec le maximum de pompe et de grandiloquence.

En fait, la question dépasse les problèmes de conservation de données ou de style rhétorique. Comme nous l'avons vu, les nouvelles analyses des trouvailles archéologiques de Jérusalem démontrent qu'au xe siècle avant notre ère, l'habitat se résumait à un modeste village des hautes terres, sans trace du moindre édifice monumental. Comme nous l'avons signalé dans le chapitre consacré à la montée de David, les prospections archéologiques ont révélé qu'à l'époque, les collines judéennes au sud de Jérusalem n'étaient occupées que par un nombre extrêmement faible d'habitants, regroupés dans quelques sites de petite dimension. Il n'y avait aucune ville importante et fortifiée.

Lors de la campagne de Shéshonq, Juda n'était encore qu'une chefferie marginale et isolée des hautes terres méridionales. La pauvreté de sa culture matérielle interdit d'imaginer qu'un trésor quelconque ait pu être accumulé dans le Temple, en tout cas rien qui puisse satisfaire l'avidité d'un pharaon égyptien. Les informations en provenance de l'archéologie nous invitent à douter de la crédibilité historique de ce passage du récit biblique. Si le nom de Jérusalem (ou d'autres villes et villages de Juda) n'apparaît pas sur l'inscription de Karnak, ce doit être parce que les hautes terres méridionales n'étaient pas assez prospères et développées pour figurer parmi les objectifs militaires de Shéshonq.

Quant aux sites des hautes terres qui *figurent* sur la liste, ils sont tous concentrés dans la région immédiatement au nord de Jérusalem, précisément là où, au début du Fer, l'habitat était le plus dense et précisément là où la Bible localise le pays de Saül. Nous sommes donc en présence d'une entité israélite du Nord, dont la nature différait sensiblement de la chefferie dimorphe du Sud, vouée au banditisme. Au cœur de cette entité nordiste – que la Bible décrit comme le « royaume » de Saül – se trouvait Gibéa, qui devait être à l'époque le siège d'un puissant clan des hautes terres. L'exemple de Labayu des archives d'Amarna (mais aussi les informations que nous possédons sur les relations entre les plaines et les hautes terres aux époques ultérieures) nous permet de conclure, en nous fondant sur les données archéologiques et historiques, à l'existence, dans les hautes terres, d'une entité politique aux ambitions expansionnistes.

Le récit biblique décrit de quelle manière Saül protège militairement les Galaadites, ses campagnes contre les Philistins, ses raids audacieux contre les Amalécites du désert, sa bataille fatidique dans la plaine de Jezréel. Quant aux territoires qui reviennent au fils héritier de Saül, Ishboshet, leur description correspond bien à la liste de Shéshonq puisque l'une et l'autre relient un bouquet de localités de la région des collines au nord de Jérusalem avec la contrée qui chevauche le Yabboq en Transjordanie – un phénomène inconnu des autres périodes. Il est difficile de croire en une simple coïncidence. Nous sommes devant un conflit – méconnu auparavant – opposant une Égypte résurgente à une entité militante des hautes terres, que la tradition biblique associe à Saül.

Cette entité politique des hautes terres – trop décentralisée et informelle pour mériter l'appellation de royaume – devait également menacer la sécurité des axes commerciaux de la plaine littorale et de la vallée de Jezréel. Apparemment, l'Égypte prit la menace au sérieux. En dépit de l'hésitation des forces armées égyptiennes à s'aventurer en terrain escarpé et boisé, il importait de soumettre cette entité territoriale des hautes terres, riche de plusieurs centaines de villages et relativement peuplée.

L'archéologie suggère que c'est précisément ce qui s'est passé. En effet, les lieux au nord de Jérusalem que mentionne l'inscription de Karnak (et que la tradition biblique situe au centre des activités de Saül) subirent une vague d'abandon de grande amplitude au cours du Xe siècle av. J.-C.

La conclusion s'impose : Shéshonq a engagé son armée au sein de la région des collines pour anéantir l'entité politique de l'Israël nordiste. Il s'est également emparé des cités les plus prospères des plaines, comme Megiddo, et il a repris le contrôle des voies commerciales du Sud. Si son inscription triomphale ne mentionne ni Jérusalem ni Juda, c'est parce que cette chefferie isolée ne menaçait personne et s'était déjà résignée à la réalité de la domination égyptienne.

LA TRAHISON OUBLIÉE

On ne peut qu'émettre des hypothèses sur le type de relation qui pourrait avoir existé entre les chefferies nordistes et sudistes au Xᵉ siècle av. J.-C. Gardons en mémoire que le sentiment commun d'une identité israélite n'était pas encore apparu. D'importantes différences départageaient ces deux régions. Il est certain que la population et le potentiel des hautes terres du Nord surclassaient de très loin les maigres ressources des groupements agro-pastoraux du Sud. Une domination nordiste – ou peut-être simplement des tendances dominatrices – sur les hautes terres méridionales semble plausible. Pourtant, la Bible ne dépeint pas David et Saül comme des rivaux mais comme des héros d'un même drame au sein duquel s'entremêlent étroitement leurs destins individuels. D'après le récit biblique, David avait été le troubadour du roi Saül, son (trop) populaire champion et son gendre, avant de lui succéder sur le trône d'Israël. Quant aux actions de brigandage de David, ou de mercenaire au service des Philistins, elles avaient été nécessitées par l'obligation dans laquelle il se trouvait de fuir la folie croissante de Saül.

Concernant David, nous avons déjà suggéré que les anciennes légendes populaires incorporées dans la narration biblique préservaient des souvenirs collectifs de la montée au pouvoir d'un chef de bande à la tête de Juda, ce qui collait bien au schéma séculaire de prise de pouvoir dans les hautes terres. De la même façon, l'émergence d'une alliance dans les hautes terres du Nord – associée à Saül dans la tradition biblique – est également corroborée par les données archéologiques et les documents égyptiens. Un élément reste à clarifier avant de tenter une reconstruction historique des interactions des chefs nordiste et sudiste, Saül et David : l'exposé biblique sur le premier royaume israélite n'évoque pas la moindre menace égyptienne[2]. Les Philistins y demeurent l'ennemi principal. Leurs raids contre les localités de Juda provoquent les interventions salvatrices de David ; leurs tentatives de contrôler les hautes terres du Nord sont le contexte de certains des hauts faits militaires de Saül. Les Philistins sortent vainqueurs de la grande bataille finale du mont Gilboé dans laquelle

---

2. À l'exception d'un vague souvenir dans les énumérations héroïques de 2 Samuel 2,21 qui mentionne en passant que « Benayahu, fils de Yehoyada… abattit un Égyptien ».

périt Saül ; les Philistins suspendent les cadavres décapités de Saül et de ses fils aux murs de la grande cité fortifiée de Bet-Shân (1 S 31,10).

Que faisaient les Philistins si loin de leur enclave côtière, en plein cœur des hautes terres ? Aucun indice extrabiblique – archéologique ou historique – ne prouve que les Philistins avaient formé une armée unifiée capable d'intervenir aussi loin de leur territoire. Que venaient-ils faire à Bet-Shân, cette place forte du Nord ? Ce site impressionnant, qui gardait un carrefour stratégique des voies commerciales au sud de la mer de Galilée, a fait l'objet de fouilles répétées ; cette forteresse, avec ses résidences et sanctuaires adjacents, de style égyptien, est reconnue comme l'un des plus importants centres administratifs égyptiens de Canaan au Bronze récent. Au Xᵉ siècle av. J.-C., son déclin lui avait fait perdre son lustre mais, en cas de renouveau de la puissance égyptienne, son potentiel était resté intact. La raison qui pourrait expliquer la référence biblique à une présence philistine à Bet-Shân et dans les hautes terres à cette époque doit reposer sur l'étroitesse des relations entretenues avec l'Égypte par les Philistins – elle pourrait également éclairer sous un angle nouveau les réalités historiques des carrières de Saül et de David.

Notons d'abord qu'aucune cité philistine ne figure sur le relief triomphal de Shéshonq. L'état délabré de l'inscription de Karnak en est peut-être la cause, mais une explication stratégique semble aussi possible. Alors que leurs enclaves côtières auraient eu la possibilité d'interdire le passage des troupes égyptiennes se dirigeant vers le nord, il semblerait qu'aucun combat n'ait eu lieu dans ces territoires. La prise de pouvoir des voies commerciales des déserts méridionaux ne pouvait que servir les intérêts des cités portuaires philistines qui ouvraient l'accès au commerce méditerranéen. L'affaiblissement d'un clan nordiste émergeant et agressif leur apportait aussi une sécurité territoriale accrue. Les Peuples de la Mer, à commencer par les Philistins, avaient longtemps servi l'Égypte comme mercenaires. Leur rôle d'alliés des Égyptiens pendant et après cette campagne serait une hypothèse plausible.

Mais pourquoi les Égyptiens brillent-ils par leur absence dans ce passage biblique ? Au cours des siècles, alors que la population de Juda ne cessait de conter les récits héroïques de cette époque, l'Égypte retombait dans une période d'éclipse historique alors que les Philistins faisaient toujours parler d'eux, ayant même gagné en stature. Quand ces histoires furent rassemblées, et que les légendes locales furent entremêlées dans la trame du récit biblique, l'hostilité à l'encontre des Philistins était plus forte que jamais. Ils furent donc dépeints comme les méchants de la pièce. Il n'est donc pas impossible que les références bibliques à une pénétration philistine dans la région des collines, à l'établissement de garnisons philistines à Géba (1 S 13,3) et à Bethléem (2 S 23,14), et à la grande bataille qui opposa les Philistins aux Israélites à Bet-Shân, perpétuent en réalité le souvenir d'une alliance égypto-philistine.

La tradition biblique dissimule un autre secret qu'elle tente maladroitement de cacher. David repoussa peut-être les attaques des Philistins sur la frontière occidentale de Juda, mais il n'en fut pas moins le vassal d'Akish, le roi de la cité philistine de Gat. Lui et ses hommes faisaient partie du grand rassemblement de troupes philistines d'Apheq, prêtes à porter un coup mortel aux forces de Saül. En tant qu'ancien vassal des Philistins et que chef d'une région qui n'avait pas eu à souffrir de la campagne de Shéshonq, David avait beaucoup à gagner d'un déclin du pouvoir des hautes terres du Nord. Un coup porté contre le groupement d'habitats du plateau benjaminite offrait à la chefferie méridionale la possibilité inespérée d'étendre son territoire vers le nord, soit par le biais d'une alliance avec les Égyptiens, soit après leur retrait.

En résumé, la possibilité que la chefferie méridionale ait été un partenaire passif de l'alliance égypto-philistine ne peut être écartée. Cela expliquerait pourquoi son territoire est aussi absent que les cités philistines de la liste de Shéshonq Ier à Karnak. Et cela expliquerait aussi les accusations nordistes portées contre David : collaborateur des Philistins et responsable, au moins indirectement, de la mort de Saül. David et Juda ont dû profiter de la chute de l'entité nordiste pour étendre leur contrôle sur certains des territoires des hautes terres dirigés jadis par Saül. Au centre de la notion de « monarchie unifiée » autour du roi David siégeant à Jérusalem repose peut-être le souvenir qu'aux premiers jours de la dynastie davidique, Jérusalem gouvernait certains territoires des hautes terres nordistes, situés au-delà des frontières traditionnelles de Juda.

On ignore combien de temps les Égyptiens occupèrent la région et s'ils parvinrent à rétablir – même brièvement – leur emprise sur Canaan/Israël. Tôt ou tard, la présence égypto-philistine finit par s'estomper. En revanche, David et ses héritiers ont très bien pu maintenir leur domination sur au moins une partie des hautes terres du Nord. Aussi, aux lendemains du raid dévastateur lancé par Shéshonq contre le fief nordiste, le plus grand danger couru par David ne venait peut-être pas d'ennemis extérieurs mais de l'hostilité des habitants des hautes terres du Nord, qui l'accusaient de trahison – en tout cas d'avoir tiré profit de la défaite de leur chef, Saül.

UN SAINT OU UN TRAÎTRE ?

La Bible dépeint Saül, le premier roi d'Israël, sous des traits contrastés, avec des couleurs sombres et tragiques. D'un côté, elle nous le présente comme un jeune homme timide, modeste et « beau » (1 S 9,2), comme un vaillant héros qui défend le peuple d'Israël contre ses ennemis :

> Devenu roi d'Israël, Saül combattit ensuite tous ses ennemis alentour. Que ce fût Moab ou les fils d'Ammôn, que ce fût Édom, les rois de Tsova ou les Philistins, il mit à mal tous ceux contre lesquels il se tourna. Déployant toutes ses forces, il vainquit Amaleq et délivra Israël de ceux qui le détroussaient (1 S 14,47-48).

D'un autre côté, elle nous le présente sous les traits d'un personnage prompt à s'enflammer, sujet à des crises de colère dévastatrices, tourmenté par des esprits malfaisants. Il tente à deux reprises d'assassiner David, son fidèle serviteur, qu'il poursuit sans relâche. Ses transgressions des lois religieuses le disqualifient en tant que bon dirigeant. Comme le dit le premier livre de Samuel : « Yahvé s'était repenti de l'avoir fait roi sur Israël » (1 S 15,35).

Comment expliquer ces contradictions ? De nombreux biblistes y voient les preuves de l'existence de deux sources différentes à l'origine du texte. Les récits qui portent sur Saül un regard favorable ont généralement été considérés comme provenant du royaume du Nord, où se seraient transmis des souvenirs, vagues mais authentiques, datant du premier roi nordiste. À l'instar des légendes du bandit David dans les monts méridionaux, ils incluent des détails géographiques assez précis, reflets possibles d'événements survenus au Xe siècle av. J.-C. La bravoure de Saül et sa fin tragique des mains de ses ennemis ont dû servir de thèmes longuement répétés et embellis, commémorant l'émergence du premier grand domaine des hautes terres et le souvenir nostalgique du rêve d'un Israël unifié sous la bannière du Nord, brisé par une fin violente et soudaine.

Les éléments du récit hostiles à Saül, favorables à David reflètent une perspective diamétralement opposée. Ils nous rappellent constamment que Saül était voué à l'échec et David, destiné à être sacré roi d'Israël. Les deux versions expriment les positions antagonistes d'un argument devenu obsolète, lesquelles ont été entremêlées dans la trame du récit biblique. Certains savants ont suggéré que toute histoire de l'ascension de David – désigné à la place de Saül comme oint de Dieu – fut écrite comme une *apologia*, genre littéraire répandu au Proche-Orient ancien, très prisé des usurpateurs soucieux de légitimer leur accession au trône. Ce serait une théorie valable si les textes avaient été composés au Xe siècle, ce qui est très improbable. Encore une fois, le village isolé qu'était la Jérusalem de l'époque n'a laissé aucune trace d'une administration royale assez complexe pour posséder des scribes qualifiés et des poètes de cour ; quant au pays de Juda, il n'a révélé aucun signe d'activité scripturaire ou littéraire avant la fin du VIIIe siècle av. J.-C.

À cette époque reculée, il n'existait que des traditions orales et locales, à caractère conflictuel, qui n'ont pu être intégrées au sein de la même œuvre écrite que bien plus tard. C'est pourquoi les allégations des uns contredisent les affirmations des autres. Aux accusations des uns, répondent les explications détaillées des autres. Les partisans de Saül – dont les voix réprobatrices se font entendre en sourdine – maintiennent que David ne fut qu'un bandit, un moins que rien qui, une fois admis dans le cercle intime du roi, en a profité pour le trahir, un usurpateur, qui a sapé l'autorité légitime de Saül et de sa famille. À leurs yeux, David fut un traître, un agent des Philistins. N'avait-il pas participé – activement ou passivement – à une expédition militaire qui avait résulté en la mort du premier grand roi nordiste ?

Les partisans de David ne pouvaient laisser ces accusations sans réponse. David n'aurait jamais choisi la vie d'un brigand s'il n'y avait été forcé par la rage jalouse de Saül. En outre, chaque fois que David a eu l'occasion de tuer son poursuivant, il s'est retenu de commettre un tel acte, pour le plus grand bien d'Israël. Lors d'une de ces occasions, on lui prête les paroles suivantes :

> Ne le fais pas périr ! En effet, qui pourrait porter la main sur l'oint de Yahvé et rester impuni… Par la vie de Yahvé, c'est Yahvé qui le frappera, soit que son jour arrive et qu'il meure, soit qu'il descende au combat et qu'il y périsse. Que Yahvé m'ait en abomination si je porte la main sur l'oint de Yahvé ! Maintenant, prends donc la lance qui est à son chevet et la gourde d'eau, et allons-nous-en (1 S 26,9-11).

Les mots suivants, adressés par Saül à David, sont tout aussi éloquents :

> Tu es plus juste que moi, car tu m'as fait du bien et moi je t'ai fait du mal… Maintenant, je sais que tu régneras sûrement et que le royaume d'Israël restera en ta main (1 S 24,17.20).

Le récit biblique décrit l'alliance de David avec un roi philistin comme un pis-aller, une ruse destinée à protéger ses compatriotes judéens. Quand les Philistins mobiliseront David et ses hommes pour marcher contre les forces de Saül, il se fera exempter sous prétexte d'un problème de loyauté partagée (1 S 29,3-10). Quand David apprendra la mort de Saül et de ses fils au mont Gelboé, il éclatera en lamentations très émouvantes :

> Splendeur d'Israël, blessé à mort sur tes hauteurs !
> Comment sont tombés les héros ?
> Ne le publiez pas dans Gat,
> ne l'annoncez pas dans les rues d'Ashqelôn,
> que ne se réjouissent les filles des Philistins,
> que n'exultent les filles des incirconcis !
>
> Montagnes de Gelboé,
> ni rosée ni pluie sur vous,
> champs fertiles,
> car là fut maculé le bouclier des héros !
>
> Le bouclier de Saül n'était pas oint d'huile,
> mais du sang des blessés, de la graisse des héros,
> L'arc de Jonathan jamais ne recula,
> ni l'épée de Saül ne revint inutile.

> Saül et Jonathan, aimés et charmants,
> dans la vie et dans la mort ne furent pas séparés.
> Ils étaient plus rapides que les aigles,
> plus forts que les lions.
>
> Filles d'Israël, pleurez sur Saül...
> Comment sont tombés les héros,
> et anéanties les armes de guerre ?
> (2 S 1,19-25)

Surtout, la tradition biblique affirme que ces événements ont été ordonnés par Dieu – indication certaine de leur légitimité absolue. Dieu en personne a rejeté Saül et choisi David pour le remplacer. Dieu a détrôné Saül en faveur de David. Ces réquisitoires et plaidoiries portent encore le souvenir douloureux d'événements survenus au Xe siècle av. J.-C. Mais elles ne sont ni des chroniques impartiales ni même le reflet d'échanges spontanés entre les affidés éplorés d'un chef tombé au combat et les partisans triomphants d'un chef des hautes terres en pleine ascension. Elles résultent d'une période de créativité extraordinaire – orale, pas encore écrite – et représentent une couche supplémentaire de matériau populaire destiné à contribuer au texte biblique.

À la fin du Xe siècle, il ne suffisait plus de chanter la mémoire et les exploits de héros locaux. Après la mort de Saül et la fondation, par David, d'une dynastie à Jérusalem, une identité plus vaste a dû émerger dans les hautes terres, à l'ombre de deux figures légendaires : Saül et David. Au moins sur le territoire de Juda et dans les hautes terres avoisinantes du Nord, un nouveau cycle d'histoires a commencé à se répandre dans les villages, dans lequel les légendes héroïques primitives cédaient la place à un drame psychologique autour du droit à gouverner d'une dynastie particulière. À l'époque, puis, comme nous allons le voir, aux siècles suivants, quand une vague de réfugiés nordistes déferla dans le Sud, il devint impossible aux Sudistes d'ignorer les récits inspirés de l'élection divine de Saül, ni son audacieuse tentative d'unifier les hautes terres du Nord. De même, il devenait inconcevable que les Nordistes ne prennent pas en compte les légendes célébrant David et ses vaillants compagnons. Il en résulta un embryon de tradition nationale, qui sera considérablement élargie chaque fois que les dirigeants de Juda jugèrent nécessaire de contredire les allusions nordistes à la trahison de David et de lever les doutes sur la légitimité historique du pouvoir de Juda sur les territoires du Nord.

À travers les lentilles de la tradition biblique – et dans les innombrables représentations artistiques du sombre roi israélite et de l'innocent pastoureau judéen – ces développements historiques paraissent témoigner de la grandeur de David et des faiblesses tragiques de Saül. Mais, d'après le contexte archéologique et historique, on constate qu'en ces temps de chaos, au milieu des conflits régionaux du début du Fer, le destin de David n'était pas si limpide et dénué d'ambiguïté. Violence, domination, trahison étaient les ingrédients de la lutte pour le pouvoir dont usaient les Égyptiens, les Philistins et les chefs des clans rivaux des hautes terres pour tenter de forger un nouveau monde, au Xe siècle av. J.-C. La compréhension du déroulement de ce drame déborde le simple intérêt pour l'histoire antique. Cette lutte pour la survie éveilla, chez les habitants des hautes terres nordistes et sudistes de Canaan, la notion d'une identité partagée, à l'origine de la naissance du peuple d'Israël.

3

Meurtre, sexe et trahison

Légendes de la cour du roi David à Jérusalem

(IXe siècle av. J.-C.)

Des épouses frustrées, une princesse enlevée, d'impitoyables assassins, d'abominables traîtres, des amants cachés, des confidents trahis, d'abjectes crapules, difficile d'imaginer un générique plus fascinant que celui du cercle de courtisans qui, à Jérusalem, gravitait autour de David. Le récit biblique intitulé par les savants « histoire de la succession » ou « histoire de la cour » (2 S 9-20 ; 1 R 1-2) poursuit, avec une tonalité différente, la trame du narratif de la « montée de David au pouvoir ». C'est l'expression d'impérieux désirs, réprimés dans la douleur. C'est l'histoire d'une cour royale livrée à ses penchants les plus bas, sous l'égide d'un roi qui a au moins la noblesse de se repentir de ses mauvaises actions, obtenant ainsi le pardon de ses fautes.

Cette partie de la saga biblique débute dans le sillage de la mort de Saül sur le mont Gelboé. Rassemblé à Hébron, le peuple de Juda proclame David roi. Ses partisans lancent alors une opération meurtrière visant à éradiquer les membres de la maison rivale de Saül. Ishboshet, l'héritier de Saül, et Abner, son fidèle commandant, sont assassinés par les lieutenants de David, ce qui permet à ce dernier de s'en laver les mains. Des représentants de *toutes* les tribus d'Israël viennent trouver David à Hébron pour le sacrer roi sur l'*entière* nation d'Israël. Avec sa troupe de vaillants guerriers, David décide de marcher sur Jérusalem et de s'en emparer. Solidement campé dans la place forte

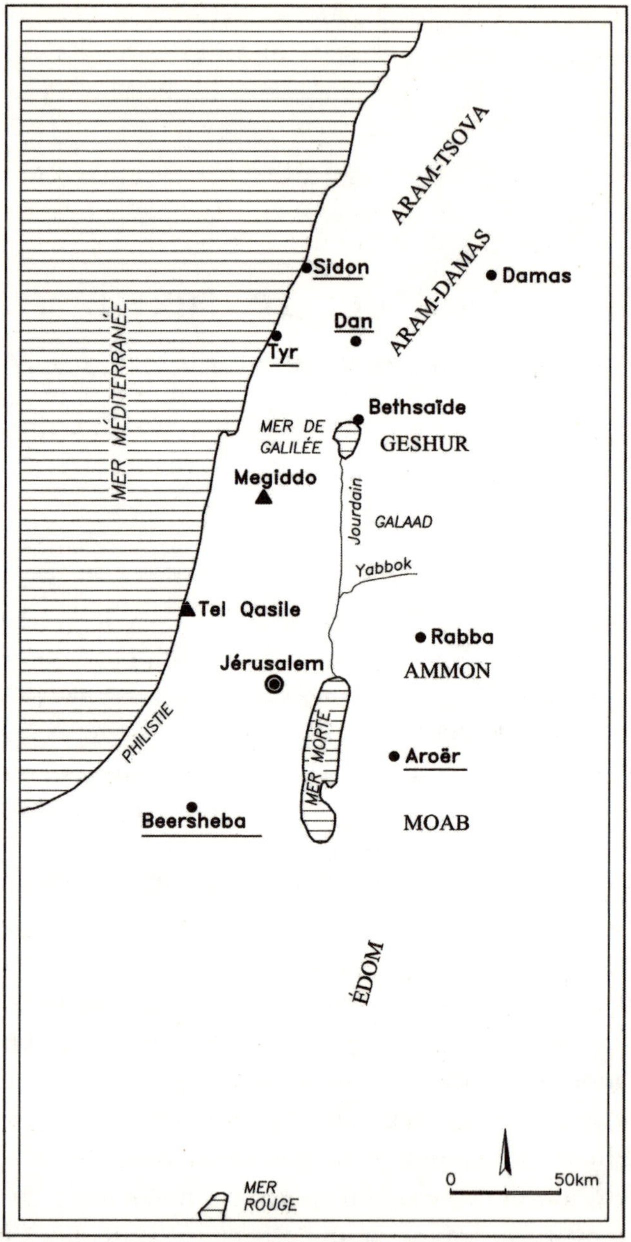

Nom Sites mentionnés dans le recensement de Joab.

▲ Couches de destructions associées à David.

● Autres sites.

Les guerres de David et l'étendue de son territoire d'après le recensement de Joab.

nommée depuis la « Cité de David », il renforce les murailles qui protègent Jérusalem. Reconnaissant la grandeur de David, Hiram, le puissant roi phénicien de Tyr, envoie du bois de cèdre, des charpentiers et des maçons pour aider le jeune souverain à se bâtir un palais dans sa nouvelle capitale. Baignant dans l'opulence, David rassemble autour de lui un brillant aréopage de scribes, d'officiers de l'armée, de gardes du corps, de prêtres, de courtisans, sans oublier un sérail de nombreuses épouses et concubines. Voilà pour le *casting* de « l'histoire de la cour » !

Jusqu'à très récemment, nombre de biblistes voyaient en cette « histoire de la cour » une description fiable et, dans l'ensemble, assez proche de la réalité historique. Ils étaient persuadés que le récit biblique avait été rédigé à la cour même de David ou de Salomon, peu de temps après les événements relatés. La foi des savants dans le texte reposait surtout sur sa richesse foisonnante de détails. En effet, contrastant avec la plupart des hagiographies régaliennes du Proche-Orient ancien, le souverain David ne nous est pas dépeint à l'image d'un royal demi-dieu égyptien ou assyrien, distant, parfait, au-dessus de l'humanité ordinaire. David nous est au contraire présenté comme un impulsif, un passionné, souffrant de faiblesses criardes que le texte ne tente nullement de dissimuler. Il profite de l'exécution de ses rivaux ; il s'empare de l'épouse d'un autre homme dont il organise la mise à mort ; il fond en larmes à la nouvelle de la mort de son fils rebelle, Absalom, qui avait pourtant tenté de le tuer ; et il finit ses jours dans une apathie proche de la sénilité, tandis que ses courtisans et héritiers se disputent le trône.

Cette surabondance de détails réalistes – accompagnés de fort précises descriptions géographiques des conquêtes éclairs de David – confère au récit une aura de véracité surprenante. C'est ce qui a fait croire aux savants qu'au moment de la composition, les souvenirs du règne de David devaient être encore frais dans les mémoires. En outre, sa composition paraissait obéir à une logique politique évidente : cette officielle « histoire de la cour » semblait destinée à justifier (et à projeter la meilleure lumière possible sur) les actions de David et le choix de Salomon – lequel n'était pas en tête de la liste des prétendants – comme successeur légitime. Prenant pour argent comptant les listes bibliques des officiels de la cour de David, les chercheurs ont cru que la mention des postes de « secrétaire » et de « scribe » (2 S 8,16.17) prouvait que, dans la Jérusalem du Xe siècle av. J.-C., on archivait et on conservait les documents.

Nous sommes encore une fois devant un cas de raisonnement en boucle, qui fait reposer la véracité du texte biblique sur son propre témoignage. Nous avons déjà mentionné l'absence, dans Juda, de traces archéologiques d'une alphabétisation répandue avant la fin du VIIIe siècle. D'autres questions se posent : à la lumière de la situation archéologique générale de Jérusalem, pouvons-nous affirmer que les descriptions de « l'histoire de la cour » appartiennent au Xe siècle av. J.-C. ? Les guerres de conquête et les vastes projets de construction de David se fondent-ils dans la réalité archéologique de l'époque ? Les intrigues féroces qui jouent un rôle majeur dans « l'histoire de la cour » étaient-elles concevables au temps de David ?

UNE ABSENCE DE PREUVES

La réponse est non. Premièrement, pour ce qui concerne l'environnement physique, Jérusalem ne comporte aucune trace de monument royal datant du Xe siècle av. J.-C., voire simplement d'édifice digne de ce nom. Il est bien sûr possible que quelques structures de la Jérusalem de David et Salomon aient été détruites et soient enfouies sous la masse de l'esplanade du Temple hérodien, mais il n'y a aucune trace d'expansion royale en d'autres endroits de la Cité de David. Les trois principaux monuments associés au règne de David – le « puits de Warren » (identifié par certains avec le « canal » mentionné par 2 Samuel 5,8 à propos de la conquête de Jérusalem par David), la structure de pierres à degrés (proposée comme le « Millo » dont parle 2 Samuel 5,9 en relation avec les activités de reconstruction de Jérusalem entreprises par David) et les tombes des rois de Juda (les roches taillées que certains identifient avec les sépultures royales de la dynastie davidique) – n'ont rien à voir avec un effort quelconque de construction du Xe siècle av. J.-C. et manquent à apporter des preuves concluantes et indépendantes venant à l'appui du récit biblique[1].

1. L'Appendice B contient davantage de détails sur l'état de la recherche archéologique des monuments de la Jérusalem davidique.

« L'absence de preuve n'est pas preuve d'absence », protestent certains chercheurs ; certes, mais le tableau d'ensemble contredit aisément l'argument. Plus d'un siècle de fouilles dans la Cité de David n'a rapporté qu'une maigre collection d'une pauvreté navrante de vestiges datant de la période située entre la fin du XVIe siècle et le milieu du VIIIe siècle av. J.-C. Ils se résument à quelques pans de murs et à une poignée de tessons récupérés dans des débris dus à l'érosion. Tous les sites fouillés de Jérusalem ont donné le même résultat. L'explication qui consiste à affirmer qu'une abondance de vestiges d'édifices datant du Xe siècle *existait* à Jérusalem avant que l'érosion ou de lourdes activités de constructions entreprises ultérieurement ne les fassent disparaître ne tient pas debout. En effet, d'impressionnantes structures du Bronze moyen (2000-1550 avant notre ère) et du Fer II (750-586 avant notre ère) *ont survécu.*

À l'évidence, la Jérusalem du Xe siècle était un petit village de montagne qui dominait un arrière-pays à l'habitat dispersé. Si, comme l'affirme le récit biblique, elle avait été la capitale d'un grand royaume capable de mobiliser des dizaines de milliers de soldats, de prélever un tribut sur ses vassaux, de maintenir des garnisons à Aram-Damas et à Édom, elle aurait laissé des traces de bâtiments administratifs et d'entrepôts, y compris à l'extérieur du périmètre du palais royal qui n'occupait que le sommet du promontoire. On constaterait également des transformations survenues dans les villages de Juda – d'où auraient été recrutés la majorité des soldats de David, et qui auraient bénéficié, au moins indirectement, de la prospérité générale du royaume. Or, le paysage de Juda ne présente pas la moindre trace de changement avant le siècle suivant. La population est restée clairsemée et les rares villages ont conservé leurs dimensions réduites tout au long du Xe siècle av. J.-C.

Et que dire des conquêtes éclairs de David décrites avec force détails dans le livre de Samuel (2 S 8,10 ; 12,26-29) ? Si ces offensives avaient vraiment eu lieu, de multiples traces de destructions dues à des moyens militaires seraient visibles sur un grand nombre de sites du royaume élargi. Du reste, aux premiers jours de l'archéologie biblique, c'était précisément ce que de nombreux savants étaient persuadés avoir découvert. Dans tous les sites des aires concernées par l'expansion supposée de David – en tout premier lieu sur le littoral et dans les vallées du Nord –, quasiment chaque couche de destruction qui pouvait être vaguement datée de l'ère davidique fut attribuée à ses guerres de conquête ; c'était d'autant plus tentant que ces couches marquent généralement une transition entre une vieille cité philistine ou cananéenne, et une nouvelle culture matérielle qu'on a qualifiée d'« israélite ».

Ainsi, à propos du site de la plaine littorale de Tell Qasile, vestige d'un établissement philistin situé dans le périmètre de la moderne Tel Aviv, l'archéologue Amihai Mazar déclarait : « La destruction violente du riche Stratum X…, au début du Xᵉ siècle av. J.-C., s'intègre dans une série de destructions qui ont frappé différentes parties du pays » et qui furent causées probablement par « une invasion israélite conduite par le roi David ». De la même manière, on a cru que la cité-État cananéenne de Megiddo, au nord de la vallée de Jezréel, apportait de l'eau au moulin des conquêtes éclairs de David. La cité du Fer I, appartenant encore à la culture matérielle cananéenne, a été datée de façon conventionnelle du XIᵉ siècle av. J.-C. Un incendie l'a ravagée, d'une intensité telle que la fournaise a cuit les briques de terre crue des murs de ses édifices ; un énorme amoncellement constitué de poutres de toiture effondrées, de débris d'objets manufacturés et de cendres recouvrait le sol. L'archéologue israélien Yigael Yadin, qui fouilla Megiddo dans les années 1960, interpréta ces vestiges calcinés comme ceux d'une cité cananéenne qui avait été « complètement détruite, sans doute par David », cédant la place à une cité israélite érigée sous Salomon.

Mais ces suppositions reposent sur le même raisonnement en boucle : le récit biblique sert de socle à l'interprétation de trouvailles archéologiques qui attestent à leur tour de la véracité historique de la Bible. Les traces de destruction de Tell Qasile, de Megiddo, et d'autres sites semblaient, à l'époque, correspondre à l'histoire biblique ; aujourd'hui, il apparaît clairement que ces prétendus indices des conquêtes de David étaient illusoires. De nouvelles fouilles, des analyses plus fines des assemblages de poterie, un réexamen de l'architecture, de récentes datations au carbone 14 nous ont enseigné que les cultures philistine (du littoral méridional) et cananéenne (des vallées du Nord) se sont poursuivies sans interruption jusque vers la fin du Xᵉ siècle av. J.-C. La vague de destructions – datée auparavant de l'an

1000 avant notre ère, et attribuée aux ambitions expansionnistes de la Monarchie unifiée sous le règne du roi David – s'est bien déroulée, mais beaucoup plus tard : un siècle exactement.

Au vu des données, à la question de savoir si cette « histoire de la cour » correspond au contexte historique du Xᵉ siècle, on ne peut que répondre par la négative. Aucun indice archéologique ne plaide en faveur d'une émergence possible de Jérusalem, à cette époque, comme capitale d'un puissant empire, dotée d'une administration organisée et d'une tradition scripturaire assez sophistiquée pour permettre la composition d'une aussi complexe chronique des événements.

Quant aux destructions longtemps attribuées aux guerres de conquêtes de David, elles permettent difficilement une reconstruction précise de l'histoire. Sur les quelques milliers de fermiers et d'éleveurs – femmes, enfants et vieillards compris – qui peuplaient Juda à l'époque, on n'aurait pu mobiliser que quelques centaines de combattants, un nombre à peine suffisant pour des raids sporadiques mais pas pour mener une campagne militaire prolongée. Une transformation radicale d'ordre social et politique – l'émergence d'un État étayé par une bureaucratie et diverses institutions – aurait dû intervenir au préalable pour que les événements de « l'histoire de la cour » puissent être tenus pour véridiques. Les données archéologiques témoignent de ce type de transformation, mais, comme nous allons le démontrer, le phénomène est survenu d'abord dans les hautes terres du Nord, bien avant Juda, et plusieurs générations *après* les règnes présumés de David et Salomon.

LA PREMIÈRE COUR ROYALE D'ISRAËL

Tandis que les hautes terres de Juda traversaient le Xᵉ et le début du IXᵉ siècle avant notre ère sans variation majeure dans la routine de leur vie rurale, des bouleversements importants survenaient dans les hautes terres du Nord. À l'exception de l'abandon d'un agglomérat d'habitats benjaminites (connectés au pays biblique de Saül), l'archéologie témoigne d'un accroissement constant de la population et des capacités de production agricole des centaines de villages occupant les hautes terres nordistes, un phénomène qui influera profondément sur la suite des événements politiques.

Contrastant avec la situation dans les hautes terres judéennes, le Nord connut une expansion régulière de son aire de peuplement, que ce soit dans les vallons fertiles au cœur des hautes terres ou dans les zones frontalières des versants orientaux et occidentaux. La présence de nouveaux habitats en bordure du désert oriental suggère une croissance de l'élevage fermier ; l'établissement de villages sur les pentes rocailleuses du côté méditerranéen indique un renouveau de l'agriculture en terrasses de la vigne et de l'olivier, après un hiatus de plusieurs siècles. De gros hameaux émergent, qui se transforment en centres régionaux, indice d'un renouvellement des relations commerciales avec la côte phénicienne.

Puis on constate l'apparition soudaine d'importants centres administratifs dans divers sites de la région, le plus vaste étant le complexe de Samarie, dans les collines du Nord-Ouest. Une gigantesque esplanade, dont la construction a exigé de gros travaux de nivellement et de remplissage, fut érigée au-dessus d'un ancien village. Un impressionnant mur à casemates la protégeait, dont les salles devaient servir de magasins. D'autres édifices spécialisés s'élevaient à l'intérieur de cette vaste enceinte. Le plus intéressant en est un superbe palais de pierres taillées, la plus grande structure jamais découverte dans l'Israël de l'âge du Fer. Cet imposant complexe – et d'autres découverts dans certains sites des vallées septentrionales – servait à la fois de centre administratif et de monument élevé à la gloire de ses occupants. En termes anthropologiques, le phénomène témoigne d'une mutation de la société des hautes terres du Nord, passant d'une culture rurale et dispersée à l'organisation centralisée d'un État pleinement développé.

Clarifions d'abord ce que nous entendons par « État pleinement développé ». Auparavant, pour désigner le Juda du xe siècle av. J.-C., nous avons utilisé le mot « chefferie », évoquant par là un réseau assez lâche de communautés (nomades ou sédentaires) plus ou moins égales en importance, liées à un homme fort, ou à un chef de clan et à sa famille, au sein d'une alliance essentiellement rituelle. Le pouvoir du chef se limitait à la relation avec les peuplades voisines, à la mobilisation de forces en nombre suffisant pour contrer les menaces ou les incursions locales, au maintien des liens familiaux et tribaux du clan. Les capacités économiques et militaires du fief étant très limitées, sa survie dépendait essentiellement de sa stabilité. Dans le Nord, quand s'établirent les premiers villages de l'âge du Fer, la situation devait être sensiblement identique. Mais, à mesure que croissait la population, la colonisation de nouvelles terres et la spécialisation dans la production de certains produits agricoles ou animaux eurent pour conséquences une complexité grandissante des échanges.

Le troc de céréales contre des olives, ou de laine contre des céréales et du vin, nécessite des structures permanentes d'emmagasinage et d'administration, ce qui favorise l'émergence de centres régionaux. Le stade final de cette transformation correspond à la fondation d'un État – ou « royaume » – capable d'imposer un système centralisé de contrôle. Ce niveau d'organisation permet la formation d'armées professionnelles, la conquête de nouveaux territoires, les projets de vastes chantiers de construction, grâce au maintien d'un ensemble spécialisé de fonctionnaires et d'artisans, rémunérés sur l'excédent des richesses agricoles et commerciales de la région. Ce système donne une puissance accrue, mais il est aussi source de nombreuses contraintes pour la population.

Les indices archéologiques sur l'émergence d'un centre de cette nature à Samarie, au début du IXe siècle av. J.-C., nous permettent de constater précisément ce type de développement. Pour la première fois, il nous est possible d'associer les données archéologiques à des personnages bibliques identifiables : la dynastie omride du royaume d'Israël, laquelle régna, d'après la chronologie biblique et celle du Proche-Orient ancien, entre 884 et 842 avant notre ère, soit plusieurs générations *après* l'époque présumée de David et Salomon.

D'après le premier livre des Rois (1 R 16,15-24), Omri, le fondateur de la dynastie, s'empara du pouvoir par un coup d'État ; il établit sa capitale sur la colline de Samarie, d'où lui-même et son fils Achab régnèrent sur un puissant royaume. Des témoignages fiables, en provenance de sources extérieures et indépendantes, confirment, dans ses grandes lignes, l'exposé biblique. Ajoutons à cela le soutien d'un bon nombre d'inscriptions contemporaines, qui constituent les plus anciens documents non bibliques jamais découverts attestant de l'existence historique de personnages bibliques.

Par exemple, les Assyriens désignent le royaume nordiste sous le nom de « Maison d'Omri », confirmant ainsi le témoignage biblique sur le fondateur de la dynastie et de la capitale. L'inscription monolithique du roi assyrien Salmanasar III explique comment, en 853 avant notre ère, une coalition de divers royaumes locaux a affronté les armées assyriennes à la bataille de Qarqar, sur le fleuve Oronte, en Syrie occidentale. Or, la contribution militaire aux forces anti-assyriennes de l'un des plus principaux participants de cette coalition, un monarque nommé « Achab l'Israélite », se montait à deux mille chars de combat et dix mille fantassins. En admettant que les chiffres de l'inscription royale aient été quelque peu gonflés, le royaume d'Israël n'en avait pas moins grimpé des échelons dans la puissance militaire. Parvenus au faîte de leur pouvoir, les Omrides étendaient leur domination, vers l'est, jusqu'en Transjordanie, vers le nord, jusqu'en Syrie.

La célèbre inscription de Mésha, gravée dans une stèle monumentale de pierre noire, fut découverte au XIXe siècle de notre ère sur le site de l'antique Dibôn, la capitale de Moab (en Transjordanie méridionale). « Omri, roi d'Israël, humilia Moab pendant de nombreux jours », dit le texte. L'inscription ajoute que l'occupation israélite de cette contrée s'est poursuivie sous le règne du fils d'Omri et s'est concrétisée par la construction de deux places fortes en territoire moabite. En outre, l'expansion des Omrides en territoire syrien est attestée par l'inscription de Tel Dan, dans laquelle Hazaël, roi d'Aram-Damas, se plaint qu'Israël ait occupé une partie de son territoire[2]. Les perspectives archéologiques et historiques nous laissent donc entrevoir l'émergence, au début du IXe siècle av. J.-C., du premier véritable royaume d'Israël. Est-ce une coïncidence si les luttes des Omrides pour fonder un pouvoir centralisé, leurs ambitieux projets de construction, leur cour princière, leur armée de soldats professionnels bien équipée et leurs conquêtes transjordanienne et syrienne rappellent si bien les scènes inoubliables de « l'histoire de la cour » de David ?

2. L'importance de l'inscription de Tel Dan et sa mention de la « Maison de David » seront abordées dans l'Appendice A.

L'ASCENSION DE JUDA

Durant la première moitié du IXe siècle av. J.-C., le royaume d'Israël était l'un des États les plus puissants de la région. Une question vient immédiatement à l'esprit : si les Omrides n'hésitaient pas à utiliser leur puissance militaire pour étendre leur territoire en direction de l'est et du nord-est, qu'est-ce qui les empêchait de l'élargir aussi en direction du sud, vers Juda ? Le récit biblique, par ses descriptions de la puissance et du prestige du royaume de David et Salomon, dépeint la lutte d'influence qui opposera ultérieurement le Nord au Sud comme une querelle entre puissances égales. Mais, comme nous l'avons vu, le grand empire de David n'a laissé aucune trace. Tout ce que l'on peut dire de cette région, après la mort de David, est que la vie matérielle n'y a guère changé et que la lignée dynastique de Jérusalem semble s'être poursuivie sans interruption. D'après le livre des Rois, Salomon, Roboam, Abiyyam et Asa se sont succédé sur le trône de David ; aucune donnée indépendante ne vient confirmer ni infirmer cette séquence. Mais quelque chose a fini par arriver, suggéré par la Bible et souligné par l'archéologie. À la montée sur le trône de l'arrière-arrière-arrière-petit-fils de David, Josaphat (qui, d'après la chronologie biblique, régna de 870 à 846), Juda semble être devenu une sorte de vassal du royaume d'Israël.

D'après la Bible, Josaphat, contemporain d'Achab, vient en aide au royaume du Nord dans sa guerre contre les Araméens en lui offrant des troupes et des chevaux. Puis il consolide l'alliance avec le royaume du Nord par des liens matrimoniaux : Athalie, une princesse israélite, sœur ou fille du roi Achab, épouse Joram, un prince davidique, fils de Josaphat (2 R 8,18). La maison de David, à Jérusalem, vient donc de se lier directement à la royauté israélite de Samarie. En réalité – c'est ce que nous suggérons –, le Nord vient d'absorber Juda par mariage interposé. Par conséquent, au IXe siècle av. J.-C. – près d'un siècle après l'époque présumée de David –, nous constatons enfin l'existence historique d'une grande monarchie israélite qui s'étend de Dan, au nord, à Beersheba, au sud, sans compter l'adjonction par voie de conquête d'un certain nombre de territoires en Transjordanie et en Syrie. Seulement *cette* monarchie – réellement unifiée –

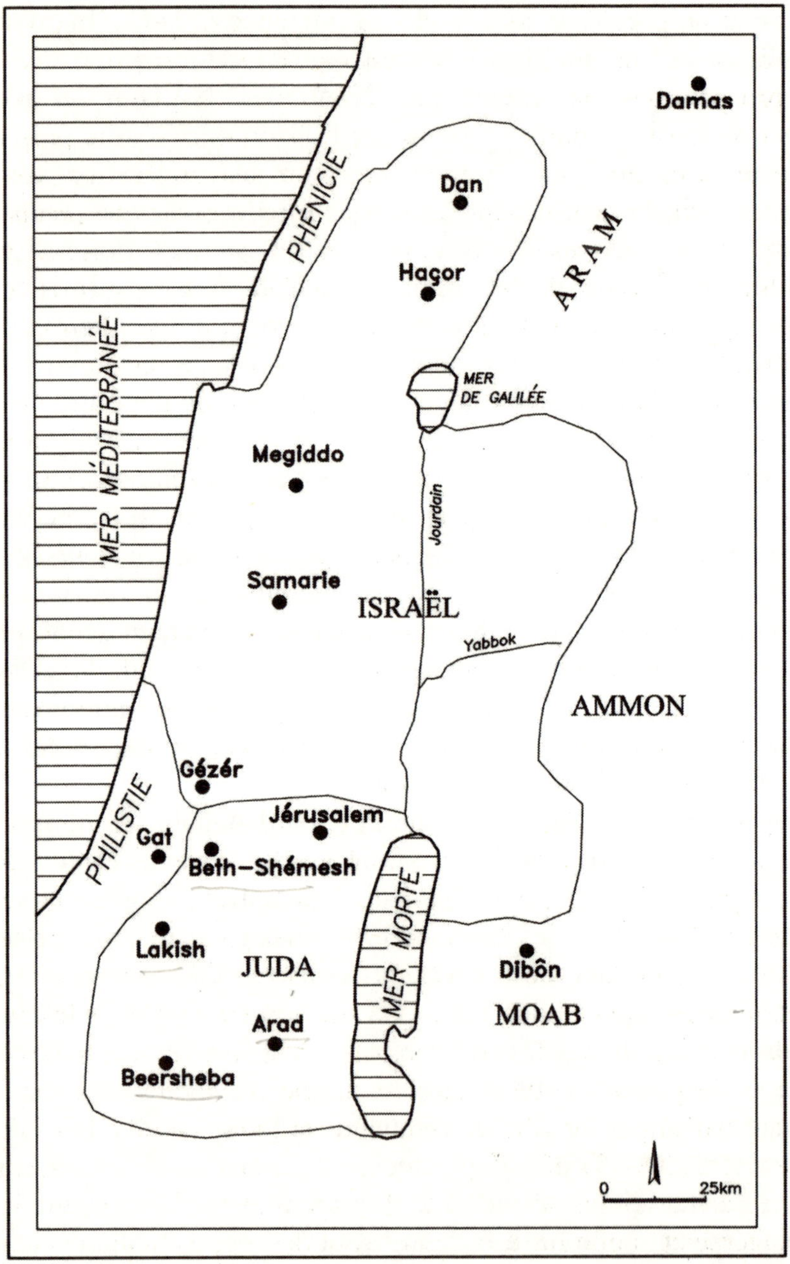

Israël et Juda au IXe siècle av. J.-C.

n'était pas dirigée par les « Davidides » mais par les Omrides, et elle n'avait pas Jérusalem pour capitale, mais Samarie.

C'est d'ailleurs vers cette époque qu'apparaissent, à Juda, les premiers signes archéologiques qui témoignent de la formation d'un État. Les prospections ont révélé une croissance régulière du nombre (encore modeste, toutefois) de villages. Dans le bas pays judéen, au IXe siècle avant notre ère, apparaissent pour la première fois des centres administratifs permanents, qui contrôlent des régions précises ou des aspects spécifiques de l'économie. À l'ouest, dans la fertile vallée de la Shefelah – appelée le « grenier » de Juda –, s'élèvent deux citadelles impressionnantes. Leur construction nécessite une main-d'œuvre considérable et leurs proportions sont plus vastes qu'aucun des édifices bâtis dans la région depuis le début de l'âge du Fer. À Lakish, les fouilles conduites dans les années 1930 par des archéologues britanniques puis, ultérieurement, par une mission israélienne dirigée par David Ussishkin ont mis au jour une vaste esplanade qui entourait un ensemble fortifié abritant un palais et des magasins ; à Bet-Shémesh, au peu plus au nord, une équipe de l'université de Tel Aviv, dirigée par Shlomo Bunimovitz et Zvi Lederman, a récemment découvert les vestiges d'un autre grand chantier de construction. De lourdes fortifications et un système souterrain sophistiqué d'alimentation en eau potable permettaient aux habitants de ce site majeur de la riche vallée du Sorek de supporter un siège prolongé.

Fait encore plus parlant : on constate la soudaine apparition de traces d'administration centralisée dans la vallée de Beersheba, qui servait, depuis des siècles, d'axe majeur dans les relations commerciales entre la Transjordanie et le littoral méditerranéen. À Arad, à l'extrémité orientale de la vallée, et à Tel Beersheba, à l'ouest, des forteresses permanentes ont été érigées au IXe siècle av. J.-C. Leur construction semble résulter d'un effort de contrôle des voies commerciales de la vallée et de protection des frontières méridionales du royaume. Ont-elles été bâties par les rois de Juda sous l'égide des Omrides ? L'histoire (1 R 22,48-49) de la tentative de Josaphat de se lancer dans le commerce méridional avec l'aide du royaume nordiste, même si elle est exagérée et si elle fut confondue avec des efforts ultérieurs en relation avec la mer Rouge, représente peut-être un écho des événements de l'époque.

Et Jérusalem, dans tout ça ? Ici aussi, on voit apparaître les premières traces de constructions complexes, au IXe siècle av. J.-C. Même si sa datation est longtemps restée controversée, la célèbre structure à degrés devait supporter un édifice beaucoup plus élaboré et impressionnant que les plus anciens édifices en bordure sud de la cité. Parmi les tessons datables retrouvés dans le manteau de la structure à degrés, l'archéologue hollandaise Margreet Steiner, qui les a étudiés attentivement, a découvert des types polis et engobés de rouge appartenant au IXe siècle avant notre ère.

Un indice important quant à la nature de l'édifice qui devait occuper le sommet de la structure à degrés – mais que les occupations ultérieures ont oblitéré – a peut-être été découvert dans le voisinage, un peu au nord. Dans les années 1950, l'archéologue britannique Kathleen Kenyon dégagea une pile de blocs de pierre taillée, dont un beau chapiteau proto-éolique, caractéristique de la décoration architecturale de l'enceinte royale de Samarie, la capitale du royaume nordiste. Ces blocs pierreux ont été découverts au pied de la structure à degrés. Ils devaient appartenir à un édifice qui s'élevait sur la plate-forme qui occupait le sommet de la pente. David Ussishkin a émis la proposition qu'au IXe siècle av. J.-C., le mont du Temple de Jérusalem devait comporter un complexe gouvernemental du type de celui de Samarie, incluant un palais et un temple. Semblable à celui de Samarie, il avait dû nécessiter de gros travaux de nivellement et de remplissage pour créer une plate-forme horizontale artificielle sur laquelle reposaient les quartiers du roi, protégés par un mur à casemates[3].

Malheureusement, l'archéologie n'est pas en mesure de confirmer cette hypothèse : l'esplanade gigantesque du Second Temple bâti par Hérode, à l'époque romaine, a enseveli toute trace de structures antérieures ayant pu exister sur le mont du Temple. La possibilité n'en demeure pas moins réelle que la domination de la maison royale de Juda par le royaume du Nord se soit concrétisée, à Jérusalem, par une œuvre architecturale d'imitation : une esplanade royale au sommet du mont du Temple, dans le style de l'acropole de Samarie.

3. Ce qui n'écarte pas la possibilité qu'un temple et un palais plus modestes se soient élevés antérieurement au même endroit, construits par les premiers chefs judéens.

Par conséquent, à en juger par les données historiques et archéologiques, les premières structures et institutions étatiques sont apparues, à Juda, au IXe siècle, probablement sous l'impulsion des institutions royales plus développées du Nord. D'après la Bible, de l'union du roi davidique Joram avec la princesse omride Athalie est né un héritier au trône, Ochozias, issu des deux lignées. Quand Ochozias monta sur le trône – puis, après sa mort, quand Athalie élimina les héritiers davidiques pour régner seule sur Jérusalem (2 R 11) –, la noblesse israélite, plus soudée que jamais, représentait ce qui devait fonctionner comme une entité politique unique, dominée par Samarie.

Contrairement aux affirmations de certain biblistes, persuadés que « l'histoire de la cour » fut composée dans la Jérusalem du Xe siècle par les thuriféraires de David ou de Salomon, nous verrons à quel point l'univers des histoires bibliques des conquêtes de David et des intrigues de sa cour évoque de façon beaucoup plus réaliste le paysage social et politique de l'époque des Omrides et de leurs successeurs, au IXe siècle avant notre ère. Ces récits, où abondent les détails frappants, ont modifié profondément l'image de David. Pourquoi ?

LA RECONSTITUTION DU PASSÉ

Dans une étude détaillée sur les histoires bibliques consacrées aux épouses de David, Mikal, Bethsabée, puis, plus tard, de la reine Athalie, le bibliste allemand Axel Knauf a souligné l'importance de l'art du conte au sein de la cour judéenne. Il fit observer que les fêtes et les rassemblements officiels étaient des moments clefs d'interaction sociale et politique entre la famille royale et les membres de l'aristocratie qui lui étaient associés. Ils offraient l'occasion d'organiser la présentation de farces, de satires, de compétitions poétiques, donnant lieu à la création de récits, contes et légendes.

Nous avons déjà suggéré que les plus anciennes histoires sur le passé de bandit de David étaient dues au zèle de ses partisans, soucieux de vanter le courage et l'intelligence de leur chef. Nous avons aussi suggéré que le cycle des histoires où s'entremêlent les destins de Saül et de David résultait d'une intelligente contre-attaque des partisans de David, répondant aux graves accusations de trahison formulées par les partisans du chef déchu, Saül. Mais « l'histoire de la cour » et les autres chapitres du second livre de Samuel introduisent un autre type, totalement différent, de récits. Ces histoires gravitent autour de politiques de cour, de rivalités princières, de révoltes internes, de conquêtes étrangères ; elles mettent en scène les alcôves royales et les salles du trône[4], ou bien des batailles rangées entre des armées divisées en unités d'infanterie, de cavalerie et de chars de combat.

Un passage biblique raconte qu'après avoir expulsé les Philistins des environs de Jérusalem et sécurisé sa position à la tête de la capitale, David donna l'ordre de transporter l'arche d'alliance à Jérusalem ; une joyeuse procession devait accompagner le déplacement de ce symbole de la nation[5]. David ayant pris la tête de la procession, son comportement excentrique et endiablé – « il sautait et tournoyait devant Yahvé » (2 S 6,16) – avait provoqué l'indignation de son épouse, Mikal, la fille de Saül, qui l'avait jugé indigne d'un roi. Comme l'a fait remarquer Knauf, le passage qui relate le reproche acerbe lancé par Mikal à un David virevoltant avec insouciance se termine par la conclusion cryptique suivante : « Et Mikal, fille de Saül, n'eut pas d'enfant jusqu'au jour de sa mort » (2 S 6,23) – une raillerie dynastique classique visant à expliquer pourquoi la lignée de Saül s'est éteinte à Jérusalem.

La remarque sarcastique lancée par Mikal, l'aristocrate, au rustre David – « comme il s'est fait honneur, aujourd'hui, le roi d'Israël, lui qui s'est découvert aux yeux des servantes de ses serviteurs comme se découvrirait un homme de rien ! » (2 S 6,20) – serait inconcevable dans le contexte d'un clan rustique des hautes terres, où les liens sociaux importaient davantage que les hiérarchies sociales. On ne saura jamais si une vraie femme nommée Mikal, fille de Saül, était l'épouse du David historique. Mais on peut assurer sans risque d'erreur que le récit n'a pris la forme (et la signification) présente

4. Knauf insiste sur le rôle central joué, au sein des anciennes cours proche-orientales, par les récits qui expriment le point de vue de la reine mère, dont le principal objectif politique était de défendre les droits de sa lignée dans les luttes pour la succession au trône.

5. Ces sont les derniers chapitres du récit que les biblistes ont intitulé « l'histoire de l'arche », contant les déplacements de l'arche au départ de Silo, suivis d'une période de captivité dans les cités philistines, puis son retour à Qiryat-Yéarim et, enfin, son installation à Jérusalem : 1 S 6-7 ; 2 S 6.

qu'à partir du moment où s'est formée, à Jérusalem, une classe aristocratique consciente d'elle-même.

De la même manière, les amours de David et de Bethsabée peuvent difficilement se comprendre en dehors du contexte particulier de l'atmosphère d'une cour. Alors qu'il est engagé dans un combat sans merci contre le royaume voisin d'Ammon, le roi David, nous dit le récit biblique, resté à Jérusalem, se retrouve pris aux rets de sa concupiscence.

> Il arriva que, vers le soir, David, s'étant levé de son lit, alla se promener sur la terrasse de la maison du roi et aperçut, de la terrasse, une femme qui se baignait. Cette femme était très belle. David fit prendre des informations sur cette femme, et on répondit : « Mais c'est Bethsabée, fille d'Éliam et femme d'Urie le Hittite ! » Alors David envoya des émissaires pour la prendre. Elle vint chez lui et il coucha avec elle, alors qu'elle venait de se purifier de ses règles. Puis elle retourna dans sa maison. La femme conçut. Elle en fit informer David : « Je suis enceinte ! » (2 S 11,2-5.)

L'époux de cette femme, Urie, participe au siège de Rabba, la capitale d'Ammon. David le convoque. Il tente en vain de persuader ce loyal soldat de coucher avec sa femme (pour couvrir une grossesse adultère). David concocte alors une sombre machination, qui fera de l'ombre à sa réputation. Il renvoie Urie au front avec une lettre adressée à Joab, qui commande le siège. « Mettez Urie en première ligne, lui ordonne-t-il, au plus fort de la bataille, puis reculez derrière lui : qu'il soit frappé et qu'il meure » (2 S 11,15). Un combat mortel s'engage aux pieds des murailles de Rabba, et Urie est tué. Après une brève période de deuil, la jolie Bethsabée épouse David. Le roi ne tarde pas à payer pour cette mauvaise action. Couvert de reproches par le prophète Nathan, il se repent amèrement et assiste, impuissant, au décès du bébé de Bethsabée. Ce revers de fortune sera transitoire. En effet, poursuit le récit : « David consola Bethsabée, sa femme. Il alla vers elle et coucha avec elle. Elle enfanta un fils auquel elle donna le nom de Salomon » (2 S 12,24).

Chaque détail de l'histoire – le roi qui, prenant le frais sur sa terrasse, épie la jeune beauté en train de prendre son bain, les ordres écrits envoyés par messager du palais royal, la mort du mari trompé au siège de la cité puissamment fortifiée de Rabba, la capitale d'Ammon – s'inspire de scènes et d'événements typiques d'une existence royale qui n'a émergé qu'au IXe siècle. Peu importe que David ait eu ou non une liaison avec une femme nommée Bethsabée. L'histoire du repentir de David et de la manière dont le fils de Bethsabée, Salomon, héritera du trône de son père, est, comme l'ont noté nombre de savants, une puissante déclaration politique destinée à légitimer la lignée de Salomon[6]. Le récit sur lequel repose l'argument se déroule dans un environnement particulier et réaliste que seuls ceux qui sont familiarisés avec la vie de cour et la chaîne de commandement d'une armée professionnelle peuvent reconnaître.

Il en est de même pour la rébellion tragique d'Absalom, dont le récit s'appuie sur la morale et l'étiquette d'une cour royale. Malgré une richesse considérable, des victoires militaires renversantes, des armées de travailleurs forcés, tout ne va pas pour le mieux pour la cour davidique. De féroces rivalités déchirent les princes. Le viol de Tamar, la fille de David, par Amnon, son fils aîné, est à l'origine d'une série d'événements qui révèlent l'impuissance croissante de David, sinon comme roi du moins comme père de famille. Indigné, le frère de Tamar, Absalom, tue Amnon et s'enfuit vers le nord, trouvant refuge chez les Araméens. De retour à Jérusalem, il fomente un coup pour renverser l'autorité de plus en plus arbitraire de son père. Vaincu par ses émotions, David est contraint à la fuite. La révolte est finalement brisée. David revient dans la capitale et Absalom, pourchassé, est tué par les hommes de David. Pourtant cette victoire est vécue par David comme un désastre personnel.

Quand il apprit la mort d'Absalom, « le roi frémit. Il monta dans la chambre au-dessus de la porte ; il parlait ainsi tandis qu'il s'en allait : "Mon fils Absalom ! mon fils ! mon fils Absalom ! que ne suis-je mort à ta place ! Absalom mon fils ! mon fils !" » (2 S 18,33).

La férocité des rivalités entre les princes, les désaccords et défections des conseillers privés du roi, tout témoigne d'une toile de fond sociale infiniment plus complexe que celle de la Jérusalem rustique du Xe siècle av. J.-C. D'autres exemples abondent : l'envoi par Hiram, roi de Tyr, de matériel de construction pour le palais de David (2 S 5,11) ; le mariage diplomatique de David avec la fille du roi de

6. D'après Baruch Halpern, ce passage serait une œuvre subtile de propagande écrite par les partisans de Salomon et visant à contrer la rumeur qu'il n'était pas le fils de David, et donc pas de sang royal. Quelle que soit l'ancienneté de l'histoire, nous affirmons qu'elle n'a pris la forme actuelle que beaucoup plus tard dans l'histoire de Juda.

Geshur (2 S 3,3) ; le don fait par David de terres agricoles au petit-fils survivant de Saül, un infirme du nom de Mephiboshèt (2 S 9) ; l'établissement de garnisons dans les territoires d'Aram-Damas et d'Édom, en Transjordanie méridionale (2 S 8,6.14) ; le recensement royal organisé par Joab du vaste territoire de David (2 S 24,1-9). Ces détails précis n'appartiennent pas au contexte du David historique, chef d'un modeste clan des hautes terres méridionales.

DAVANTAGE D'INDICES GÉOGRAPHIQUES

Mais pourquoi attribuer précisément ces descriptions étatiques au IXe siècle av. J.-C. ? Pourquoi pas aux siècles ultérieurs ? La géographie répond à cette question. Prenons l'exemple du royaume de Geshur. Il est mentionné comme un allié de David (2 S 3,3) ; Absalom (le fils de l'épouse geshurite de David) y demande l'asile après avoir tué Amnon. Le nom de Geshur figure dans ces textes bibliques alors que les archives assyriennes du VIIIe siècle ne le mentionnent pas. Le grand site fortifié de Bethsaïde, sur le rivage nord-est de la mer de Galilée, aurait pu en être la capitale. Fondée au IXe siècle, la cité d'origine porte toutes les marques d'une culture matérielle araméenne ; au VIIIe siècle, peut-être à la suite de son assimilation par le royaume du Nord, ses caractéristiques araméennes disparaissent. Le IXe siècle av. J.-C. est donc la seule chronologie logique d'une histoire qui se déroule au pays de Geshur.

L'étendue géographique du recensement organisé par Joab vers la fin du règne de David apporte des indications supplémentaires, qui désignent le IXe siècle av. J.-C. :

> Et Joab et les chefs de l'armée quittèrent la présence du roi pour recenser le peuple d'Israël. Ils passèrent le Jourdain et ils commencèrent à Aroër et, depuis la ville qui est au milieu de la vallée, allèrent chez les Gadites et vers Yazèr. Puis ils allèrent en Galaad et au pays des Hittites, à Qadesh, ils se rendirent à Dan-Yaan et aux alentours, en direction de Sidon. Ils se rendirent à Fort-de-Tyr et dans toutes les villes des Hittites et des Cananéens et ils aboutirent au Néguev de Juda, à Bersabée (2 S 24,4-7).

D'après cette description, le royaume de David comprenait la totalité du massif central des hautes terres ainsi que l'ensemble du plateau transjordanien, d'Aroër, dans le sud, au Golan, dans le nord. Aroër était perchée à flanc de falaise, sur le versant nord de la vallée encaissée de l'Arnon, dans le Moab ; l'unique réalité historique qui puisse expliquer la mention de cette localité sont les conquêtes de Moab par les Omrides. Yazèr et Galaad évoquent apparemment la Transjordanie septentrionale. À l'ouest du Jourdain, la frontière du Nord s'étend de Dan jusqu'aux abords des cités phéniciennes de Tyr et de Sidon. Au Sud, la frontière englobe la vallée de Beersheba, où le contrôle royal n'a commencé à s'exercer qu'à partir du IXe siècle av. J.-C. Certains savants minimalistes affirment que cette délimitation des frontières de l'État davidique est une invention tardive entièrement imaginaire. Pourtant, ces limites correspondent avec précision aux territoires combinés des royaumes d'Israël et de Juda à une époque où leurs lignées princières respectives avaient – au moins temporairement – fusionné.

C'est aussi le cas de l'exposé biblique des victoires de David contre les puissances voisines (détails en 2 S 8.10.12). Moab vient en premier, anticipant les conquêtes des Omrides dans cette région :

> David battit les Moabites et les mesura au cordeau en les faisant coucher à terre : il en mesura deux cordeaux à mettre à mort et un plein cordeau à laisser en vie, et les Moabites devinrent sujets de David et lui payèrent tribut (2 S 8,2).

Puis vient la guerre contre les Araméens de Syrie, au nord :

> David battit Hadadézer, fils de Rehob, roi de Çoba, lorsque celui-ci alla pour étendre son pouvoir sur le Fleuve [Euphrate]. David lui prit mille sept cents cavaliers et vingt mille fantassins. David coupa les jarrets de tous les attelages, il n'en garda que cent. Les Araméens de Damas vinrent au secours de Hadadézer, roi de Çoba, mais David abattit vingt-deux mille hommes parmi les Araméens. David établit des préfets dans l'Aram de Damas, et les Araméens devinrent sujets de David et lui payèrent tribut (2 S 8,3-6).

Outre la mention de régiments de charrerie et d'infanterie, dont le nombre rappelle celui des contingents d'Achab à la bataille de Qarqar, en 853 avant notre ère, la perspective générale est celle du IXe siècle, comme le fit remarquer le spécialiste israélien de l'histoire biblique, Nadav Naaman. En premier lieu, les récits décrivent des États araméens dont l'indépendance fut de courte durée puisqu'elle se termine avec leur annexion dans l'Empire assyrien au VIIIe siècle av. J.-C. Les États araméens mentionnés dans le récit, à l'exception de Damas, ne figurent pas dans les documents des VIIIe et VIIe siècles. Qui plus est, ces régions étaient convoitées et, en partie, contrôlées par les Omrides parvenus au faîte de leur pouvoir vers la moitié du IXe siècle av. J.-C. Enfin, le nom du personnage central de l'histoire, Hadadézer, correspond à l'araméen Adadidri, qui régnait sur Damas vers le milieu du IXe siècle. Son nom apparaît sur l'inscription monolithique de Salamanasar III : il est l'un des plus importants rois dans le coalition d'États levantins qui affronta les Assyriens à Qarqar. Nous avons déjà mentionné l'autre souverain important de cette coalition, qui n'était autre qu'Achab l'Israélite.

Ainsi, « l'histoire de la cour » nous présente une série d'épisodes historiques qui attribuent au fondateur, au Xe siècle av. J.-C., de la dynastie judéenne des victoires et des conquêtes remportées un siècle plus tard par les Omrides. Mais pourquoi un auteur judéen calquerait-il les succès remportés par le père fondateur de son royaume sur les guerres menées plus tard par le royaume omride d'Israël ?

MORT ET RENAISSANCE DE LA DYNASTIE DAVIDIQUE

Le mariage de convenance de la maison d'Omri avec la maison de David connut une fin brutale et tragique qui, au moins brièvement, menaça d'extinction la dynastie davidique. Dès la seconde moitié du IXe siècle av. J.-C., les beaux jours du royaume omride s'assombrissaient. Une à une, ses possessions impériales lui échappèrent. Nous disposons de sources historiques extra-bibliques en nombre suffisant pour nous permettre, avec les précautions d'usage, de confirmer l'historicité des grandes lignes de l'exposé biblique. L'inscription de la stèle de Mésha (et 2 R 3,5) mentionne qu'après la mort d'Achab, un soulèvement libéra Moab de la domination exercée par le royaume d'Israël. Le coup fatal est rapporté par l'inscription de Tel Dan (voir Appendice A), le plus ancien texte non biblique où apparaît le nom de David. Cette stèle confirme la défaite des Omrides sous les coups de Hazaël, roi de Damas. Avec des circonstances et des détails différents de ceux rapportés par la Bible (en 2 R 9), l'inscription de Tel Dan mentionne l'exécution du roi judéen Ochozias et de Joram, son contemporain israélite plus puissant. Les couches de destruction de nombreux sites nordistes prouvent l'historicité de l'assaut araméen. Au sein du royaume du Nord, se profile un nouveau prétendant en la personne de Jéhu (dont le nom figure aussi dans les archives assyriennes de l'époque), commandant de l'armée, qui extermine les membres survivants de la lignée des Omrides.

Que devient Juda lors de ces attaques contre Israël ? D'après les Rois (2 R 11), Jérusalem n'échappe pas à la vague de violence. La reine mère, Athalie, l'ancienne princesse omride envoyée dans le Sud pour y contracter un mariage diplomatique, s'empare du pouvoir. Pour affermir sa position contre ses plus dangereux rivaux, elle ordonne le massacre de tous les survivants de la lignée davidique. Aucune donnée historique indépendante n'étaye la fiabilité de ce récit. Nous savons seulement, à partir de développements subséquents, que la lignée davidique a survécu. Le pire est évité, d'après la Bible, grâce au dévouement et au sang-froid d'une princesse davidique, en dépit du bain de sang ordonné par Athalie :

> Mais Yehsheba, fille du roi Joram [de Juda] et sœur d'Ochozias, retira furtivement Joas, le fils d'Ochozias, du groupe des fils du roi qu'on massacrait et le mit, avec sa nourrice, dans la chambre des lits ; elle le déroba ainsi à Athalie et il ne fut pas mis à mort. Il resta six ans avec elle, caché dans le Temple de Yahvé, pendant qu'Athalie régnait sur le pays (2 R 11,2-3).

L'heure de la revanche ne tarde pas à sonner pour les partisans de la maison de David. Le prêtre Yehoyada dévoile le secret de la survie d'un héritier de David aux gardes du palais, restés loyaux, et fomente avec leur aide un coup d'État :

> Alors Yehoyada fit sortir le fils du roi, il lui imposa le diadème et lui remit le document de l'alliance ; on le fit roi et on lui donna l'onction. On battit des mains et on cria : « Vive le roi ! » Entendant la clameur des gardes et du peuple, Athalie se rendit vers le peuple au Temple de Yahvé. Quand elle vit le roi debout sur l'estrade, selon l'usage, les chefs et les trompettes près du roi, tout le peuple du pays exultant de joie et sonnant de la trompette, Athalie déchira ses vêtements et cria : « Trahison ! Trahison ! » Alors le prêtre Yehoyada donna un ordre au centeniers chargés de la troupe : « Faites-la sortir entre les rangs, leur dit-il, et si quelqu'un la suit, qu'on le passe au fil de l'épée » ; car le prêtre s'était dit : « Il ne faut pas qu'elle soit tuée dans le Temple de Yahvé. » Ils mirent la main sur elle et, quand elle arriva au palais royal par l'Entrée des Chevaux, là elle fut mise à mort (2 R 11,12-16).

Ainsi périt la dernière des Omrides.

Jéhu, le nouveau dirigeant du royaume reconstitué d'Israël, affronte lui aussi son lot d'épreuves. Alors que le roi Achab combattait Salmanasar III l'Assyrien avec deux mille chars de combat et dix mille fantassins, son successeur dynastique, Jéhu, est dépeint dans une posture humiliante, prostré aux pieds du même Salmanasar, sur la célèbre « Obélisque noire », découverte en 1845, à Nimrud, en Irak. L'inscription cunéiforme rapporte que Salmanasar reçoit des mains de son vassal humilié, entre autres, « de l'argent, de l'or, un bol-*saplu* en or, un vase doré à fond pointu, des gobelets en or, des seaux en or, de l'étain, un sceptre royal... ».

Par contraste, d'autres événements importants ne tardent pas à survenir dans la Shefelah, qui offrent à Juda une possibilité d'expansion dans la vallée. Le récit biblique (2 R 12,17) rapporte que « Hazaël, roi d'Aram, partit en guerre contre Gat et la prit ». Dirigées par Aren Maeir de l'université Bar Ilan, des fouilles récentes du site archéologique de Tell es-Safi, identifié avec cet ancien centre philistin de la Shefelah occidentale, ont confirmé la destruction de cette cité, dont les incursions menaçaient les villages occidentaux de Juda depuis le Xe siècle av. J.-C., autrement dit à l'époque où David se livrait au banditisme. Au IXe siècle, Gat était une ville importante, sa superficie couvrant une cinquantaine d'hectares. Assiégée à l'aide d'un dispositif sophistiqué, prise d'assaut, la cité fut incendiée et complètement rasée. Bien qu'en partie réoccupée, elle ne s'est jamais remise de cette destruction. La tradition biblique a préservé sa mémoire comme la ville de Goliath, le géant philistin, et du suzerain occasionnel de David, le roi Akish, ces souvenirs d'une époque légendaire s'estompant dans un lointain de plus en plus distant.

Pendant une brève embellie, durant la seconde moitié du IXe siècle, Juda vit s'ouvrir devant lui des possibilités d'expansion politique. Au nord, les Araméens harassaient Israël ; dépossédés de leurs territoires septentrionaux, Jéhu et son fils Joachaz subissaient la pression de Damas ; leur territoire se résumait à présent au plateau samaritain. À l'ouest, Hazaël anéantissait Gat, la plus puissante cité philistine. Prenant avantage de cette situation, Juda établit des centres administratifs à Bet-Shémesh et Lakish.

Il se pourrait que ce ne soit pas tout. D'après le second livre des Rois (2 R 12,18), pendant la campagne militaire de Hazaël, Joas, roi de Juda, lui a versé tribut. Le roi de Damas semble avoir joué un rôle majeur dans l'histoire de Juda. En effet, ses attaques contre Israël et la destruction de Gat ont soulagé le royaume judéen des pressions subies au nord et à l'ouest. Le versement de ce tribut ne serait-il qu'une coïncidence ou bien Juda aurait-il passé un contrat avec Damas, acceptant de devenir son vassal en échange d'une aide dans ses efforts de libération de la domination omride ?

Débarrassés des Omrides, les héritiers de David reviennent au pouvoir ; la prospérité recouvrée crée une situation inespérée, qui se reflète dans la poursuite de la composition d'histoires royales. Les structures et les coutumes de la monarchie sont à présent fermement établies à Jérusalem ; les ménestrels de la cour judéenne peuvent exprimer librement leur nouvelle indépendance. Ils expliquent que la grande monarchie unifiée d'Israël et de Juda – gouvernée, à leur époque, par Samarie – plongeait en réalité ses racines dans une époque lointaine et semi-légendaire, celle de leur propre roi David. Ils affirment que leur père fondateur avait anticipé les victoires ultérieures des Omrides, sans souffrir, contrairement à ces derniers, l'humiliation de la défaite. David, disent-ils, avait conquis et soumis tous les ennemis d'Israël, ceux-là mêmes qui étaient en train de vaincre et d'humilier le royaume nordiste durant cette seconde moitié du IXe siècle. Il avait écrasé Damas, tué de nombreux Moabites, conquis la capitale d'Ammon. Les compositions des bardes de la cour – mises plus tard par écrit – dépeignaient le fondateur de la dynastie de Jérusalem comme un homme fort, bien plus fort, en fait, que le plus grand des rois du Nord. La logique de ces histoires voulait que seuls les descendants de David soient dignes de régner sur le royaume d'Israël.

Des personnages nommés Mikal, Bethsabée, Joab, Absalom, dont les sorts individuels et la survie politique dépendaient du David historique, ont peut-être existé. Nous ne sommes pas en mesure de reconstituer les événements et les conflits qui agitaient le cercle privé de la famille et des compagnons de David, dans son fief des hautes terres au Xe siècle av. J.-C. Cependant « l'histoire de la cour » nous présente un feuilleton en costumes d'époque chatoyants, une série d'épisodes courtois qui évoquent l'ambiance d'un jeune et ambitieux royaume.

Pendant que les villageois de Juda prenaient encore plaisir à entendre conter les légendes rustiques du hors-la-loi David et de sa bande de brigands, pendant que les villageois de Béthel et de Gibéa s'interrogeaient encore sur le sort tragique de Saül et sur la succession de David, un nouveau contexte de pouvoir et de gloire venait ajouter sa partition au chœur des souvenirs.

Au sein de la cour princière de la maison de David, au cours des fêtes et des assemblées royales, parmi les princes, princesses, courtisans et reines mères, se tissait – toujours oralement – la trame de nouveaux récits, suscitant l'espoir d'un avenir glorieux par le rappel d'un passé auréolé par la légende. Les grandes guerres de conquêtes, les péripéties de batailles, les sièges d'opulentes cités, les puissants régiments de chars de combat, tout cela n'appartenait pas à l'histoire mais à la réalité contemporaine. Il n'est pas jusqu'aux détails de la vie intime de David qui ne rappellent les liaisons dangereuses d'une cour royale dont les intrigues étaient encore ignorées de la Jérusalem du Xe siècle. Il fallait réactualiser les anciennes légendes, une tâche qui fut accomplie avec une habileté remarquable. Par la métamorphose d'un robuste fondateur de dynastie en un glorieux et puissant monarque – dont la vie se déploie comme une suite de victoires impériales, de rivalités de cour et de dilemmes aristocratiques –, les bardes de la Jérusalem du IXe siècle av. J.-C. offraient aux futurs princes et souverains d'Occident une brillante et poétique apologie de leurs propres faiblesses humaines et de leur droit inaliénable à gouverner.

Deuxième partie

L'évolution d'une légende

4

Temple et dynastie

Naissance de la première épopée écrite

(Fin du VIIIe siècle av. J.-C.)

L'exposé biblique sur l'émergence et le règne de David, puis sur le règne de Salomon, son successeur, représente bien davantage qu'une simple compilation d'anciennes légendes. Même si le matériau brut du récit s'inspire de traditions orales empruntées à diverses périodes historiques, la forme que lui donne la Bible est celle d'une vaste saga littéraire qui entremêle des incidents et des personnages mémorables dans la trame d'un récit maîtrisé et cohérent. Du premier livre de Samuel au premier livre des Rois – en une intrigue d'une grande complexité, ponctuée de trahisons, d'assassinats et d'interventions divines –, le texte raconte comment David fut choisi par Dieu pour devenir le roi et le sauveur des Israélites, comment Jérusalem devint la capitale sacrée d'Israël, et comment Salomon succéda à David sur le trône.

Comme nous l'avons suggéré dans les chapitres précédents, « l'histoire de la montée de David » contient un certain nombre d'éléments primitifs – notamment la carrière de bandit de David et sa rivalité avec Saül – qui sont des bribes de souvenirs authentiques d'événements survenus au Xe siècle et transmis par la tradition orale. Nous avons également suggéré que la scène et le décor de « l'histoire de la cour » reflétaient la culture aristocratique en usage au palais royal de Jérusalem au IXe siècle, soit un siècle après David et Salomon. Ces récits devaient se transmettre oralement, sous la forme de ballades courtoises, au style influencé par la culture de la dynastie omride de l'Israël nordiste.

Parmi ces sources orales, figuraient un nombre assez important de témoignages peu flatteurs pour David. « L'histoire de la montée » évoque par exemple la collaboration de David avec les ennemis redoutés d'Israël, les Philistins, sa rivalité implacable avec Saül, son absence manifeste lors de la bataille fatidique du mont Gelboé, qui coûta la vie à Saül. Le récit s'achève sur l'éradication impitoyable de la maison de Saül. Quant à « l'histoire de la cour » (ou « de la succession »), c'est un répertoire sanglant d'assassinats et de trahisons visant à l'élimination de tous les rivaux de Salomon, susceptibles d'interdire à ce dernier l'accès au trône de David[1].

Cette franchise brutale tranche sur les chroniques habituelles des anciens monarques du Proche-Orient, portées davantage sur l'hagiographie que sur l'exactitude journalistique. De nombreux savants – avec lesquels nous différons – affirment que « la montée de David » et « l'histoire de la cour » ont été couchées par écrit au Xe siècle av. J.-C., sous le règne de David ou peu après, quand le souvenir de ses débordements et de ses crimes présumés était encore frais dans les mémoires. D'après eux, le récit biblique serait une œuvre apologétique destinée à répondre aux accusations de contemporains hostiles à David et Salomon, et à justifier la légitimité de la dynastie davidique.

L'histoire complète de David et Salomon représente, il est vrai, un bon exemple de propagande dynastique ; cela dit, nous pouvons désigner une autre période, bien plus tardive, de l'histoire de Juda, au cours de laquelle, le besoin d'un texte aussi ambitieux se faisant sentir, la composition aurait pu avoir lieu, au moins sous sa forme initiale. L'archéologie a révélé les changements d'une importance considérable traversés par le royaume de Juda à la fin du VIIIe siècle av. J.-C., soit deux bons siècles après David et Salomon. Jérusalem s'était élargie soudain aux dimensions d'une métropole. Un grand nombre de nouveaux villages parsemaient la campagne judéenne, tandis que s'agrandissaient les bourgs et les hameaux existants. Forteres-

1. La liste des liquidations ciblées de Nordistes est d'une longueur désespérante : David est indirectement impliqué dans le meurtre d'Abner, le bras droit de Saül et commandant de son armée (2 S 3,27, dans la décapitation d'Ishboshet, le fils de Saül (2 S 4,7), dans la pendaison de sept autres membres de la maison de Saül (2 S 21,7-9) et dans la décapitation du rebelle nordiste, Shéba, fils de Bikri (2 S 20,22).

ses, entrepôts et centres administratifs poussaient un peu partout dans le royaume. L'apparition d'inscriptions et de sceaux officiels témoigne d'une importance récente accordée à l'écrit dont l'emploi s'était répandu. Or, une alphabétisation généralisée était évidemment une condition préalable à la compilation d'une histoire biblique de David et Salomon, surtout si elle visait à influencer l'opinion publique en faveur de la dynastie davidique.

Attardons-nous un moment sur le panorama des développements politiques et économiques du Proche-Orient ancien à la fin du VIIIe siècle av. J.-C. Nous comprendrons alors plus aisément pourquoi le royaume de Juda changea soudain de nature – et pourquoi le récit de la vie de David et des débuts du règne de Salomon fut, pour la première fois, couché par écrit.

LE NOUVEL ORDRE ASSYRIEN

Le moteur premier de la transformation éclair de Juda était loin des frontières de ce pays. Au milieu du VIIIe siècle av. J.-C., l'Empire assyrien, qui s'étendait du Tigre et de la vallée de l'Euphrate jusqu'au littoral méditerranéen, s'était lancé dans la construction de ce qu'on appellerait aujourd'hui un système politique et économique « globalisé », sans doute le premier de l'histoire. Cet énorme Empire mésopotamien, groupé autour des cités palatiales de Kalah, Dur Sharrukin, Ninive, étendait de plus en plus loin son pouvoir par une combinaison de mouvements menaçants de troupes, de pression politique et d'incitations économiques. Son influence s'exerçait sur tous les aspects de la vie politique et économique de la région. Par la destruction systématique des cités et des royaumes indépendants qui refusaient la servitude de la vassalité, les Assyriens créaient graduellement un réseau commercial au maillage complexe, au sein duquel les terres, les animaux, les ressources naturelles et les populations locales, fruits de leurs conquêtes, pouvaient être déplacés et exploités au mieux des intérêts assyriens. Les peuples et les royaumes menacés par la domination impériale se trouvaient devant une alternative angoissante : accepter de faire partie du système mondial assyrien ou risquer la destruction et l'exil.

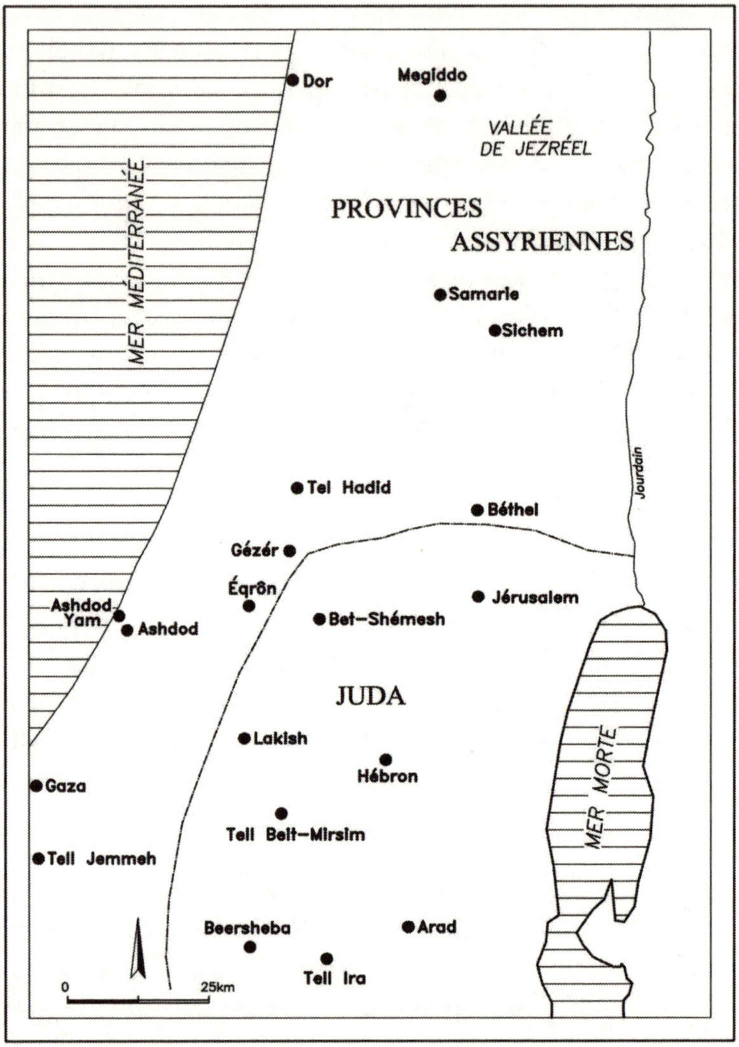

Juda et, au nord, les provinces assyriennes à la fin du VIIIe siècle av. J.-C.

Cette superpuissance de l'âge du Fer allait avoir un effet décisif à la fois sur l'histoire de Juda et sur celle du royaume nordiste d'Israël, mais pas de façon concomitante. Au début, la montée en puissance de l'Assyrie n'eut qu'un impact indirect et négligeable sur les hautes terres méridionales de Juda. Pour autant qu'on puisse en juger à partir de sources historiques et de données archéologiques peu loquaces, Juda – aux ressources limitées, situé à l'écart des grands axes commerciaux –

demeura un territoire des hautes terres, primitif et excentré, durant tout le IXe siècle et le début du VIIIe siècle av. J.-C. Il échappa au contrôle assyrien, même indirect, probablement en raison du fait qu'avec ses maigres revenus et sa population essentiellement rurale, il ne possédait rien qu'il vaille la peine de contrôler.

Il n'en était pas de même pour le riche royaume du Nord, devenu, à partir de la fin du IXe siècle, une proie tentante. Après la chute des Omrides, Israël fut le vassal de la superpuissance assyrienne – l'obélisque noire de Salmanasar III en administre la preuve éloquente avec la représentation du souverain israélite Jéhu prostré devant le trône assyrien. Cette docilité finit par résulter en une participation active d'Israël à l'économie assyrienne. Au début du VIIIe siècle, sous domination assyrienne, le royaume du Nord atteignit un zénith de prospérité économique, d'expansion territoriale et d'influence diplomatique. L'archéologie le démontre par des ostraca porteurs d'inscriptions hébraïques, découverts dans le palais de Samarie, et dont les listes de produits agricoles et de fonctionnaires royaux attestent d'une solide organisation économique et bureaucratique. Les ivoires finement sculptés de Samarie témoignent d'une efflorescence d'œuvres d'art inspirées du style phénicien. Le sceau royal de Shema est l'indice du développement d'une bureaucratie régionale ; datant du règne du roi nordiste Jéroboam II (784-748 av. J.-C.), ce superbe sceau représente un lion rugissant avec l'inscription hébraïque : « Ceci appartient à Shema, le serviteur de Jéroboam. » Les écuries de Megiddo, qui devaient abriter une activité de dressage et de reproduction, sont les vestiges d'une activité commerciale à grande échelle, lucrative et spécialisée[2]. Quant aux énormes portes de cités, aux puissantes fortifications et aux complexes systèmes d'aqueducs souterrains, découverts à Haçor et à Megiddo, ils témoignent de capacités impressionnantes dans la mise en œuvre de grands travaux publics.

Aux yeux des populations du royaume de Juda, la société cosmopolite du Nord devait apparaître comme un monde à part. À l'époque, Jérusalem se réduisait à l'étroit promontoire de la Cité de David, encore dépourvu de fortifications. En dépit de l'émergence d'une timide culture royale, il n'existait aucun centre urbain digne de ce nom dans la totalité des hautes terres méridionales, toujours aussi

2. Davantage au sujet de la Megiddo israélite au chapitre 5.

dépeuplées. Quelques fortins, au nombre très limité, avaient été érigés pour assurer la protection de la vallée de Beersheba et de la Shefelah. Il n'y a pas de traces d'activités scripturaires significatives à Juda au début du VIIIe siècle. Rares sont les inscriptions et les sceaux personnels que l'on puisse attribuer à cette période. Il n'y a pas davantage de cultures spécialisées de denrées agricoles ou de fabrication de poterie à grande échelle, contrairement à ce qui se passait dans le Nord. En résumé, au début du VIIIe siècle, le développement économique et social de Juda était encore embryonnaire.

Cette situation n'allait pas tarder à changer, de façon soudaine et explosive. En 744, le puissant roi assyrien Téglat-Phalasar III initia un tournant brutal de politique impériale : tournant le dos à une suzeraineté distante, l'Assyrie décida de recourir à la force militaire pour imposer son autorité directe. Les royaumes d'Israël et de Damas conclurent une improbable alliance pour tenter de résister à cette nouvelle politique impériale. La Bible mentionne leur marche conjointe en direction de Jérusalem pour tenter de convaincre Juda de se joindre à la coalition en vue d'une rébellion armée contre l'Assyrie (2 R 16,5). Le dos au mur, craignant, d'un côté, la vengeance des Assyriens et, de l'autre, de se faire détrôner par l'alliance nordiste, Achaz prit une initiative sans précédent. Il rompit avec l'isolement de Juda et plaça délibérément le royaume sous protection assyrienne en prêtant serment de fidélité à Téglat-Phalasar (2 R 16,5 ; Is 7). Juda devint un vassal officiel de l'État assyrien. Les trouvailles archéologiques confirment la véracité du compte rendu biblique. Le nom d'Achaz apparaît sur une inscription assyrienne qui se réjouit de l'abondance des tributs versés par les fidèles vassaux de l'empire qui inondent l'Assyrie « de toutes sortes d'objets de luxe, que ce soient les produits de la mer ou du continent, les meilleurs produits de leurs régions, les trésors de leurs rois ».

Juda avait ainsi assuré sa protection. La vengeance de l'Assyrie contre les royaumes rebelles ne se fit pas attendre. Lors une série de campagnes en direction de l'ouest, Téglath-Phalasar imposa aux cités côtières de Philistie le joug assyrien. Il porta alors son attention vers l'opulent territoire aux riches ressources du royaume d'Israël. En 732, après avoir conquis Damas, déposé son roi et transformé cet État en une province assyrienne, Téglath-Phalasar marcha contre Israël. Il annexa certaines des régions les plus fertiles du royaume nordiste. Prises d'assaut, Megiddo et Haçor furent transformées en centres de gouvernement assyrien. La perte de la Galilée et le contrôle par l'Assyrie du littoral méditerranéen représentèrent, pour le royaume d'Israël, un désastre économique et politique dont il ne s'est jamais remis.

Isolé, en partie démembré, luttant pour sa survie, le royaume nordiste d'Israël leva de nouveau la bannière de la révolte. Cette fois-ci, ce fut un suicide. En 722, Salmanasar V, le nouveau roi d'Assyrie, mit le siège devant Samarie. À sa mort, son successeur, le brutal Sargon II, assena le coup de grâce. Annexé, le royaume croupion d'Israël, réduit aux environs de Samarie, devint province assyrienne sous le nom de Samarina. Des fonctionnaires assyriens y furent transférés pour gouverner l'économie et la vie politique. Un partie de la population israélite fut déportée, remplacée par des immigrés mésopotamiens[3]. Sargon en personne a évoqué la réorganisation de la nouvelle province de Samarina, avec la précision suivante : « J'y ai installé des populations en provenance de pays que j'avais moi-même conquis… et leur ai imposé le paiement d'un impôt comme ont coutume de le verser les citoyens assyriens. »

Le second livre des Rois (17,24) confirme l'implantation de nouveaux immigrants : « Le roi d'Assyrie fit venir des gens de Babylone, de Kuta, de Avva, de Hamat et de Sepharvayim et les établit dans les villes de la Samarie à la place des Israélites. » Quelques trouvailles archéologiques tendent à le confirmer. Un papyrus araméen mentionne l'arrivée de colons, installés dans l'ancien centre de culte israélite de Béthel. Découverts dans la ville frontalière israélite de Gézér et sur un site voisin, des textes cunéiformes datant du VIIe siècle av. J.-C. comportent des noms propres babyloniens.

Le panorama politique venait de se transformer. La conquête assyrienne du royaume d'Israël faisait de Juda le seul État autonome des hautes terres. Sa longue enfance à l'ombre du frère aîné nordiste

3. Malgré les légendes sur l'exil des « dix tribus perdues » d'Israël à cette période, on ne peut certifier l'exactitude de l'affirmation de Sargon qui se vante d'avoir déporté presque 30 000 Israélites après la chute de Samarie. Même en acceptant le nombre de Sargon qui mentionne 27 290 exilés et en y ajoutant celui de Téglath-Phalasar qui mentionne 13 500 Galiléens déportés, une majorité écrasante de la population israélite rurale est restée sur place. Il ne fait aucun doute qu'un grand nombre d'Israélites ont poursuivi leur existence dans leurs anciens villages et ont continué à cultiver la terre.

appartenait au passé. Juda sortit de ce bouleversement historique transformé au point d'en être méconnaissable. À la fin du VIIIe siècle av. J.-C., le pays présentait toutes les caractéristiques d'un vrai royaume : vastes activités de travaux publics, production de masse d'articles de première nécessité, administration centralisée, alphabétisation et, surtout, une nouvelle prise de conscience de son destin historique.

UNE RÉVOLUTION ÉCONOMIQUE ET SOCIALE

La composition écrite de l'histoire de David et Salomon – et celle des textes bibliques tels qu'ils nous sont parvenus – n'aurait pu se faire sans cette transformation radicale de la nature sociale de Juda. Jérusalem fut la première bénéficiaire de ces changements. La cité explosa littéralement[4]. Le centre le plus ancien de peuplement, perché depuis des millénaires sur l'éperon étroit à proximité du Gihon, fut puissamment fortifié. De nouvelles banlieues débordèrent des murailles de la Cité de David vers la grande colline occidentale, inoccupée auparavant. L'aire bâtie finit par la couvrir. Cette banlieue fut ceinturée par une muraille fortifiée d'une épaisseur de sept mètres, encore plus puissante que les nouveaux ouvrages défensifs de la Cité de David.

Cette expansion semble avoir été entreprise rapidement. Si l'on en juge par les types de poteries découvertes sur la colline occidentale, elle s'est clairement déroulée durant les quelques décennies qui ont précédé et suivi la conquête assyrienne du royaume d'Israël. En l'espace de quelques années, de modeste bourgade de montagne n'occupant que cinq ou six hectares, Jérusalem s'élargit aux dimensions d'une ville fortifiée d'une soixantaine d'hectares. La population se multiplia d'autant. Un calcul approximatif, fondé sur la proportion d'habitants par rapport à l'aire bâtie, indique que la population de Jérusalem, qui comptait un millier d'habitants, bondit soudain à douze mille environ. Dans le Proche-Orient ancien, ce nombre représentait une population urbaine importante ; en tout cas, c'était de très loin la cité la plus

4. La découverte de cet épisode majeur dans l'histoire de Jérusalem est due aux fouilles du quartier juif, dirigées dans les années 1970 par Nahman Avigad, et à celles, plus récentes, de Ronnie Reich et d'Eli Shukron, dans la Cité de David.

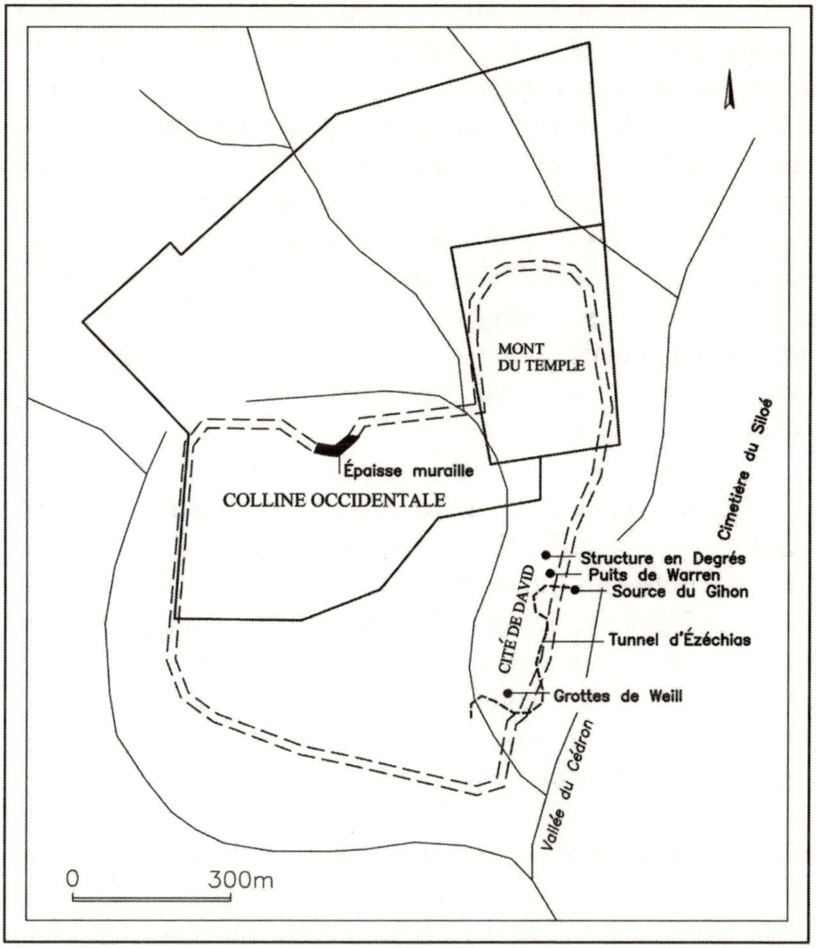

——— *Wadi* (cours d'eau).

——— Murs actuels de la Vieille Ville.

= = = = Jérusalem à la fin de la monarchie.

Expansion de Jérusalem à la fin du VIIIe siècle av. J.-C.

populeuse des hautes terres méridionales. Dans le même temps, quantité de fermes bourgeonnèrent dans les campagnes environnantes, sans doute pour alimenter en produits agricoles une population urbaine qui ne cessait d'enfler. De nombreuses fermes et villages poussèrent également à travers les hautes terres de Juda.

La construction de lourdes fortifications dans la Cité de David et autour de la colline occidentale de Jérusalem avait dû nécessiter le recours à une abondante main-d'œuvre – tout comme le percement d'un tunnel de 533 mètres de long, le tunnel de Siloé, destiné à alimenter la Cité de David en eau potable. À l'extérieur de Jérusalem, on trouve aussi les traces de grands projets de travaux publics. Au centre régional de Lakish, le système défensif des portes de la cité, l'esplanade du palais et un complexe d'écuries ont été agrandis. Dans la Shefelah, à Tell Beit-Mirsim et Bet-Shémesh, des fouilles ont mis au jour un ensemble exceptionnel de pressoirs à olives. Plus loin vers le sud, dans la vallée de Beersheba, où transitaient les voies commerciales reliant la Transjordanie aux cités portuaires de Méditerranée, des forteresses s'élevèrent aux postes stratégiques d'Arad, de Tel Ira et de Beersheba.

À quel phénomène répondait cet ambitieux programme de construction ? D'où venaient les ressources ? La décision du roi judéen Achaz (v. 743-727 av. J.-C.) d'accepter la suzeraineté de l'Assyrie, loin de ne représenter qu'un acte humiliant de soumission politique, offrit en fait à Juda la possibilité de participer à un ensemble économique plus vaste, permettant au royaume de jouer un rôle actif dans le commerce de longue distance. Les trouvailles archéologiques correspondant à la fin du VIIIe siècle av. J.-C. sont autant de preuves de cette nouvelle activité économique. La construction de forteresses et d'entrepôts dans la vallée de Beersheba répondait sans doute aux besoins du commerce arabe des épices, contrôlé à présent par l'Assyrie. L'apparition d'ateliers de fabrication d'huile d'olive à Tell Beit-Mirsm et à Bet-Shémesh semble également liée au commerce régional ; en effet, ces sites ne faisaient pas partie des contrées des hautes terres où l'on cultivait habituellement l'olivier. Soit de nouvelles oliveraies avaient été plantées près des centres de production d'huile, soit, ce qui est plus probable, après récolte, les olives étaient transportées des monts judéens pour être transformées en un produit aisément négociable – dont manquait l'Assyrie –, puis, expédiées par voie maritime vers les ports de commerce contrôlés par l'Assyrie.

La datation archéologique de ces progrès économiques n'est pas assez précise pour indiquer quand, exactement, vers la fin du VIIIe siècle, ils ont eu lieu ; cependant, tout laisse à penser qu'après avoir débuté sous le règne d'Achaz, ils se sont accélérés sous son fils et successeur, Ézéchias (v. 727-698 av. J.-C.), pour s'intensifier après la chute du royaume d'Israël. Dernier royaume autonome à l'ouest du Jourdain, Juda profita de tous les avantages économiques liés à son statut de vassal. Dans le sillage de cette embellie économique, apparurent les premiers signes d'importantes activités administratives et une nouvelle forme de communication publique : *le mot écrit*.

L'apparition soudaine, sur de nombreux sites, de sceaux et de cachets porteurs de noms de personnes indique un attrait nouveau pour ce qui touche à la propriété privée et au statut économique. Des poids en pierre, marqués et normalisés, témoignent clairement d'une régulation des échanges commerciaux. Des jarres d'entreposage d'un type très connu, datant de cette période, produites en grandes quantités, portent sur les anses la marque d'un sceau imprimé. On y distingue l'emblème d'un disque solaire ailé ou d'un scarabée (peut-être l'insigne royal de Juda), avec une courte inscription hébraïque où l'on peut lire *lmlk* (« propriété du roi »), puis, le nom d'une des quatre cités suivantes : Hébron, Soko, Ziph et un lieu encore non identifié, désigné par les lettres *mmst*. Les spécialistes ont avancé plusieurs explications possibles : ces jarres contenaient les produits des domaines royaux et servaient à transporter la collecte officielle des impôts ou à distribuer les produits de première nécessité. Les sceaux imprimés étaient la marque des ateliers de poterie qui manufacturaient les jarres royales d'entreposage officiel. Quoi qu'il en soit, ces jarres indiquent l'existence d'un réseau de régulation et de communication à l'échelle du royaume. Et, comme le prouve l'apparition, dans les forteresses d'Arad et de Beersheba, d'un nombre de plus en plus important de tessons porteurs d'inscriptions, ce réseau d'échanges et de relations avait été rendu possible par une alphabétisation de plus en plus répandue des campagnes, sans doute entreprise par les scribes et les clercs présents à Jérusalem.

À Jérusalem, ont été découverts quantité de sceaux, de poids en pierre et de jarres normalisés. On trouve également des preuves de l'emploi de plus en plus répandu de l'écrit dans la capitale du royaume sous la forme de belles sépultures familiales creusées dans les falaises à l'est et au sud de la ville, et de grandes chambres mortuaires découpées dans le roc à quelques centaines de mètres au nord de la cité. Certaines ont la forme de monolithes dressés, d'autres sont des cavités souterraines soigneusement creusées, aux murs bien lisses et aux plafonds sur pignons. Ces tombeaux étaient, sans aucun doute, réservés à la noblesse ; en effet, l'un d'eux porte une inscription avec le nom et le rang officiel de la personne décédée : « … *yahu*, responsable de la Maison… ». Des biblistes l'ont identifié avec Shebna (dont le nom hébreu complet devait être Shebnayahu), l'intendant royal que le prophète Isaïe (Is 22,15-16) accuse d'arrogance pour avoir osé se faire creuser une tombe décorée dans le roc.

Détail des plus significatifs, le premier emploi de l'écrit dans la Jérusalem de l'âge du Fer fut réservé à une déclaration publique. Pour commémorer le percement du tunnel d'adduction d'eau de Siloé, une inscription en hébreu a été ciselée dans la paroi rocheuse ; elle célèbre, dans un style épique, l'habileté des ingénieurs et le courage des deux équipes de sapeurs qui se dirigeaient l'une vers l'autre en creusant à partir des deux extrémités du tunnel :

> […] quand le tunnel fut percé. Et voici comment on fit la percée. Tandis que les pics [travaillaient encore], l'un vers l'autre, et qu'il restait encore trois coudées à creuser, [on entendit] la voix d'un homme criant à l'autre qu'il y avait un chevauchement dans le roc sur la droite [et sur la gauche]. Au jour de la percée, les sapeurs frappèrent l'un vers l'autre, pic contre pic. Et les eaux jaillirent d'une coulée dans la citerne, sur 1 200 coudées, et de 100 coudées était l'épaisseur du rocher sur la tête des sapeurs.

En 1880, la découverte accidentelle de cette inscription fit sensation. On y vit d'emblée une vérification archéologique du fait que le roi Ézéchias « avait construit la piscine et le canal pour amener l'eau dans la ville » (2 R 20,20). Cependant, l'importance de cette inscription déborde le domaine de la confirmation biblique : il s'agit en effet de la plus ancienne preuve archéologique d'une activité littéraire d'une certaine ampleur à Jérusalem[5].

Le tableau archéologique du Juda des dernières décennies du VIIIe siècle av. J.-C. est donc celui d'un royaume peuplé, prospère et alphabétisé. Quant à sa capitale, Jérusalem, elle est devenue une cité puis-

5. Deux sceaux personnels appartenant à des officiels du roi judéen Ozias (785-733 av. J.-C.) furent découverts au XIXe siècle de notre ère, mais ce sont des exemples isolés d'écriture officielle de Juda, dus sans doute à l'influence d'une intense activité littéraire à la cour du contemporain d'Ozias, le roi Jéroboam II (784-748 av. J.-C.), du royaume du Nord.

samment fortifiée, abritant une population nombreuse, gérée par une classe spéciale de fonctionnaires royaux, de scribes et d'administrateurs capables de recruter une main-d'œuvre importante et qualifiée pour l'exécution des grands projets de travaux publics ou de sanctuaires privés. En fait, ce tableau correspond de façon exacte et frappante aux descriptions bibliques de Jérusalem sous David et Salomon, et ce, dans le contexte général aussi bien que dans de nombreux détails précis.

Pour la première fois depuis le début de l'âge du Fer, l'écriture était devenue l'outil majeur permettant de forger et d'établir une cohérence étatique. La condition préalable à la composition écrite de l'histoire de David et Salomon était enfin remplie. Dès lors, les secrétaires et les scribes de la cour furent en mesure de compiler une épopée littéraire ambitieuse, célébrant la mémoire des pères fondateurs de la dynastie. Dans le débat sur l'évolution de la tradition biblique, ce phénomène est d'une importance capitale : les premiers signes d'alphabétisation généralisée dans Juda marquent le début de l'époque à partir de laquelle les anciennes traditions orales ont pu être collectées, compilées et éditées sous forme de livres.

UN FLOT DE RÉFUGIÉS

Exemple parfait d'autojustification de la royauté et de légitimation historique, le récit biblique de la montée de David et de la succession de Salomon n'aurait pu être écrit avant la fin du VIIIe siècle av. J.-C. Mais quelle explication donner à sa forme particulière ? Notons d'abord un point important : la plupart des accusations portées contre David sont liées au meurtre de personnalités des hautes terres nordistes, appartenant surtout à la maison de Saül. Ces accusations expriment donc le point de vue nordiste, mais pourquoi les avoir conservées dans le texte ? Quelle était leur portée à l'époque ?

La démographie donne la clef de l'énigme. La nouvelle prospérité et la croissance économique de la fin du VIIIe siècle av. J.-C. ne suffisent pas à expliquer l'explosion démographique de la cité de Jérusalem, et de l'ensemble de Juda. La subite multiplication par dix de la population de Jérusalem semble étroitement liée aux événements contemporains, en particulier à la conquête du royaume israélite du Nord. Comme l'a suggéré, il y a déjà longtemps, l'archéologue israélien Magen Broshi, l'explosion de population survenue à Jérusalem à la fin du VIIIe siècle – trop importante et soudaine pour résulter d'un processus naturel de croissance démographique – reflète l'arrivée massive d'un flot de réfugiés en provenance du royaume défunt d'Israël. Ces immigrants fuyaient vers le sud pour ne pas être enrôlés de force dans le nouvel ordre assyrien. Les preuves abondent d'une multiplication de la population des campagnes judéennes. Les prospections archéologiques indiquent que le nombre de sites d'habitat dans les collines qui s'élèvent au sud de Jérusalem a grimpé d'une trentaine, au IXe et au début du VIIIe siècle, à plus de cent vingt à la fin du VIIIe siècle. Dans la Shefelah, le nombre bondit de vingt et un à deux cent soixante-seize. Outre leur multiplication, on constate un agrandissement des habitats existants, joint à une densité accrue de leur population. Sans craindre d'exagérer, on peut affirmer que la population de Juda a plus que doublé à la fin du VIIIe siècle av. J.-C.

D'où venaient ces réfugiés ? Les prospections que nous avons menées dans les hautes terres du Nord nous permettent de suggérer une aire en particulier. La prudence est de mise : en effet, les poteries collectées lors des relevés de surface sont limitées en quantité comme en variété. Par conséquent, dans la plupart des cas, leur datation indiquera une période générale plutôt qu'un laps de temps court et précis. Si on examine les fluctuations démographiques des hautes terres du Nord – surtout dans le territoire du royaume nordiste –, il est relativement aisé de distinguer entre les types céramiques de la fin du Fer II (VIIIe-VIIe siècles) et ceux de la période perse, beaucoup plus récente (Ve-IVe siècles). Mais il est très difficile, voire impossible, de distinguer les différentes phases chronologiques des collections de la fin du Fer II. Les données n'en sont pas moins d'une grande importance car elles font apparaître clairement les modèles d'accroissement et de déclin de la population.

En Samarie septentrionale, entre Sichem et la vallée de Jezréel (le secteur nord du royaume d'Israël sur le déclin), le nombre de sites ne varie guère entre la fin du Fer II et la période perse. On dénombre deux cent trente-huit sites au VIIIe siècle pour deux cent quarante-sept à la période perse[6]. La situation en Samarie méridionale – région comprise entre Sichem et Béthel, au nord de Jérusalem – diffère du tout au tout. Le nombre de sites d'habitat chute de deux cent trente-huit au VIIIe siècle à cent vingt-sept à la période perse ; la décrue de l'aire bâtie est encore plus spectaculaire, d'environ cent soixante-dix hectares à quarante-cinq. Cela représente un déclin important d'environ trente-quatre mille habitants à neuf mille, soit une baisse de soixante-quinze pour cent. Même en tenant compte de plusieurs variations entre les deux périodes, il apparaît clairement que la Samarie méridionale a subi un déclin démographique majeur après la conquête assyrienne du royaume nordiste d'Israël.

D'autres indices pointent vers la même conclusion. Au VIIIe siècle av. J.-C., la Samarie méridionale était un producteur important d'huile d'olive, industrie dont la manufacture nécessitait une main-d'œuvre abondante. Or, c'est précisément l'une des régions où, à l'issue de la conquête, les Assyriens ont installé des déportés mésopotamiens. Comme nous l'avons mentionné, les Assyriens n'avaient exilé qu'une faible proportion d'Israélites, appartenant sans doute à l'élite, laissant le plus gros de la population rurale sur place. Pourtant, dans cette aire géographique, il semblerait qu'il y ait eu un effort calculé pour remplacer une population disparue. Des tablettes cunéiformes, à Gézér et à Tel Hadid, attestent de la présence d'immigrants babyloniens dans la région au début du VIIe siècle. Le nom d'Avvim, qui apparaît dans une liste biblique de villes judéennes (Jos 18,23), se rattache peut-être à celui d'Avva, mentionné comme l'un des lieux d'origine des nouveaux colons mésopotamiens (2 R 17,24) ; Avvim est situé dans les hautes terres de Benjamin, à proximité de Béthel. Un papyrus araméen mentionne des déportés qui s'étaient probablement installés à Béthel même. Ce peuplement planifié devait répondre à deux motiva-

6. L'archéologue israélien Adam Zertal a tenté une reconstitution du modèle d'occupation au VIIe siècle (pour le différencier de celui du VIIIe) en Samarie du Nord à partir de quelques types de poteries. Il plaide en faveur d'un déclin important du nombre d'habitats après la chute du royaume nordiste. Mais la plupart de ces types se retrouvent aussi au VIIIe siècle. Son critère principal – voire unique – se limite à un type de bol décoré qu'il attribue aux déportés en provenance de Kutha, installés dans la région par les Assyriens. Sans prétendre juger la validité de cette identification, la présence (ou l'absence) d'un seul type céramique sur un site prospecté en surface (dont certains ne livrent qu'une poignée de tessons) peut être trompeuse car due au hasard. Le pilier sur lequel Zertal fonde son interprétation de la situation au VIIe siècle nous paraît un peu branlant.

tions : la restauration de l'activité économique d'une région dépeuplée et l'installation d'une population docile, affidée à l'Assyrie, près des frontières du royaume vassal de Juda, pour prévenir de futurs soulèvements.

Quoi qu'il en soit, les données semblent privilégier la partie méridionale du royaume du Nord et les environs de Béthel comme provenance probable du gros des réfugiés dont l'arrivée massive gonfla la population de Juda et de Jérusalem à la fin du VIIIe siècle. Cette aire représentait précisément le cœur d'une entité politique du Xe siècle, liée aux traditions bibliques de Saül. Ces traditions, à l'instar des légendes de David, avaient dû se transmettre par voie orale pendant des siècles ; ces souvenirs locaux, expressions vivantes d'une identité régionale, avaient dû rester vivaces dans la mémoire des gens de la région, même chez ceux qui étaient destinés à quitter leur terre natale pour chercher refuge à Juda.

Ainsi, ces bouleversements sociaux et politiques, d'une grande portée, qui ont transformé le royaume de Juda après la chute d'Israël, ont provoqué la jonction de deux courants de traditions : Saül-Israël, d'une part, David-Juda, de l'autre. Non content de tourner le dos à sa condition de société arriérée des hautes terres pour devenir un État pleinement développé, bien intégré dans l'économie assyrienne, Juda a métissé sa population aux origines purement judéennes en y introduisant des éléments nordistes, ex-israélites. En fait, au début du VIIe siècle, près de la moitié de la population judéenne avait des origines nord-israélites. Comme nous le verrons, la composition d'une histoire officielle, dans laquelle la notion de monarchie unifiée occupait un rôle central, ne fut qu'un des moyens par lesquels les dirigeants de Juda ont tenté de cimenter la nouvelle société qui venait de se créer en l'espace d'à peine quelques décennies.

UN SEUL PEUPLE, UN SEUL TEMPLE

Le récit biblique dédié à David et Salomon insiste beaucoup sur l'importance de leur rôle de centralisateurs du culte israélite dans la capitale et sur la sacralité particulière de cet endroit. David ordonne le transport à Jérusalem de l'arche d'alliance, entourée d'une joyeuse procession (2 S 6) ; quant à Salomon, on lui attribue le mérite de la construction du grand Temple, point central d'un culte israélite unifié. L'insistance sur la « centralité » de Jérusalem fait partie d'un processus théologique dont le développement s'étendra sur plusieurs siècles. Cependant, certains indices archéologiques suggèrent qu'un début de centralisation cultuelle s'est opéré vers la fin du VIIIe siècle av. J.-C. De ce point de vue, notons que le roi Ézéchias, fils d'Achaz, est introduit par la Bible comme l'un des rois les plus vertueux de Juda, qui « fit ce qui est agréable à Yahvé, imitant tout ce qu'avait fait David, son ancêtre » (2 R 18,3). Selon la perspective biblique, il se distingua avant tout dans le domaine religieux :

> C'est lui qui supprima les hauts lieux, brisa les stèles, coupa les pieux sacrés et mit en pièces le serpent d'airain que Moïse avait fabriqué. Jusqu'à ce temps-là, en effet, les Israélites lui offraient des sacrifices ; on l'appelait Nehushtân. C'est en Yahvé, Dieu d'Israël, qu'il mit sa confiance. Après lui, aucun roi de Juda ne lui fut comparable ; et pas plus avant lui (2 R 18,4-6).

Un débat divise les chercheurs à propos de l'historicité de cette description ; certains l'estiment fiable, d'autres émettent des doutes, d'autres enfin la rejettent pour des raisons textuelles. Nous manquons de preuves archéologiques attestant des transformations qui auraient pu être apportées au temple de Jérusalem à cette période ; les vestiges sont en effet inaccessibles, les fouilles étant interdites en raison de la présence de sanctuaires musulmans sur le mont du Temple. Cependant, ailleurs, certaines forteresses et certains centres administratifs du royaume ont livré des indices qui suggèrent que des changements importants dans la nature de la pratique religieuse publique étaient en cours à Juda, en cette fin du VIIIe siècle av. J.-C.

À l'extrémité orientale de la vallée de Beersheba, la présence de la forteresse d'Arad correspondait, comme nous l'avons suggéré, à un effort concerté des dirigeants de Juda de maintenir leur contrôle sur cet axe commercial où transitaient les caravanes. À l'intérieur, se trouvait un sanctuaire, avec un autel sacrificiel dans la cour extérieure et des chambres intérieures réservées au rituel. Lors des recherches subséquentes, un des membres de l'équipe de fouilles, Zeev Herzog, émit l'opinion que le sanctuaire était resté en activité durant tout le VIIIe siècle. Cette activité prit fin, mais sans destruction violente, à la suite d'une reconversion structurelle et intentionnelle : le sanctuaire, autel compris, fut démantelé, et la surface qu'il occupait auparavant fut recouverte d'une couche de terre sur laquelle on éleva de nouvelles structures. Le mobilier du sanctuaire démonté fut néanmoins respecté ; des petits autels à encens furent couchés sur le côté et enterrés à l'endroit même où se tenait l'ancien sanctuaire. Ces transformations furent entreprises peu avant la fin du VIIIe siècle av. J.-C.[7].

Un peu plus vers l'ouest, à Tel Beersheba, la pratique du rituel semble avoir fait l'objet d'une transformation identique. Les fouilles n'ont pas révélé de sanctuaire à proprement parler, mais la présence de blocs de pierre d'un grand autel à cornes suggère que cette forteresse royale devait abriter soit un sanctuaire, soit un espace à ciel ouvert réservé aux sacrifices. On a retrouvé certaines parties de cet autel dans les remparts de terre des fortifications de la cité tandis que d'autres avaient servi de matériau de construction de magasins. Or, l'édification des remparts et des magasins date de la fin du VIIIe siècle av. J.-C., ce qui laisse envisager que le sanctuaire fut démantelé vers cette époque.

Enfin, à Lakish, le plus important centre régional de la Shefelah, un développement parallèle s'est opéré. Une fosse pleine d'objets cultuels fut découverte lors des fouilles, immédiatement en dessous du niveau de la cour du palais, qui avait été élargie et pavée à la fin du VIIIe siècle. Ces objets sont difficile à dater. Quant à la cour, il est impossible de savoir exactement quand, vers la fin du VIIIe siècle, elle fut agrandie ; mais cela correspond bien au contexte général que nous venons de décrire. Les vestiges d'Arad, de Beersheba et de Lakish dépeignent un tableau similaire : les trois sites attestent de la présence de sanctuaires au VIIIe siècle av. J.-C., qui ont été désacralisés peu avant la fin du même siècle. Qui plus est, les fouilles des nombreux sites judéens du VIIe siècle et du début du VIe n'ont révélé la présence d'aucun sanctuaire.

L'archéologie n'est pas en mesure d'indiquer avec précision quand, à l'intérieur de la fourchette chronologique générale, ont été désacralisés ces sanctuaires campagnards ; mais un simple regard sur les événements globaux – et la tradition préservée dans 1 R 18,4-5 – désigne le règne d'Ézéchias comme un contexte probable. Il est plausible que,

7. Pour davantage de détails sur la stratigraphie et le débat archéologique autour des sanctuaires démontés de Juda à cette période, voir Appendice E.

vers cette époque, Juda ait entrepris des réformes d'envergure de pratiques cultuelles, incluant l'abolition et le démantèlement des sanctuaires ruraux, sans doute dans un effort de centralisation du culte étatique à Jérusalem. Un besoin politique et socio-économique davantage que strictement religieux a dû motiver ce processus. Il visait probablement à renforcer les éléments unificateurs de l'État – l'autorité centrale du roi et l'élite de la capitale –, et à affaiblir les vieilles hiérarchies régionales et claniques des campagnes.

En même temps qu'apparaissait un système normalisé de poids et mesures, de sceaux et de cachets officiels, de jarres d'entreposage standardisées, s'imposaient une complexité et une centralisation de plus en plus grandes des institutions administratives de l'État. Cette évolution répondait au besoin d'unifier la population hétérogène de Juda. Auparavant, le royaume avait toujours été une mosaïque de diverses cultures régionales (du désert, des hautes terres, des vallées), mais l'arrivée d'un grand nombre d'immigrés en provenance des territoires de l'ex-royaume d'Israël avait aggravé le phénomène. Ces nouveaux venus avaient introduit dans Juda leurs traditions cultuelles septentrionales, les liens affectifs qui les attachaient aux anciens sanctuaires nordistes, dont le plus important était le temple de Béthel, établi au milieu de leurs villages ancestraux. Situé à courte distance au nord de Jérusalem, Béthel se trouvait à présent en territoire assyrien, mais il devait être encore possible d'y accéder les jours de fêtes ou de cérémonies importantes.

Cette situation devait poser un grave problème religieux aux autorités judéennes. Apparemment, la solution choisie consista à frapper d'interdit tous les sanctuaires – temple de Béthel aussi bien que sanctuaires régionaux de Juda –, à l'exception du temple royal de Jérusalem. En résumé, la « réforme » cultuelle entreprise sous le règne d'Ézéchias répondait davantage à un mobile de politique intérieure qu'à un réflexe puritain de ferveur religieuse. Il s'agissait d'une étape importante de la renaissance de Juda, à une époque de soulèvement démographique et de réorganisation économique. Dans les nouvelles conditions de la fin du VIIIe siècle av. J.-C., Juda acquit un sens croissant d'autorité et de responsabilité pour les habitants des hautes terres du centre ; le royaume n'était-il point le dernier à jouir d'une autonomie, au moins nominale ? Jérusalem en était la capitale, et la dynastie davidique, sa famille royale.

Comparée aux opulentes cités du royaume du Nord, Jérusalem devait avoir fait figure de petite ville, mais une destinée nouvelle venait de lui incomber : être le centre du peuple d'Israël.

Cette prise de conscience soudaine de la « centralité » historique de Jérusalem fut alors interprétée comme une démonstration de la faveur divine. Ce fut le motif essentiel de la compilation d'une histoire officielle de la dynastie davidique, dans laquelle la volonté divine – et non plus le hasard des circonstances ou les nécessités politiques – joue un rôle central dans l'élévation de Jérusalem et de ses rois davidiques à la tête de tout Israël.

La première version officielle

Un rituel uniforme dans un Temple central était un moyen d'encourager la population à s'intégrer ; il est donc possible qu'une première version du récit de la construction du Temple par Salomon ait été écrite dès le règne d'Ézéchias. Cependant, la composition d'une histoire nationale était un autre moyen important. Les souverains assyriens avaient popularisé et encouragé la compilation de chroniques officielles ; au départ, ils se contentaient de sèches inscriptions sur les murs d'édifices ; puis ce furent de longs textes, célébrant les victoires militaires ou les succès civils ; enfin, des histoires dynastiques, truffées de vantardises et d'autosatisfaction. Le pouvoir militaire et politique de plus en plus étendu de l'Assyrie a sans doute encouragé l'adoption des caractéristiques culturelles des Assyriens dans toute la région, dont l'écriture de chroniques devait faire partie pour témoigner du statut exalté occupé par chacun des vassaux de l'Assyrie. Mais l'histoire de la dynastie de Juda était destinée à connaître un sort différent : elle a survécu, et son souvenir s'est perpétué bien après que la mémoire des plus grands rois assyriens eut sombré dans l'obscurité.

L'histoire biblique de David et Salomon n'est pas une œuvre de propagande comme les autres. Elle était – elle est encore – un plaidoyer, subtil et passionné, en faveur de la légitimité de David, assez convaincant pour être débattu sur les places publiques ou dans les assemblées, et pour faire taire les critiques par l'habileté de ses arguments et l'ampleur épique du récit.

Pourquoi avoir couché par écrit les traditions orales relatives à David ? Pourquoi des Sudistes ont-ils jugé nécessaire de répondre aux accusations des Nordistes à l'encontre du fondateur de leur dynastie ? Pourquoi ont-ils jugé nécessaire d'affirmer avec insistance que David n'était pas un traître, un collaborateur des Philistins, qu'il était davantage qu'un simple brigand, qu'il n'était pas responsable de la mort du premier roi d'Israël à la bataille de Gelboé, qu'il n'avait jamais trempé dans le meurtre d'Ishboshet, le fils de Saül, et pas davantage dans l'assassinat d'Abner, et qu'il n'avait pas ordonné l'éradication sanglante des descendants de Saül ? Pourquoi fallait-il expliquer que Salomon, qui n'était pourtant pas le premier sur la liste des prétendants au trône de son père, avait fini par lui succéder ? Et surtout, *quand* devint-il nécessaire d'insister sur le fait que David et ses descendants étaient les seuls dirigeants légitimes du peuple d'Israël ?

À l'époque d'Ézéchias, alors que la moitié, voire davantage, de la population de Juda était d'origine israélite, les dirigeants de ce pays ne pouvaient plus se permettre d'ignorer ni de réprimer les traditions populaires du Nord. Pour unifier le royaume, ils devaient en tenir compte, les intégrer au sein d'une version officielle unique, afin d'atténuer l'impact des traditions hostiles à l'expansion de la domination de la famille royale judéenne.

Cela fut accompli surtout au niveau de la culture populaire, avec les légendes et les souvenirs auxquels les villageois judéens, les traditions nordistes et la cour de Jérusalem étaient les plus attachés. Comme exposé unique et national des débuts de la monarchie en Israël, un nouveau récit intégra la version nordiste du sacre de Saül aux histoires de David le bandit, pour démontrer l'innocence de ce dernier, qui n'avait agi que dans l'intérêt supérieur de son peuple. Il s'agissait de démontrer que David était un grand patriote, le père protecteur de son pays ; qu'il n'avait cessé de secourir les Israélites en proie aux attaques des Philistins ; qu'il avait été contraint à la fuite par la faute de Saül, faute que le roi du Nord a lui-même confessée (1 S 26,21) ; qu'il était toujours resté loyal à Saül ; qu'il n'était pour rien dans la mort de Saül puisqu'il n'a pas participé à la bataille de Gelboé ; que Saül avait été renversé et David sacré roi à sa place par la volonté et le pouvoir de Dieu ; que c'est Joab, pas David, qui lança les purges sanglantes contre les Saülides et leurs partisans ; qu'en termes d'exploits militaires et d'acquisitions territoriales, par ses conquêtes légendaires, David surclassa tous les rois du Nord, y compris les puissants Omrides ; et, enfin et surtout – faisant intervenir la notion de promesse divine –, que la dynastie davidique était sous la protection exclusive du Dieu d'Israël.

Une expression concise de ce lien insécable entre le Dieu d'Israël et la maison de David est contenue dans les paroles que Dieu adressa à David :

> Quand tu auras fait le plein de tes jours et que tu reposeras près de tes pères, je ferai surgir après toi un descendant issu de tes reins, j'affermirai sa royauté. C'est lui qui construira une maison à mon nom et j'affermirai pour toujours le trône de sa royauté. Je serai son père, il sera mon fils. S'il s'égare, je le frapperai comme un homme punit ses fils, à coups de bâton. Mais ma faveur ne lui sera pas retirée comme elle l'a été à Saül, que j'ai écarté de toi. Devant moi ta maison sera solide, ta royauté définitive, ton trône à jamais stable (2 S 7,12-16).

Cette promesse et la chronique dynastique qui la précédait n'appartenaient pas à l'histoire. Elles exprimaient une nouvelle réalité économique, sociale et démographique de Juda qui engendra la notion de monarchie unifiée, et que l'on voit ici projetée en arrière dans le lointain passé d'Israël.

Nous ne savons pas grand-chose du processus d'activité scripturaire de cette période, ni des groupes qui furent responsables de la collecte des traditions et de la composition du texte unifié. La Bible est le fruit d'un long et patient travail de sélection et de rédaction. Nous suggérons seulement qu'au temps d'Ézéchias, fut ébauchée une version initiale du texte, dont l'élaboration s'est poursuivie durant les décennies suivantes. Cette version fut-elle conservée dans une bibliothèque du Temple ou du palais ? De nombreuses copies en furent-elles distribuées à travers le royaume ou bien le récit fut-il conté au public à partir de quelques originaux ? Quoi qu'il en soit, la version première de l'histoire de Saül, David et Salomon – y compris peut-être celle de la construction du Temple – ne fut pas composée seulement – voire principalement – à des fins religieuses ; sa création répondait à une nécessité politique aujourd'hui oubliée : élever le Temple et la dynastie comme des piliers jumeaux de la nouvelle notion d'un Israël unifié.

LA RÉVOLTE D'ÉZÉCHIAS

La mort de Sargon II sur le champ de bataille, en 705 avant notre ère, a-t-elle soulevé l'espoir que le plan d'un Israël unifié pouvait être concrétisé ? Quoi qu'il en soit, Juda adopta une nouvelle stratégie à l'égard de l'Assyrie ; son prudent comportement de vassal fit place à une attitude téméraire, sinon dangereuse. En Assyrie, la succession impériale était généralement une source de tension et d'incertitude aussi longtemps que l'autorité du nouveau monarque n'était pas fermement établie. La succession de Sennachérib, le fils de Sargon, ne fit pas exception à la règle. À peine venait-il de monter sur le trône qu'une violente révolte éclatait en Babylonie, le cœur spirituel de la Mésopotamie, le verrou de l'État assyrien. Saisissant l'occasion, la XXVe dynastie égyptienne en profita pour étendre son influence le long des côtes philistines. Le roi de la cité-État phénicienne de Sidon, Luli, envisagea à son tour de défier l'Assyrie. La combinaison d'une faiblesse apparente de l'Assyrie et de la possibilité d'un soulèvement général enhardit le roi judéen Ézéchias : il décida de se joindre au mouvement en organisant une rébellion régionale contre l'empire. Mal lui en a pris : ce pari risqué se révéla désastreux pour Juda.

Affronter les armées assyriennes exigeait non seulement du courage mais aussi, et surtout, une préparation intensive à tous les niveaux. À Jérusalem, les lourdes fortifications protégeant la pente orientale de la Cité de David et les épaisses murailles entourant la colline occidentale furent sans doute entreprises peu après la mort de Sargon. Ces ouvrages défensifs auraient été interprétés comme une menace par Sargon qui, en 720 av. J.-C., faisait campagne en Samarie et, entre 720 et 711, en Philistie. Ces importants préparatifs eussent été impensables après l'entrée en scène des Assyriens, en 701 av. J.-C., venus pour en découdre avec Ézéchias. L'urgence à laquelle répondaient ces gigantesques travaux se distingue clairement dans le caractère hâtif de la construction : la muraille protégeant la colline occidentale traversait un faubourg dont il fallut raser un certain nombre de maisons. Mais ce ne fut pas le seul, ni le plus impressionnant dispositif de défense. Le tunnel de Siloé, cet aqueduc souterrain et sinueux de 512 mètres de long, percé pour alimenter en eau potable la ville fortifiée, se révéla d'une importance stratégique considérable. L'inscription qui décrit le travail acharné des sapeurs pour terminer à temps la percée du tunnel célèbre leur héroïque accomplissement, mais révèle aussi l'urgence de la tâche.

Au vu de la domination militaire de l'Assyrie sur toute la région, il est clair qu'Ézéchias et ses alliés prenaient un risque énorme. Dès que la révolte babylonienne fut écrasée, ils subirent les conséquences de leur décision. Au printemps de 701 av. J.-C., libre de concentrer son attention vers l'ouest, Sennachérib fit marche dans leur direction, à la tête de la puissance militaire dévastatrice de l'Assyrie.

LA VENGEANCE DE SENNACHÉRIB

Au fur et à mesure que Sennachérib progresse le long de la côte méditerranéenne, reprenant au passage le contrôle des ports phéniciens et philistins, les alliés d'Ézéchias tombent les uns après les autres. Après avoir conquis Sidon et récupéré les cités côtières, se portant vers l'intérieur des terres, Sennachérib met le siège devant la cité philistine d'Éqrôn. Il la prend d'assaut et en dépose le roi. Paniquée, l'alliance rebelle appelle l'Égypte à la rescousse. Sennachérib ne fait qu'une bouchée de la force d'intervention égyptienne. Le temps est venu, pour l'Assyrie, d'en finir avec Juda, en prenant d'abord pour cibles les prospères cités de la Shefelah, qui s'étaient considérablement agrandies au cours des décennies précédentes.

Comme le rapporte le prisme de Sennachérib :

> Quant à Ézéchias, le Judéen, qui refusa de m'obéir, j'ai mis le siège devant 46 de ses villes fortifiées, de ses forteresses et d'une multitude de villages des environs, et je les ai conquis à l'aide de rampes de terre et de béliers lancés contre leurs murailles, avec des assauts de fantassins armés de mines, de culasses et d'outils de sapeurs. Je me suis emparé de 200 150 de leurs gens, petits et grands, mâles et femelles, et de chevaux, mulets, ânes, chameaux, petit et gros bétail en quantité innombrable, que je leur ai pris comme butin de guerre.

Les traces archéologiques de destruction datant de la fin du VIIIe siècle ont laissé un témoignage éloquent du caractère systématique de la dévastation assyrienne. Des couches de destruction ont été découvertes dans la plupart des sites importants de la Shefelah, dont l'économie était primordiale pour le royaume d'Ézéchias. Le livre des Rois

(2 R 18,14.17) mentionne la présence, à Lakish, de Sennachérib, avec des troupes importantes. Plus tard, à Ninive, le siège sera commémoré par un bas-relief du palais de Sennachérib, qui se trouve à présent au British Museum. Il dépeint avec un réalisme poignant le combat désespéré des défenseurs, que l'on voit projeter des flèches et des torches enflammées sur les attaquants ; on distingue les rampes de siège et les béliers blindés qui brisèrent les lignes de défense de Lakish, la capture des rebelles, empalés sur de hautes piques plantées autour de la ville, et le sort pitoyable des femmes et des enfants judéens emmenés en exil, loin de leur ville conquise. Les fouilles de Lakish par David Usisshkin, qui témoignent de la destruction complète de la cité, ont mis au jour les vestiges des rampes assyriennes et d'autres engins de siège.

Sennachérib semble avoir pris grand plaisir à l'humiliation qu'il infligea au roi judéen rebelle, pris au piège de sa propre capitale, impuissant à aller secourir ses villes assiégées :

> Lui-même [Ézéchias], je l'ai gardé prisonnier à Jérusalem, sa résidence royale, comme un oiseau en cage. Je l'ai ceinturé d'ouvrages de terre pour pouvoir m'attaquer à tous ceux qui sortaient des portes de sa cité.

La version du second livre des Rois diffère de ce qui précède : les Assyriens auraient levé le siège devant Jérusalem à la suite de l'intervention d'un ange envoyé par Dieu, qui tua 185 000 de leurs soldats durant leur sommeil. D'après les biblistes, une épidémie expliquerait ce passage. En tout cas, dans les deux versions, l'armée assyrienne épargne Jérusalem, se contentant de l'assiéger, puis de se retirer sans donner l'assaut, sans même déposer Ézéchias.

Cette survie eut un prix : d'après la Bible, Ézéchias versa un lourd tribut au roi assyrien.

> Le roi d'Assyrie exigea d'Ézéchias, roi de Juda, trois cents talents d'argent et trente talents d'or, et Ézéchias livra tout l'argent qui se trouvait dans le Temple de Yahvé et dans les trésors du palais royal. C'est alors qu'Ézéchias fit sauter le revêtement des battants et des montants des portes du sanctuaire de Yahvé, qu'Ézéchias, roi de Juda, avait plaqué d'or, et le livra au roi d'Assyrie (2 R 18,14-16).

Mais, d'après le prisme de Sennachérib, les Assyriens ne se contentèrent pas de métal précieux ; le tribut imposé à Ézéchias incluait aussi quelques-unes des terres les plus fertiles de son royaume, autrement dit les territoires de la Shefelah, sur lesquels Juda avait fondé sa nouvelle prospérité :

> Ses villes, après les avoir pillées, je les ai données à Mitinti, le roi d'Ashdod, à Padi, le roi d'Éqrôn, et à Sillibel, le roi de Gaza. Ainsi ai-je rétréci son pays. J'ai augmenté son tribut et lui ai imposé la remise de ses terres et de leurs taxes comme dons à ma majesté. Quant à Ézéchias, la splendeur terrifiante de ma majesté l'a terrassé ; les Arabes et les troupes de mercenaires qu'il avait engagés pour renforcer Jérusalem, sa cité royale, l'ont déserté. Outre les trente talents d'or et les huit cents talents d'argent, il a dû m'expédier à Ninive des pierres précieuses, de l'antimoine, des joyaux, de grosses cornalines, des divans plaqués d'ivoire, des chaises plaquées d'ivoire, des cuirs d'éléphant, des défenses d'éléphant, de l'ébène, des coffres en bois précieux, toutes sortes de trésors inestimables, mais aussi ses filles, son harem, ses musiciens mâles et femelles…

La campagne de Sennachérib et les destructions subséquentes résultèrent en l'effondrement du système économique bâti précédemment par Achaz et Ézéchias. Juda se retrouvait avec un territoire rétréci, un royaume surpeuplé, assujetti à l'Assyrie, criblé de dettes. Pourtant, la souveraineté davidique avait survécu, Jérusalem tenait encore debout. Les deux piliers de la société judéenne, le Temple et la dynastie, étaient saufs.

Les revers temporaires ne pouvaient empêcher que David, le fondateur de la dynastie, ait été choisi par Dieu ; quant à la cité de Jérusalem, les plus puissants empires avaient beau l'assiéger, la protection divine lui était assurée ; avec cette foi comme unique ressort, la perception nouvelle de l'identité et de la destinée de Juda survivait au désastre. Cependant, la dévastation de la Shefelah et le fardeau d'un lourd tribut à verser contraignirent Juda et ses dirigeants à développer de nouvelles stratégies pour assurer leur survie.

Durant les décennies suivantes, alors que se formuleront et se mettront en place ces nouvelles stratégies, de nouvelles couches du récit de David et Salomon se rajouteront aux précédentes, aboutissant à une histoire toujours plus riche, encore plus convaincante, de la monarchie unifiée d'Israël, semblable, à peu de chose près, à la version biblique dont nous avons hérité.

5

La sagesse de Salomon

Clientélisme royal et commerce international

(Début du VIIe siècle av. J.-C.)

L'exposé biblique des quarante ans de prospérité et de grandeur du règne de Salomon (1 R 3-10) a offert à la civilisation occidentale certaines de ses plus saisissantes évocations de souveraineté éclairée par la sagesse et bénie par la fortune. Sans jamais se départir d'une dignité qui tranche sur le passé violent de son père, le fougueux David, Salomon établit une bureaucratie efficace pour administrer son vaste royaume, et préside une cour et un palais renommés pour leur opulence et leur raffinement. Il prononce les jugements les plus délicats – y compris sur une contestation de maternité – avec une sagacité sans faille. Il épouse la fille du pharaon et bâtit le grand temple de Jérusalem. L'étendue de ses possessions est illimitée : des dizaines de milliers de chars et de chevaux (1 R 5,6), un harem de sept cents épouses et trois cents concubines (1 R 11,3), etc. Il enrôle des équipes d'hommes de corvée pour fortifier Jérusalem et d'autres centres régionaux ; il envoie sa flotte au large dans des expéditions commerciales d'où elle revient avec des cargaisons « d'or, d'argent, d'ivoire, de singes et de paons » (1 R 10,22). Il jouit d'une réputation de savoir et de puissance incomparables. Quand la reine de Saba, venue à Jérusalem de son pays lointain pour tester la sagesse de Salomon, découvre que son intelligence et ses qualités surpassent sa renommée, « elle en perd le souffle » (1 R 10,5).

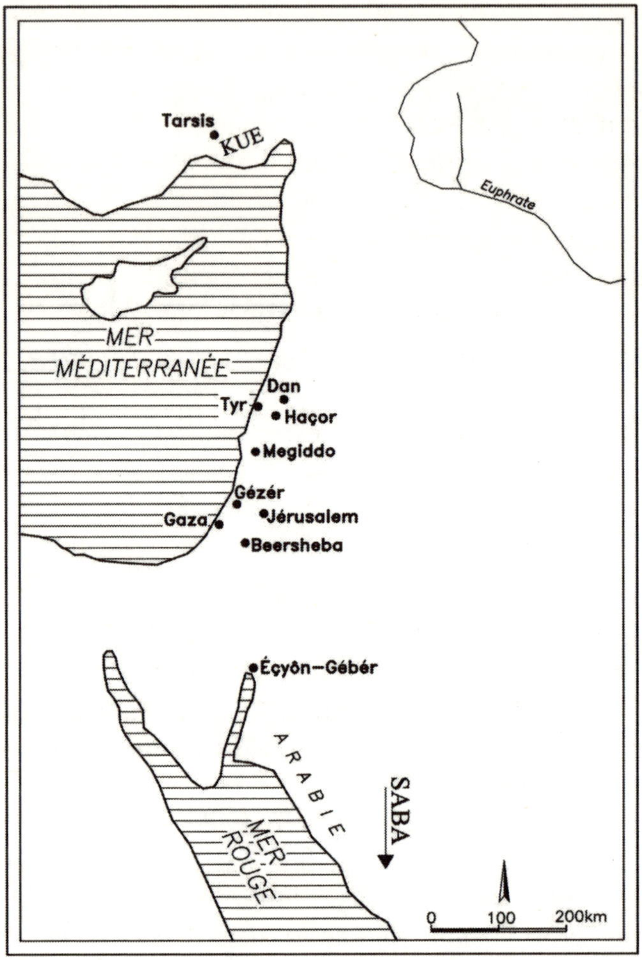

Le monde biblique du roi Salomon.

En tant qu'illustration des vertus d'un souverain et d'un comportement aristocratique, le récit biblique de la vie de Salomon a fourni, pendant des siècles, aux artistes, poètes et théologiens d'impérissables images de gouvernance royale. Mais en tant que chronique authentique de la situation au Xe siècle av. J.-C. – dépeignant la vie et les œuvres du véritable Salomon –, le récit est dénué de la moindre valeur historique. Les descriptions grandiloquentes de la fortune et du pouvoir illimités de Salomon contrastent violemment avec la réalité historique de son minuscule royaume excentré, peuplé en majorité d'analphabètes, ne possédant ni service public ni administration centralisée, et ne présentant aucun signe extérieur de prospérité économique. Bien entendu, on peut argumenter qu'il était possible d'éprouver de l'admiration pour les succès attribués à Salomon même dans un royaume des plus pauvres et arriérés. Mais l'exposé biblique abonde de tellement de détails portant sur les transactions commerciales, les valeurs monétaires, une administration complexe et centralisée, que ses auteurs paraissent décrire une réalité qu'ils connaissent d'expérience et non pas une utopie quelconque, pur produit de leurs rêves ou de leur imagination.

Dans ce monde, les relations internationales sont pratiques courantes, la prospérité commerciale est célébrée, le travail d'artisans qualifiés, de manœuvres (pour construire le Temple), les billes de cèdre, les épices sont considérés comme des produits dont le coût peut être négocié. Le profit à tirer de la revente de chars de combat et de chevaux importés (1 R 10,28-29), les comptes des revenus annuels du royaume, provenant « des taxes sur les voyageurs et sur le commerce des courtiers, des rois du couchant et des gouverneurs des pays » (1 R 10,15), supposent la connaissance et la maîtrise de l'administration et du commerce. En effet, les négociations de Salomon avec le roi Hiram de Tyr, qui l'assiste pour la construction du Temple, son commerce international de chevaux pur-sang, ses lucratives expéditions maritimes, les produits précieux que lui offre la reine de Saba, tout cela célèbre avec enthousiasme les valeurs et la vision de ce qu'on appellerait aujourd'hui une économie mondialisée.

Comme nous le verrons plus loin, les épisodes les plus célèbres de ce récit reflètent un souvenir historique authentique, souvenir qui n'appartient pas au règne de Salomon mais à une époque ultérieure, celle qui a suivi la campagne de destruction de Sennachérib, lorsque le royaume de Juda s'est rétabli grâce à une plongée hardie dans le monde du commerce impérial assyrien. Les développements économiques accomplis sous les règnes d'Achaz et d'Ézéchias n'étaient qu'un début. L'histoire de Salomon décrit l'acte suivant. Il ne s'agit pas seulement d'une ancienne légende d'un père fondateur, revêtue d'un costume de la fin du VIIIe et du VIIe siècle av. J.-C. Comme nous allons le voir, pour comprendre les motivations qui ont présidé à la composition du récit consacré au plus prospère des monarques israélites, il faut tenir compte du contexte de l'époque assyrienne.

UNE RENAISSANCE

Le Salomon biblique se tient sur son trône de majesté, au sommet d'une pyramide altière de pouvoir impérial. Son royaume – qui s'étend de Dan à Beersheba (1 R 4,25), voire, d'après un autre verset, de l'Euphrate à l'Égypte (1 R 5,1) – se vante de posséder une administration efficace, dirigée à partir de Jérusalem par le souverain, assisté par une coterie de prélats, de clercs, de scribes, de régisseurs, d'officiers de l'armée et de contremaîtres de corvée. Douze préfets de région, identifiés par leur nom, à la tête d'un territoire délimité, sont postés à travers le royaume afin d'approvisionner « le roi et sa maison, à tour de rôle, un mois par an » (1 R 4,7). Pour alimenter la table du roi, des céréales, des bovins, des ovins et du gibier arrivaient en abondance à Jérusalem. Des milliers d'hommes de corvée étaient recrutés de force en vue des ambitieux ouvrages d'art et travaux publics du souverain : fortification de Jérusalem, construction de Megiddo, de Haçor, de Gézér, de nouveaux habitats dans le désert et de « toutes les villes où se trouvent les entrepôts de Salomon, ainsi que les villes de garnison pour la charrerie et la cavalerie, et ce qu'il a voulu bâtir dans Jérusalem, au Liban, et dans tous les pays qui lui sont soumis » (1 R 9,19). Le pays est uni et bien protégé. Comme l'exprime la Bible, « Juda et Israël habitèrent en sécurité chacun sous sa vigne et sous son figuier, depuis Dan jusqu'à Beersheba, pendant toute la vie de Salomon » (1 R 5,5).

Cette vision idyllique contraste avec les frustes conditions des villages misérables qui environnaient Jérusalem au Xe siècle avant notre ère ; elle ne décrit pas davantage le royaume émergeant d'Achaz et d'Ézéchias. Le tableau qu'elle présente, celui d'une administration royale organisée sur un vaste territoire, ressemble davantage – au moins dans ses grandes lignes, sinon dans ses hyperboles – au royaume de Juda du début du VIIe siècle, dont l'organisation était de mieux en mieux centralisée. Les instruments de pouvoir royal – commerce, travaux publics, administration –, qui émergeaient sous le règne d'Ézéchias, se sont concrétisés de façon beaucoup plus intensive et efficace sous le règne de son fils et successeur, Manassé (698-642 av. J.-C.). Si un personnage historique ressemble au Salomon biblique, c'est bien Manassé.

L'invasion de Sennachérib a laissé dans son sillage les ruines fumantes de la destruction ; les centres régionaux et les régions agricoles les plus riches de Juda sont dévastés. Quand Manassé monte sur le trône, le royaume est en faillite. Isolée dans une campagne dépeuplée, la cité de Jérusalem n'est plus qu'« un abri dans un champ de concombres », selon la puissante expression du prophète Isaïe (1,8), la capitale bondée d'un arrière-pays qui ne peut plus la nourrir. Les fouilles entreprises dans la Shefelah et la vallée de Beersheba ont révélé l'étendue des destructions : couches de cendres, bris de poterie, gravats, effondrements pierreux s'accumulent sur quasiment tous les habitats, jadis florissants sous le règne d'Ézéchias, à la fin du VIIIe siècle avant notre ère.

Manassé doit répondre à un double défi : verser l'énorme tribut annuel exigé par les Assyriens et rétablir le potentiel agricole de Juda, terriblement endommagé. Pour survivre, le fils et successeur d'Ézéchias doit inventer une nouvelle stratégie économique. La perte du grenier de Juda, la Shefelah, le place dans l'obligation de trouver d'autres moyens de subsistance. Les villages et hameaux du massif central – spécialisés dans l'horticulture – ne pouvant répondre à la demande, le royaume doit découvrir d'autres lieux où cultiver les céréales et les denrées agricoles nécessaires à sa survie. Cela ne suffit pas : pour réunir le tribut de l'Assyrie, d'autres sources de revenus sont nécessaires. D'après l'archéologie, Manassé a gagné son pari. Les changements radicaux et la renaissance économique – évidents d'après les données archéologiques – qui ont présidé au rétablissement de Juda au début du VIIe siècle reflètent de façon étonnante les descriptions de colonisation et d'administration planifiées, contées avec un bel enthousiasme par l'histoire de Salomon.

Cela commence par l'exploitation de régions marginales du point de vue de l'environnement. Auparavant, avant Manassé, les étendues sauvages de Juda constituaient une contrée désolée, aux profondes ravines percées de grottes ; ses rares points de repère et les paysages austères qui environnent la mer Morte servent de toile de fond aux descriptions de David et de sa bande de hors-la-loi fuyant la vengeance de Saül. Or, au VIIe siècle avant notre ère, des fermes et de modestes habitats étaient établis dans cette région sèche, à la pluviosité quasiment nulle, où le pastoralisme constituait le seul mode de survie. Les trouvailles archéologiques indiquent que, sous Manassé, des habitats s'étaient installés à Engaddi et d'autres sites de la rive occidentale de la mer Morte. À la même époque, des activités agricoles avaient lieu dans la vallée désolée de la Buqeia, au sud de Jéricho, et sur les pentes arides, à l'est de Jérusalem.

Au Sud profond, dans la vallée de Beersheba – une région dépeuplée, désertique, parsemée de quelques forteresses gardant les voies caravanières –, l'habitat connut un essor étonnant au VIIe siècle av. J.-C. De nouveaux sites furent établis à Tel Masos, Horvat Uza, Horvat Radom, tandis que les sites de Tel Ira et d'Aroër s'agrandissaient. Les prospections de surface ont révélé la présence de nombreux autres sites. Ici, comme dans le désert judéen, l'agriculture était l'objectif essentiel. Aux années fastes, la vallée de Beersheba pouvait à elle seule produire plus de cinq mille tonnes de céréales en ayant recours aux méthodes traditionnelles de dry-farming. Or, les besoins essentiels de sa population ne représentaient que cinq pour cent de cette récolte. Il s'ensuit qu'une bonne organisation agricole de la vallée de Beersheba et du désert judéen – moisson abondante durant les années pluvieuses, irrigation, emmagasinage efficace en période de sécheresse – suffisait à compenser, au moins en partie, la perte du rendement céréalier de la Shefelah et à répondre de façon significative aux besoins alimentaires de Juda.

Cette expansion dans les régions arides était une question de survie. Elle semble avoir fait partie d'un effort de planification et d'un choix politique délibérés de la part de la royauté. Dans les étendues désertiques de Juda, notamment, on relève les traces d'aménagements agricoles ambitieux, comme le creusement de citernes et la construction de barrages pour capter les eaux hivernales de ruissellement. Dans les communautés nouvellement installées dans le Néguev, les indices de la reconstruction de la forteresse royale d'Arad et la construction d'un fort supplémentaire à Horvat Uza témoignent du niveau avancé de l'administration et du contrôle royaux. En outre, durant cette période, on a relevé à Juda une augmentation progressive du nombre de sceaux,

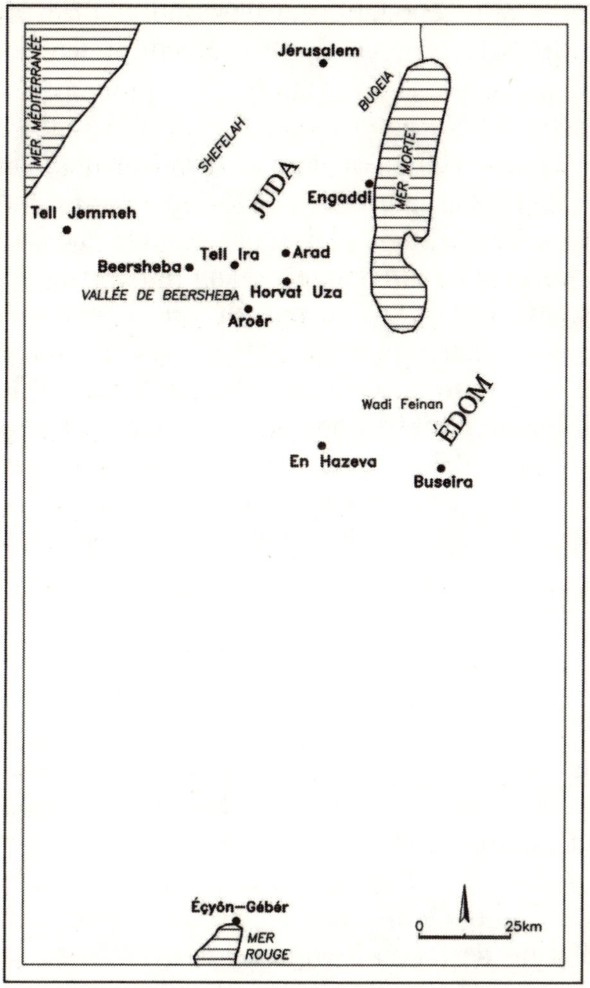

Sites principaux du royaume de Manassé.

d'impressions de sceaux et de bulles, sur les jarres d'entreposage et sur les documents, ce qui prouve qu'une comptabilité précise des transactions commerciales et du transport vivrier était devenue une priorité absolue.

Tandis que se poursuivait la réorganisation du royaume, les éléments essentiels d'une administration royale fortement établie se matérialisaient à la fois dans le paysage et dans la vie des fonctionnaires, artisans et colons, que Manassé avait recrutés et entraînés à obéir à ses ordres. À cette époque, une description détaillée d'officiers royaux, de forteresses régionales, de préfectures de régions pouvait atteindre une dimension assez significative pour être attribuée aux accomplissements de Salomon[1].

Bien entendu, les différences entre le Juda du VIIe siècle et l'énorme domaine que la Bible attribue à Salomon sont évidentes. Sous Manassé, Juda se limitait à la région des collines méridionales et à la bordure des déserts environnants ; quant au territoire de l'ancien royaume d'Israël, il était sous occupation assyrienne. Par contraste, les descriptions bibliques représentent une administration salomonique qui étend son contrôle sur l'ensemble de la terre d'Israël, y compris les territoires des tribus nordistes. Comment expliquer cela ? Si l'intention était de célébrer, preuves à l'appui, une nouvelle et plus efficace organisation administrative du royaume de Juda, pourquoi avoir attribué au royaume salomonique une géographie aussi étendue ?

HAÇOR, MEGIDDO ET GÉZÉR

Les efforts de Manassé en matière d'organisation paraissaient dérisoires en comparaison des remarquables accomplissements administratifs du royaume défunt d'Israël. Mais l'invention d'une idéologie panisraélite, à l'époque d'Ézéchias, exigeait que la tradition davidique – et, par extension, les droits de Salomon à sa succession – soit élargie de façon à englober les territoires d'Israël et de Juda. L'expansion géographique de l'administration salomonique sur les territoires du Nord représentait donc une étape logique et nécessaire pour légitimer le nouvel ordre royal de Juda – avec sa généalogie davidique – comme une tradition vénérable remontant aux origines de la dynastie.

Jusqu'à récemment, un seul verset biblique du récit salomonique, mentionnant trois célèbres sites nordistes, avait suffi à convaincre de

1. La description de l'époque de Salomon, correspondant distinctement à l'époque assyrienne, pourrait aussi s'appliquer aux conditions de Juda sous le règne de Josias (639-609 avant notre ère), durant lequel fut compilée l'histoire deutéronomique. Cependant, la vision nettement négative de Salomon (1 R 11), reflet de l'idéologie deutéronomique, apparaît comme une critique d'un règne salomonique *déjà existant* et jugé trop cosmopolite.

nombreux archéologues de l'authenticité historique du grand empire de Salomon :

> Voici ce qui concerne la corvée que le roi Salomon leva pour construire le Temple de Yahvé, son propre palais, le Millo et le mur de Jérusalem, Haçor, Megiddo, Gézér… (1 R 9,15).

La foi archéologique dans Salomon et sa monarchie unifiée reposait sur la découverte de portes en triple tenaille, bâties sur le même modèle, à Haçor, Megiddo et Gézér, en relation avec ce verset biblique et donc datées du Xe siècle. Pourtant, la stratigraphie et la chronologie ont infirmé, de façon concluante, cette interprétation[2]. Les prétendues portes salomoniques appartiennent à différentes époques : les IXe et VIIIe siècles avant notre ère ; d'autres portes identiques ont été découvertes *à l'extérieur* des frontières que les maximalistes attribuent au royaume de Salomon. La mention biblique d'activités salomoniques de construction à Haçor, Megiddo et Gézér conserve pourtant toute son importance, mais pour une raison très différente. Ces trois villes appartiennent au territoire du royaume nordiste ; après Samarie, la capitale, elles devaient en être les centres administratifs les plus importants. L'explication historique de ce verset (1 R 9,15) doit sans doute être cherchée dans l'assimilation par la tradition salomonique de souvenirs authentiques de l'histoire du Nord.

La prospérité de Megiddo a commencé sous les Omrides, au IXe siècle av. J.-C., avec la construction de deux superbes palais en pierres de taille. Puis, au VIIIe siècle, sans doute sous Jéroboam II, une porte en triple tenaille protégeait l'entrée de la cité, qui abritait un vaste ensemble d'écuries, entouré d'un épais mur d'enceinte. La ville bénéficiait d'un système perfectionné d'alimentation en eau potable, consistant en un puits profond, suivi d'un long tunnel qui menait à une source, au pied d'un mont. De son côté, Haçor, cité importante sous les Omrides, occupée et embellie par le royaume de Damas, était revenue dans le giron israélite au VIIIe siècle, sous Jéroboam II, qui la reconstruisit sur une grande échelle. Haçor aussi possédait un système d'aqueduc, qui fut percé dans le roc au début du VIIIe siècle. Gézér, qui se trouvait aussi à l'intérieur des frontières du royaume nordiste, a

2. Pour davantage de détails sur la fiabilité historique des activités de construction de Salomon, voir l'Appendice C.

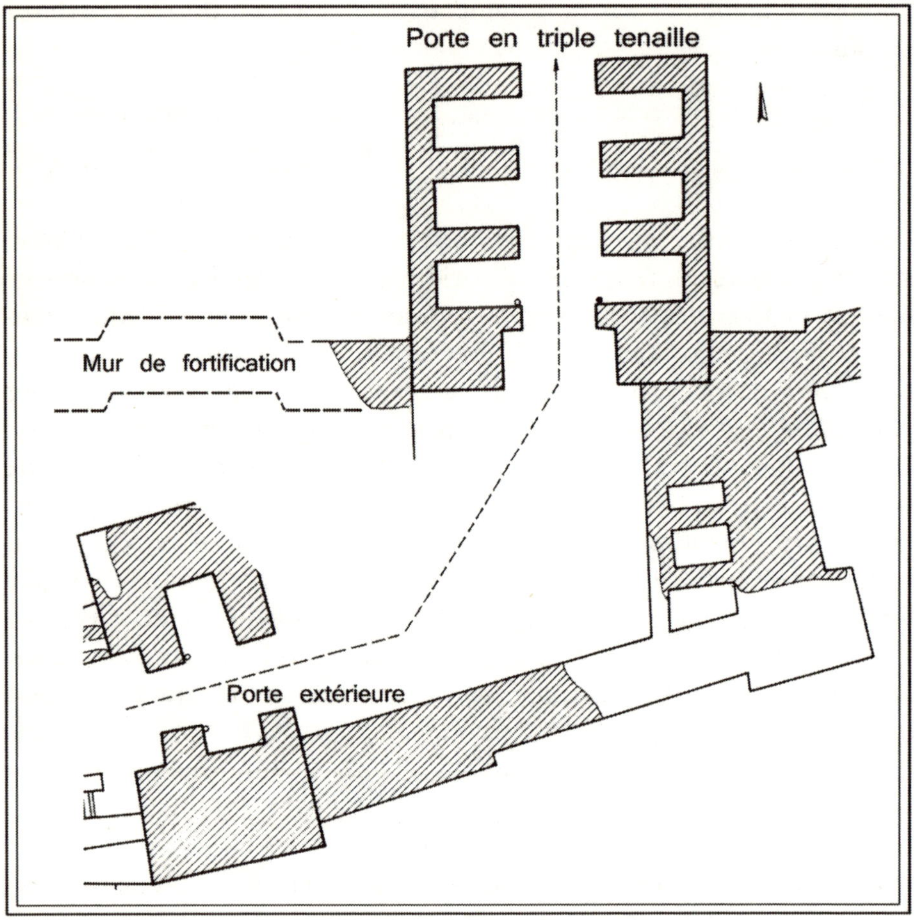

La porte en triple tenaille de Megiddo
(avec l'aimable autorisation de Zeev Herzog).

atteint elle aussi son apogée au VIIIe siècle ; la ville fut ceinturée d'une lourde muraille de pierres, semblable à celles qui protégeaient Megiddo et Haçor. Une porte en triple tenaille déjà existante fut intégrée – comme une double porte – au système qui protégeait l'entrée. Megiddo, Haçor et Gézér, cités israélites florissantes durant la première moitié du VIIIe siècle, sous le grand Jéroboam II, étaient donc les centres administratifs principaux du royaume du Nord. Leur mention dans le récit salomonique devait, sans aucun doute, correspondre à une tentative de rehausser la stature de Salomon, en lui attribuant, par un anachronisme, leurs splendeurs architecturales, et d'accorder un prestige égal aux deux royaumes pour mieux les intégrer.

Il en est de même pour la liste des préfets de Salomon (1 R 4,7-19), qui rappelle, elle aussi, l'organisation nordiste. Cette liste comporte des régions qui couvrent en gros l'étendue géographique du royaume du Nord à son apogée. À l'ouest du Jourdain, ces districts vont d'Asher et Nephtali, en Galilée, jusqu'aux environs de la vallée d'Aijalon et au plateau de Benjamin, au sud. À l'est du Jourdain, elles s'étendent du Galaad au nord de Moab. Nombre de cités du royaume du Nord y sont mentionnées ; en revanche, Juda – ses hautes terres, le Néguev, la Shefelah – n'y figure pas, ce qui suggère que la liste doit avoir été calquée sur des documents administratifs nordistes. Une fois Juda ajouté à la liste par un court verset, ce document put chanter les louanges du roi Salomon, trônant à Jérusalem, comme le père fondateur de l'organisation étatique du tout Israël.

Nous sommes apparemment devant un cas de créativité littéraire consistant à inclure l'histoire ultérieure de l'administration nordiste dans la tradition salomonique. Confronté à un afflux de réfugiés fuyant le royaume du Nord en perdition, Ézéchias avait dû les intégrer dans un nouveau Juda-Israël, au sein d'une nation unique, sous la double bannière de la dynastie et du Temple ; de la même manière, son fils Manassé dut résoudre le problème de devoir justifier un durcissement subit du pouvoir centralisateur royal à cette même population hétérogène, à présent installée, et contrainte d'obéir à ses injonctions.

En démontrant que ces prérogatives monarchiques représentaient l'accomplissement naturel de la promesse faite à la maison de David, et des vénérables traditions du royaume du Nord, remontant à la glorieuse époque des Omrides et de Jéroboam II, le récit salomonique allait jouir de l'autorité des traditions *combinées* de Juda et d'Israël. La vision de la monarchie unifiée sous Salomon répondait donc aux objectifs politiques, économiques et sociaux propres au VIIe siècle, renforcés par le souvenir de la perfection administrative et de l'efficacité politique du Nord. Elle était l'expression ultime de l'étatisme judéen du VIIe siècle avant notre ère.

Si on examine de plus près un autre élément de la tradition salomonique – son association avec les chevaux –, on s'aperçoit que le même processus de fabrication légendaire et d'assimilation des traditions nordistes a été mis à l'œuvre afin de légitimer la participation de plus en plus active de Juda dans le commerce international.

TOUS LES CHEVAUX DU ROI

Dans la tradition biblique, le roi Salomon reste présent dans les mémoires comme l'un des plus grands marchands de chevaux de l'histoire :

> Salomon avait, pour le service de ses chars, quarante mille stalles et douze mille chevaux. Ces préfets pourvoyaient à l'entretien de Salomon et de tous ceux qui avaient accès à la table du roi, chacun pendant un mois ; ils ne le laissaient manquer de rien. Ils fournissaient aussi l'orge et la paille pour les chevaux et les bêtes de trait, à l'endroit où il fallait, chacun selon la consigne qu'il avait reçue (1 R 5,6-8).
>
> Salomon rassembla des chars et des chevaux ; il eut mille quatre cents chars et douze mille chevaux et il les cantonna dans les villes des chars et près du roi à Jérusalem (1 R 10,26 ; voir aussi 1 R 9,19.22).

Dans les années 1920, les archéologues ont cru découvrir les vestiges des écuries de Salomon sur le site de la grande cité nordiste de Megiddo. Une expédition, organisée par l'université de Chicago, avait dégagé un ensemble imposant de bâtiments à piliers, abritant des stalles et des mangeoires, qui fut identifié aux écuries de Salomon. Des recherches ultérieures ont écarté la datation salomonique des édifices de Megiddo. Il est maintenant démontré qu'ils ont été construits durant la première moitié du VIIIe siècle avant notre ère, sous Jéroboam II, à une époque de grande prospérité pour le royaume du Nord. Certains spécialistes doutent que ces structures aient vraiment servi d'écuries, mais la savante américaine Deborah Cantrell a prouvé, de façon convaincante, qu'elles abritaient bien des chevaux. Des édifices semblables ont été découverts dans d'autres régions du Proche-Orient. À Bastam, au nord de l'Iran, dans le territoire de l'antique Urartu, célèbre jadis pour sa cavalerie, des analyses chimiques du sol d'un bâtiment du même type ont permis de déceler des traces d'urines animales, confirmant l'utilisation de ce genre de structure comme écurie.

Près de Ninive, la capitale de l'Assyrie, on a découvert des mangeoires de pierre semblables à celles de Megiddo et dont les inscriptions indiquent qu'elles servaient à l'alimentation d'équidés.

En fait, le royaume d'Israël était renommé pour la qualité de ses chevaux. Les textes assyriens mentionnent le rôle spécial que l'armée assyrienne réserva aux conducteurs de chars israélites après la conquête du Nord. La « liste des chevaux » du Fort Salmanasar, qui date du règne de Sargon II, mentionne sept régiments ; l'un d'entre eux – le deuxième en nombre – était commandé par des officiers de chars de Samarie. Cette unité de combat israélite est la seule, à l'exception de celles composées de natifs de l'Assyrie, à être mentionnée comme régiment national portant le nom de sa propre ville. Ces conducteurs de chars israélites jouissaient d'un traitement de faveur ; ils versaient des impôts très modérés, du même montant que les Assyriens. Les inscriptions de Sargon II mentionnent aussi un groupe de déportés israélites d'un talent professionnel identique : « Avec ceux-ci, j'ai formé un bataillon de 50 *[un texte parallèle porte le nombre à 200]* chars ; quant aux autres, je leur ai permis de perfectionner leurs propres compétences. » L'association le royaume d'Israël et les chevaux devait dépasser le simple domaine des régiments de chars ou de cavalerie. Il est permis de penser que l'ensemble de bâtiments à piliers, équipés de stalles permettant d'abriter plusieurs centaines d'équidés, représente sans doute la participation israélite, ambitieuse et lucrative, dans le commerce international de chevaux.

Quels types de chevaux faisaient alors l'objet d'un commerce ? Parmi les montures de guerre préférées des Assyriens, les fameux pur-sang du pays de Koush, au sud de l'Égypte, sur les rives du Nil supérieur, étaient les plus prisés. Ces chevaux semblaient être les mieux adaptés à la traction des chars ; les textes assyriens les mentionnent – en tant que présents ou achats – du règne de Téglat-Phalasar III à celui d'Assourbanipal. À partir de la fin du VIIIe siècle, après l'établissement en Philistie, sur le littoral méridional, de centres assyriens de commerce, les Assyriens ont obtenu leurs chevaux de Koush en commerçant directement avec l'Égypte. Après quelques décennies, l'Égypte ayant été pratiquement conquise par l'Assyrie, les grands monarques assyriens du VIIe siècle – Asarhadon et Assourbanipal – se firent livrer directement leurs chevaux égyptiens par le biais d'un tribut annuel payable en chevaux. Mais, auparavant, avant la domination assyrienne des cités philistines, puis de l'Égypte, le commerce sur de longues distances des chevaux entre l'Égypte et l'Assyrie – d'une importance capitale sur le plan militaire – se faisait par des intermédiaires.

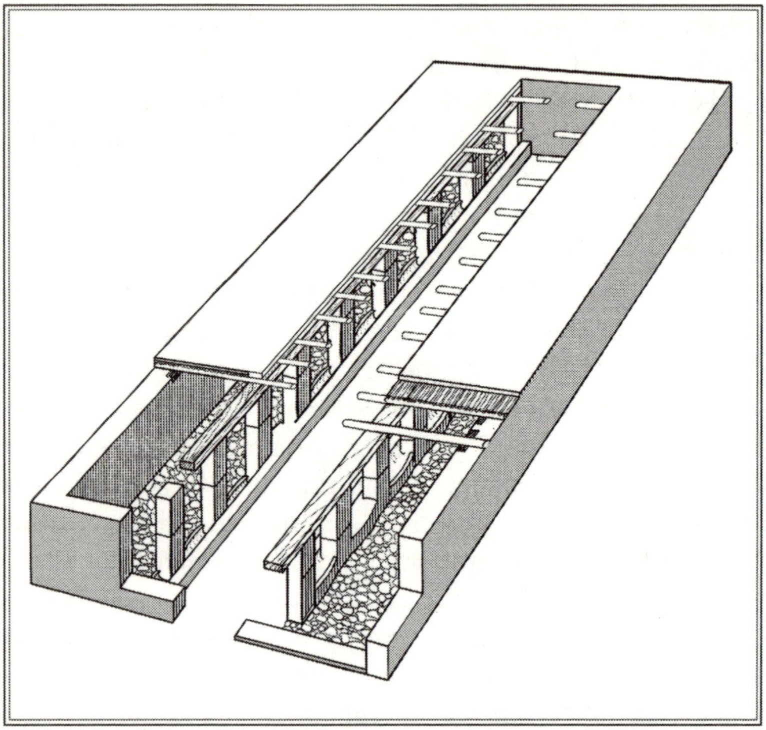

Une écurie de Megiddo
(reconstituée d'après Deborah Cantrell et Lawrence Belkin).

Nous détenons peut-être le chaînon manquant entre les écuries de Megiddo, les archives assyriennes et la tradition salomonique. Tout au long du VIIIe siècle av. J.-C., il semblerait que le royaume nordiste d'Israël ait dû une partie de sa prospérité au fait qu'il était le principal importateur de chevaux égyptiens – en provenance de Koush ou de Nubie –, au bénéfice de l'Assyrie. Ces chevaux étaient élevés et dressés à Megiddo, dans le complexe des écuries, le plus vaste à notre connaissance de l'ancien Proche-Orient ; les bêtes étaient ensuite vendues à l'Assyrie et peut-être à d'autres clients sous le règne de Jéroboam II. Au temps de Manassé, Juda ne semble pas avoir fait commerce d'équidés.

Cependant, le souvenir du profit réalisé ainsi par le royaume du Nord avait dû marquer les mémoires. Il joua un rôle évident dans la rédaction du récit dédié à la fortune et au prestige du roi Salomon. La description anachronique de la passion de Salomon pour les chevaux se fondait sans doute sur de vagues souvenirs du commerce israélite – voire, plus modestement, du commerce judéen – au VIIIe siècle :

> Et Salomon faisait venir les chevaux d'Égypte et de Koue, et les courtiers du roi les recevaient du Koue à prix d'argent. Un char pouvait être importé d'Égypte pour six cents sicles d'argent ; un cheval pour cent cinquante ; et, à travers les intermédiaires du roi, ils étaient exportés à tous les rois des Hittites et aux rois de Syrie (1 R 10,28-29).

La mention des relations commerciales – ce qui est importé d'Égypte est revendu aux nations du Nord – reflète peut-être un souvenir de la situation à Megiddo au VIIIe siècle av. J.-C., où les chevaux représentaient une source de prestige et de richesse considérable[3]. Mais les prix cotés spécifiquement sur la valeur de l'argent, comme cela se pratiquait dans l'économie assyrienne mondialisée du VIIe siècle, reflètent sans doute l'époque de Manassé.

Au moins dans certains cercles hiérosolymites, incorporer ce souvenir dans la tradition de Salomon était un moyen habile de persuader le peuple de Juda que le commerce avec l'Assyrie était à la fois bénéfique pour le royaume et profondément ancré dans les traditions de Juda et d'Israël. Quant au nombre très exagéré de chevaux, de chars et de stalles indiqués dans les versets bibliques, ils doivent être considérés davantage comme des détails légendaires d'une création littéraire visant à impressionner le lecteur ou l'auditoire, que comme un exposé historique précis.

---

3. La tradition biblique mentionne par ailleurs le rôle d'Israël dans le commerce des chevaux, mais en lui donnant une coloration nettement négative. La prophète Amos, qui vivait au VIIIe siècle, fait allusion aux chevaux d'Israël (Am 4,10) et Isaïe – qui prophétisait sous Jéroboam II – condamne « ceux qui descendent en Égypte pour y chercher du secours, qui comptent sur les chevaux, qui mettent leur confiance dans les chars, car ils sont nombreux, et dans les cavaliers, car ils sont très forts » (Is 31,1). Le prophète nordiste Osée, qui vivait lui aussi au VIIIe siècle, semble faire allusion à un relation particulière concernant les chevaux entre Israël et l'Assyrie quand il déclare : « Assur ne nous sauvera pas, nous ne monterons plus sur des chevaux » (Os 14,3). Quant au Deutéronome (Dt 17,16), il condamne le commerce de chevaux avec l'Égypte : « Qu'il n'aille pas multiplier ses chevaux, et qu'il ne ramène pas le peuple en Égypte pour accroître sa cavalerie… » Comme nous le verrons en fin de chapitre, la tradition salomonique elle-même fera l'objet de cette même critique.

CHAMEAUX, CARAVANES ET REINE DE SABA

À en croire la Bible, Salomon était aussi un expert reconnu dans le commerce d'autres produits. La description de son règne est émaillée de références à de précieuses marchandises en provenance de pays exotiques. Salomon et le roi Hiram de Tyr construisent « une flotte à Éçyiôn-Gébèr, qui est près d'Élat, sur le bord de la mer Rouge, au pays d'Édom », dont ils envoient les vaisseaux à Ophir pour en rapporter de l'or (1 R 9,26-28–10,11). Éçyiôn-Gébèr occupait le site de Tell-el-Kheleifeh, à la pointe nord du golfe d'Aqaba. On ignore où situer Ophir. Certains savants ont suggéré qu'il s'agirait d'un lieu légendaire, l'équivalent proche-oriental du mythique Eldorado. Mais la liste des Nations de la Genèse (Gn 10,28-29) le nomme aussitôt après Saba, qui devait se situer dans le sud de l'Arabie. Or, aucune des aventures commerciales de Salomon n'est plus célèbre que la visite à Jérusalem de la reine de Saba, avec des chameaux chargés d'épices, d'or et de pierres précieuses.

Le flot de pierres précieuses, d'ivoires et d'encens, qui s'écoulait vers le nord à partir de la péninsule arabique ou de la Corne de l'Afrique, était âprement convoité par les monarques, les temples et les palais du monde méditerranéen. Les cités philistines contrôlaient les débouchés maritimes des voies du commerce arabe, mais les caravanes changeaient de route au gré des variations de conditions politiques, économiques ou sécuritaires. Au début du VIIIe siècle, la route préférée semble avoir mené de l'Arabie à la pointe du golfe d'Aqaba, puis, de là, jusqu'à Gaza, en passant par le nord-est du Sinaï. Les archives assyriennes contiennent de fréquentes références aux tribus arabes qui vivaient dans les déserts méridionaux et participaient activement à ce commerce. Apparemment, le royaume d'Israël aussi y prenait part. Sur le site de Kuntilet Ajrud, le long de la voie caravanière entre Aqaba et Gaza, on a dégagé un sanctuaire plein d'artefacts variés, de dessins, d'inscriptions, témoignant de l'intense activité des échanges culturels dans cet endroit isolé, où les voyageurs et les courtiers phéniciens, israélites ou arabes faisaient une courte halte pour invoquer la protection de leurs dieux respectifs avant de reprendre leur dangereux périple à travers les étendues inhospitalières du désert.

Cependant, pour autant qu'on le sache, privé de débouchés maritimes, le royaume de Juda ne semble pas avoir joué un rôle très actif dans cette phase ancienne du commerce arabe.

Un changement majeur semble être survenu vers la fin du VIIIe siècle av. J.-C., quand les Assyriens se sont mobilisés pour imposer leur domination. Vivement intéressés par le commerce arabe, ils ont décidé de divertir la principale voie commerciale en la faisant passer par Édom et la partie méridionale de Juda, ce qui leur permettait de mieux la sécuriser. Leur méthode de contrôle du commerce dans les régions désertiques isolées consistait à passer des accords avec les chefs arabes des territoires par lesquels transitaient les caravanes. Mais, dans les contrées plus proches des terres habitées et des ports de mer, la sécurité ne pouvait être confiée aux aléas de la diplomatie. Aussi les Assyriens établirent-ils un réseau de forteresses et de centres administratifs, comme En Hazeva, au sud-ouest de la mer Morte, Buseira, la capitale d'Édom, près de Pétra, en Jordanie, et Tell el-Kheleifeh, à la pointe nord du golfe d'Aqaba. Du personnel judéen et édomite, encadré par des Assyriens, devait gérer ces forts. Enfin, le long du littoral méditerranéen, les Assyriens établirent plusieurs *emporia* portuaires, d'où embarquaient les marchandises arabes avec l'aide d'intermédiaires phéniciens. Téglat-Phalasar III considérait Gaza comme « la douane de l'Assyrie » et Sargon II déclarait avoir ouvert la frontière égyptienne au commerce international, mélangé les Assyriens et les Égyptiens et encouragé les échanges mutuels – en se référant sans doute aussi aux produits arabes. Les vestiges archéologiques de ces *emporia* voués au commerce ont été exhumés le long de la côte méditerranéenne, à côté d'Ashdod et au sud de Gaza.

C'est pourquoi, dans la vallée de Beersheba, l'activité ne cessa de croître sous le règne de Manassé. Outre l'intensification de l'habitat et de la production agricole dans cette région marginale, le royaume bénéficiait également de sa participation de plus en plus active dans le lucratif commerce méridional sous domination assyrienne. Au VIIe siècle avant notre ère, les régions situées le long de la voie caravanière – des hautes terres d'Édom aux centres de commerce du littoral sous contrôle assyrien, en passant par la vallée de Beersheba – jouissent d'une prospérité économique et d'une explosion démographique sans précédent. Dans les hautes terres d'Édom, on constate l'installation d'un grand nombre de nouveaux habitats ; dans les villes de la vallée de Beersheba, l'aire bâtie passe du simple au double en quelques décennies. L'influence de l'Assyrie se manifeste par la présence de vaisselles de type assyrien, ou d'imitation, sur quasiment tous les sites fouillés le long de cette voie commerciale.

De riches trouvailles archéologiques ont confirmé la provenance de ce commerce : des inscriptions du sud de l'Arabie et des *artefacts* de Hijaz ont été découverts dans plusieurs sites de la région, y compris à Jérusalem. Le mode de transport nous est à présent connu grâce à des analyses d'ossements animaux effectuées lors des fouilles de l'un des postes commerciaux assyriens les plus élaborés, Tell Jemmeh, en face de Gaza. Les restes de chameaux domestiqués – rares aux époques précédentes – ont considérablement augmenté au VIIe siècle ; les ossements proviennent presque uniquement de bêtes adultes, ce qui suggère qu'il s'agissait bien de chameaux de bât (des élevages locaux auraient laissé une plus large proportion d'ossements d'animaux plus jeunes).

Le contrôle des *termini* des axes du commerce arabe et la domination des États vassaux de Transjordanie et de Juda apportaient aux Assyriens le plus gros des profits commerciaux. Mais la valeur considérable des marchandises de luxe qui transitaient vers le nord devait assurer aussi aux partenaires secondaires de l'Assyrie, impliqués dans ce commerce, une part non négligeable de profits. Édom, un pays aride et jadis isolé, avait gagné en importance stratégique aux yeux de l'Assyrie, en tant que zone tampon contre l'hostilité des tribus du désert. Des postes de contrôle assyriens y furent établis pour assurer la sécurité du commerce et muscler cet État frontalier à demi indépendant.

Juda aussi bénéficiait de cette prospérité, grâce aux villes et aux relais caravaniers de la vallée de Beersheba. Certains indices laissent penser qu'au moins une partie de ce commerce aboutissait à Jérusalem. Trois ostraca, marqués d'inscriptions en arabe méridional, ont été découverts lors des fouilles de la Cité de David, à Jérusalem ; gravés dans de la poterie judéenne, ils suggèrent qu'une petite communauté arabe y était établie. La trouvaille due au hasard d'un sceau hébraïque du VIIe siècle, porteur d'un nom présumé arabe, et l'hypothèse que l'épouse du roi Manassé, Meshullémet, fille de Haruç de Yotba

(2 R 21,19) était arabe, viennent à l'appui de l'assomption que Manassé s'efforçait d'étendre ses intérêts commerciaux dans le Sud.

Cette stratégie économique devenait de plus en plus vitale pour Juda ; les preuves de son importance sont contenues dans le récit biblique consacré à la visite à Jérusalem de la reine de Saba, à la tête d'une caravane transportant des produits précieux. À l'époque de Manassé, le royaume de Saba, situé au Yémen moderne, était célèbre pour ses aromates que les caravanes transportaient jusqu'au Levant. Des textes assyriens le mentionnent, datant de la fin du VIIIe siècle, sous Téglat-Phalasar III, Sargon II et Sennachérib. De récentes recherches archéologiques ont, semble-t-il, révélé des vestiges du Fer ancien au Yémen ; cependant, il est clair que la prospérité du royaume de Saba n'a commencé à se manifester qu'à partir du VIIIe siècle. Il n'est donc pas surprenant que la vision idyllique d'une Arabie merveilleuse ait pris de telles proportions dans les traditions de Juda[4].

Le fait que le livre des Rois parle de la visite d'une reine (et non d'un roi) ajoute une note de crédibilité. En effet, les archives assyriennes de la fin du VIIIe et du début du VIIe siècle (jusque vers 690 avant notre ère) attestent que des reines dirigeaient l'Arabie.

Le récit biblique des mille et une nuits de Salomon et de la reine de Saba est donc une œuvre anachronique du VIIe siècle av. J.-C., destinée à légitimer la participation de Juda dans le lucratif commerce arabe.

QUI A CONSTRUIT LE TEMPLE ?

Salomon reste dans les mémoires comme le bâtisseur du grand temple de Jérusalem. Comme nous l'avons précisé, l'archéologie est muette quant à sa construction originelle. Le Premier Temple fut érigé sur le point culminant, dans le secteur nord de l'éperon rocheux de la Cité de David. Or, cette zone – le Haram es-Shérif en arabe – abrite à

4. Outre la tradition salomonique, Saba intervient souvent dans les oracles des prophètes judéens des VIIe-VIe siècles. Isaïe prédit que « des multitudes de chameaux te couvriront, des jeunes bêtes de Madiân et d'Épha ; tous viendront de Saba, apportant l'or et l'encens » (Is 60,6). Furieux, Jérémie demande « que m'importe l'encens importé de Saba ? » (Jr 6,20.) Ézéchiel lance le reproche suivant à Tyr : « Les marchands de Saba et de Rama faisaient du commerce avec toi ; ils te livraient les plus fines aromates, toutes sortes de pierres précieuses et de l'or comme marchandises » (Ez 27,22).

présent deux des monuments les plus sacrés de l'islam, la mosquée al-Aqsa et le Dôme du Rocher ; et pour des raisons religieuses, des fouilles approfondies n'y ont pas été possibles.

De toute façon, même s'il était permis de creuser sous le Dôme du Rocher, il est douteux qu'on y découvrît des vestiges significatifs datant de l'âge du Fer. En effet, au Ier siècle av. J.-C., le Mont du Temple fit l'objet d'une des plus grandioses opérations de travaux publics de l'histoire de la Terre sainte : Hérode le Grand y fit construire l'immense esplanade encore existante aujourd'hui (sur laquelle reposent la mosquée al-Aqsa et le Dôme du Rocher). L'esplanade fut bâtie « à la romaine » : la colline d'origine a été ceinturée d'un énorme mur de soutènement – comprenant le mur occidental, ou mur des Lamentations ; la surface intérieure fut entièrement nivelée, puis comblée avec du remblais, et supportée par des arches ou des voûtes. Il est improbable que des vestiges du Fer aient survécu à des travaux d'une telle envergure.

Privés de vestiges archéologiques, nous ne pouvons nous fier qu'au texte biblique. L'auteur de la description détaillée du livre des Rois (1 R 6-7) devait connaître intimement le Premier Temple, avant sa destruction par les Babyloniens, au début du VIe siècle avant notre ère. Mais Salomon en fut-il le bâtisseur ? En tant que fils héritier d'un chef local d'une modeste entité politique des hautes terres, ses ressources lui permettaient, au mieux, d'ériger ou de rénover un modeste sanctuaire local, à l'usage exclusif de sa dynastie, d'un genre répandu dans le Proche-Orient ancien.

Un temple monumental – comme celui que décrit la Bible – n'a pu être bâti que par l'un des monarques davidiques ultérieurs, à une époque où Juda avait atteint les dimensions d'un État complexe, doté d'une main-d'œuvre abondante, de bonnes ressources économiques et d'un solide savoir-faire en matière de techniques de construction. On ignore qui fut le constructeur du premier grand temple de Jérusalem, lequel, sous Ézéchias, abritait déjà un trésor considérable et un riche mobilier (dont il dut se priver pour payer tribut à l'Assyrie : 2 R 18,15-16). Il n'est pas impossible que la description (2 R 12) des importants travaux de rénovation du Temple entrepris par le roi Joas (836-798 av. J.-C.) soit significative à cet égard. Comme nous l'avons vu, Juda, à l'époque, avait pris de l'expansion, à la suite d'une intensification des échanges avec la dynastie omride du Nord. « La réparation du Temple de Yahvé » mentionnée dans le passage biblique correspondait-elle, en réalité, à l'érection d'un temple de Jérusalem plus ambitieux dont la silhouette devait se dresser encore lors de la compilation du récit salomonique ?

Privé de vestige matériel, en l'absence de sources écrites contemporaines, on ne peut que spéculer sur l'évolution architecturale du Temple. Le meilleur (peut-être aussi l'unique) support en faveur d'une origine salomonique du Temple reste la « centralité » accordée ultérieurement à l'image du Temple de Salomon. Tandis que David est resté dans les mémoires comme le fondateur de la dynastie judéenne, Salomon demeure le bâtisseur d'un lieu de culte centralisé à Jérusalem ; au Xe siècle avant notre ère, il devait consister en un sanctuaire rustique. Au cours des siècles, la croissance de Jérusalem et le développement de ses institutions ont permis au Temple d'acquérir des proportions plus impressionnantes. Si la tradition populaire judéenne avait reconnu un autre roi davidique comme bâtisseur du sanctuaire d'origine, le mérite accordé à Salomon pour cet accomplissement n'eût pas bénéficié de la moindre crédibilité.

LES MINES DU ROI SALOMON

La description biblique de la construction du Temple par Salomon – à l'instar du reste de la tradition – abonde également en indices chronologiques. Le roi Hiram de Tyr en fait partie. En dépit de sa mention répétée dans le livre des Rois en tant que fournisseur des cèdres du Liban destinés à la construction du Temple et partenaire de Salomon dans diverses expéditions marchandes en haute mer, l'existence d'un personnage portant ce nom au Xe siècle av. J.-C. n'est vérifiée dans aucun document contemporain, voire ultérieur.

Le seul Hiram de Tyr historique connu est un monarque portant le nom de Hirummu, que les annales du grand roi assyrien Téglat-Phalasar III, dans les années 730 avant notre ère, mentionnent à deux reprises parmi ceux qui ont versé tribut à l'Assyrie. Son nom voisine avec celui de Menahem, roi d'Israël, et de Raçôn, roi de Damas. Pour le différencier de l'hypothétique Hiram de Salomon, les spécialistes l'ont appelé Hiram II, mais il est probable que le Hiram du VIIIe siècle commerçait avec le royaume du Nord et que sa renommée ait été enrôlée au service de la grandeur de Salomon – un exemple de plus d'assimilation de la légendaire prospérité du Nord[5]. La mention des navires de Hiram et Salomon faisant voile vers Tarsis (1 R 10,22) – probablement la Tarse du sud-est de la Turquie – reflète peut-être la coopération commerciale du royaume du Nord avec Tyr et les Phéniciens, au VIIIe siècle av. J.-C.

Le passage qui décrit la construction du Temple et du palais de Jérusalem fait de fréquentes références à des objets en bronze, reflet d'une connexion supplémentaire avec le VIIe siècle. Salomon lui-même aurait coulé une masse énorme de bronze dans la vallée du Jourdain, « entre Sukkot et Çartan » (1 R 7,46) ; à ses débuts, dans les années 1930, l'archéologie biblique considéra le bronze comme un indice important dans sa quête du Salomon historique. Néanmoins, la découverte, à Timna, au sud d'Israël, des « mines du roi Salomon », et des fonderies royales à Tell el-Kheleifeh (identifiée avec la biblique Éçyôn-Gébèr, un site qualifié par l'archéologue américain Nelson Glueck de « Pittsburg de la Palestine ») s'est révélé n'être qu'un mirage archéologique. On date à présent les mines de Temna d'au moins deux siècles *avant* l'époque de Salomon. Et il semble probable que Tell el-Kheleifeh fut créée – comme un fort, et non comme un centre sidérurgique – deux siècles *après* Salomon, en relation avec le commerce arabe dominé par l'Assyrie[6].

Un autre centre de production de bronze se trouvait dans les environs de Wadi Feinan, en bordure orientale de la vallée de Araba, à une cinquantaine de kilomètres au sud de la mer Morte. Des recherches récentes menées par des savants allemands, américains et jordaniens ont révélé l'existence d'une activité continue, avec une période intense de production datant de la fin du VIIIe et du VIIe siècle av. J.-C. Comme les autres activités lucratives de la région, cette industrie se

5. Le seul témoignage non biblique de l'existence d'un Hiram historique au temps de Salomon nous vient de l'historien juif Flavius Josèphe, qui cite les œuvres perdues de Dius et Ménandre d'Éphèse, deux historiens hellénistiques du IIe siècle av. J.-C. L'historien israélien Doron Mendels qualifie les œuvres de ces historiens de « créatives historiographies » de seconde main. Au IIe siècle, la Bible était déjà connue des auteurs hellénistiques ; elle pouvait donc avoir été la source du gros de leurs informations, y compris au sujet de la légendaire association des deux rois.

6. Les raisons de ces nouvelles datations sont détaillées en Appendice D.

déroulait sous les auspices de l'Assyrie. Le plus gros du minerai de cuivre devait être transporté vers l'ouest, en direction des centres assyriens et des ports de Philistie. Les routes reliant Feinan à l'ouest de la région traversaient le territoire judéen, par la vallée de Beersheba ; le vassal de l'Assyrien qu'était alors Juda devait prendre une part active dans cette prospère industrie du bronze.

Tout bien considéré, la situation correspondant à la description des conditions du grand royaume de Salomon ressemble à s'y méprendre à celles du royaume de Manassé : des préfectures bien administrées, des équipes importantes d'hommes de corvée occupés à bâtir les cités royales, des relations commerciales avec des dirigeants étrangers, des caravanes traversant Juda en faisant route vers le nord, des ambassadeurs arabes séjournant à Jérusalem. Combiné aux souvenirs plus vagues de l'apogée économique de l'Israël nordiste, tout cela entretenait la foi dans la légitimité et la sagesse de la nouvelle stratégie de Manassé, consistant en une énergique participation dans la diplomatie et le commerce impériaux.

LA CRÉATION DU MYTHE DE SALOMON

Les histoires bibliques de Salomon ont ceci de particulier qu'elles sont teintées de cosmopolitisme. Les dirigeants étrangers ne sont plus présentés comme des ennemis qu'il faut conquérir ou des tyrans à supporter, mais comme des égaux, qu'il convient de traiter avec courtoisie et bon sens, en vue d'obtenir un succès commercial. Les récits bibliques consacrés aux relations de Salomon avec Hiram de Tyr et la reine de Saba sont des créations littéraires de promotion personnelle, dans les négociations marchandes, les relations diplomatiques et le statut royal. La légende de Salomon, mise par écrit pour la première fois au VIIe siècle avant notre ère, proclame la grandeur de Juda – et la remarquable habileté de ses monarques – dans le « brave nouveau monde » des communications commerciales et interculturelles de l'Empire assyrien.

Dans sa manière de diriger, d'administrer, de négocier, de juger son peuple avec sagesse, Salomon représente la figure parfaite du dirigeant idéal, copiée sur le modèle du roi assyrien : « On vint de tous les peuples pour entendre la sagesse de Salomon, et de la part de tous les rois de la terre, qui avaient ouï parler de sa sagesse » (1 R 5,14) ; « Le roi Salomon surpassa en richesse et en sagesse tous les rois de la terre. Tout le monde voulait être reçu par Salomon pour profiter de la sagesse que Dieu lui avait mise au cœur… » (1 R 10,23-24). Il n'est pas jusqu'à l'étendue du territoire de Salomon (« de l'Euphrate à Gaza », d'après 1 R 5,1.4) qui ne reflète la vision impériale assyrienne comme idéal absolu. La datation de ce verset est incertaine mais la dimension mentionnée représente à peu près l'équivalent du territoire occidental sous domination assyrienne à la fin du VIIIe et au VIIe siècle avant notre ère.

Plus concrètement, la légende de Salomon exprime une nostalgie pour les accomplissements du royaume déchu d'Israël. Une autre description de la superficie du royaume de Salomon (« de Dan à Beersheba », d'après 1 R 5,5) correspond aux frontières combinées de Juda et d'Israël. Si la légende de David servait à réfuter les accusations nordistes, l'image de Salomon empruntait largement aux traditions royales du Nord, non plus pour les réfuter mais pour les récupérer en dépeignant Salomon comme un égal, voire comme supérieur aux souverains israélites les plus florissants. De même que *ces derniers* naviguaient sur les mers lointaines en quête de trésors, de même que *ces derniers* faisaient le commerce de pur-sang, de même que le prestige de *ces derniers* fascinait les monarques de l'Arabie profonde, ainsi faisait *notre père fondateur*, Salomon, sur une échelle plus vaste et plus généreuse. Ainsi, outre la récupération de thèmes chers aux Israélites établis dans le royaume sudiste afin de rehausser le prestige de la dynastie davidique, la légende salomonique servait à légitimer, aux yeux du peuple de Juda *dans son ensemble*, la culture aristocratique et les ambitions commerciales de la cour de Manassé, favorable à la participation active de Juda dans l'économie assyrienne mondialisée.

La vision biblique d'un Salomon empreint de sagesse, génie du commerce et des relations internationales, a été représentée, pendant des siècles, sur les vitraux de milliers d'églises et dans les enluminures d'innombrables bibles. David était un chef de guerre. Salomon était un prince de la paix, de la diplomatie et du commerce. Sa personnalité évoque une promesse de sécurité, de stabilité et de bonheur dans un monde aux frontières ouvertes, où la gloire nationale s'exprime par la sagesse et l'habileté commerciale.

Malheureusement, les circonstances qui ont favorisé l'éclosion de cette vision n'étaient pas destinées à durer. Comme nous le verrons dans le prochain chapitre, à la fin du VIIe siècle avant notre ère, les tensions internes de Juda et un bouleversement du paysage impérial allaient ternir la foi dans une mondialisation de type salomonique et lui donner un aspect délibérément négatif. Ceux qui voulurent se retrancher du monde impérial pour se réfugier dans une vision puritaine et fermée de l'ancien Israël allaient transformer de fond en comble l'histoire de David et Salomon pour la mettre au service de valeurs radicalement différentes, et y introduire des thèmes messianiques et une tension apocalyptique qui la caractérisent encore aujourd'hui.

6

Le défi de Goliath

L'héritage davidique et la doctrine deutéronomique

(Fin du VIIe siècle av. J.-C.)

Une lourde contradiction pèse sur le Salomon de la Bible. Les premiers chapitres du livre des Rois (1 R 3-10) l'introduisent comme un grand successeur de David, un souverain d'une dimension exceptionnelle, le bâtisseur du temple de Jérusalem, un modèle de sagesse et d'opulence, que d'innombrables souverains ultérieurs tenteront d'égaler. Par contraste, quelques chapitres plus loin (1 R 11,1-13), il fait figure d'apostat au bord de la sénilité, que le charme vénéneux de ses nombreuses épouses étrangères détourne de son devoir.

> Il eut sept cents épouses de rang princier et trois cents concubines et ses femmes détournèrent son cœur. Quand Salomon fut vieux, ses femmes détournèrent son cœur vers d'autres dieux et son cœur ne fut plus tout entier à Yahvé son Dieu comme avait été celui de son père David. Salomon suivit Astarté, la divinité des Sidoniens, et Milkom, l'abomination des Ammonites. Il fit ce qui déplaît à Yahvé [...] C'est alors que Salomon construisit un sanctuaire à Kemosh, l'abomination de Moab, sur la montagne à l'orient de Jérusalem, et à Molèk, l'abomination des Ammonites (1 R 11,3-7).

La gravité de ses fautes est telle qu'elles provoquent la rupture entre Juda et Israël et l'effondrement du grand État davidique.

Que penser d'évaluations bibliques aussi contradictoires ? Pour de nombreux savants, les chapitres positifs correspondent à d'anciens matériaux d'archives, datant de la supposée période des lumières des jours heureux de la monarchie unifiée. Nous affirmons de notre côté que cette interprétation positive de Salomon est un produit de la cour judéenne du début du VIIe siècle avant notre ère. Le lustre et l'opulence de la cour de Salomon, l'immense temple de Jérusalem, les villes de garnison de régiments de chars, les aventureuses explorations maritimes, le commerce lucratif avec l'Arabie, tout cela appartient au domaine de la création littéraire ; cette idyllique description d'un personnage hautement idéalisé était destinée à rehausser le prestige de l'énergique roi Manassé, à donner du baume au cœur de l'aristocratie judéenne, bénéficiaire de la nouvelle prospérité suscitée par l'incorporation de Juda dans l'économie assyrienne mondialisée.

Mais d'où vient la vision négative de Salomon ? Qui avait intérêt à noircir la réputation du grand roi ? La prospérité créée par le système commercial assyrien, que Salomon personnifiait, devait apparaître sous un jour sensiblement différent aux yeux de ceux qui n'en bénéficiaient pas ou, pire, qui en étaient les victimes. La stratégie manasséenne de commerce international menaçait peut-être la survie de l'agriculture traditionnelle, qui faisait vivre depuis des lustres les Judéens ordinaires et le plus gros des réfugiés nordistes qui avaient fui la domination assyrienne. Les relations interculturelles du roi se traduisaient peut-être par un brutal abandon des voies coutumières, non seulement religieuses, mais aussi sociales et économiques. Les anciens partisans du père de Manassé, Ézéchias, dont la politique se fondait sur la centralisation du culte et une révolte nationaliste contre l'Assyrie, avaient peut-être en horreur le règne de son fils. Et ils n'allaient pas tarder à reprendre le pouvoir, stylet en main.

Le second livre des Rois donne des cinquante-cinq ans de règne de Manassé une description plutôt brève mais vengeresse, consacrée à l'énumération de ses fautes religieuses, auxquelles est attribuée la responsabilité des catastrophes que Juda n'allait pas tarder à subir :

> Il fit ce qui déplaît à Yahvé, imitant les abominations des nations que Yahvé avait chassées devant les Israélites. Il rebâtit les hauts lieux qu'avait détruits Ézéchias, son père, il éleva des autels à Baal et fabriqua un pieu sacré, comme avait fait Achab, roi d'Israël, il se prosterna devant toute l'armée du ciel et lui rendit un culte. Il construisit des autels dans le Temple de Yahvé, au sujet duquel Yahvé avait dit : « C'est à Jérusalem que je placerai mon Nom. » Il construisit des autels à toute l'armée du ciel dans les deux cours du Temple de

> Yahvé. Il fit passer son fils par le feu. Il pratiqua les incantations et la divination, installa des nécromants et des devins, il multiplia les actions que Yahvé regarde comme mauvaise, provoquant ainsi sa colère (2 R 21,1-6).

Les biblistes avaient coutume d'interpréter l'attrait qu'exerçaient les coutumes païennes sur Manassé comme une preuve de l'assimilation de la classe dirigeante de Juda dans le syncrétisme religieux de l'ère assyrienne. Mais, dans l'ancien monde, la division entre l'économie, la politique et la religion n'était pas aussi nette que cela.

Au moins pour certains sujets de Manassé, installés dans des villes nouvelles en développement, soumis aux lois et aux taxes royales, son règne interminable a dû représenter une source d'infortune et de grave dislocation sociale. Au-delà des nombreuses traces, dans les découvertes archéologiques, de l'émergence à Jérusalem d'une classe dirigeante riche, éduquée et influente, nous n'avons constaté aucun signe évident d'une prospérité sur une plus large échelle. La nouvelle stratégie de Manassé assura la survie de l'État et la fortune de ceux qui recevaient les ambassadeurs commerciaux dans leurs demeures élégantes. Mais pour ceux qui ne profitaient pas de cette embellie, la promesse de sécurité – autrement dit du jour où chaque homme pourrait jouir du bonheur de s'asseoir « sous sa vigne et sous son figuier » – devait sembler plus lointaine que jamais.

La tension montait. D'après la Bible, en 642 avant notre ère, aux lendemains de la mort de Manassé et de l'accession au trône de son fils Amon, une suite d'événements violents ébranla, semble-t-il, le pouvoir des internationalistes judéens, vieux de plusieurs décennies :

> Amon avait vingt-deux ans à son avènement et il régna deux ans à Jérusalem ; sa mère s'appelait Meshullémet, fille de Haruç, et était de Yotba. Il fit ce qui déplaît à Yahvé, comme avait fait son père Manassé. Il suivit en tout la conduite de son père, rendit un culte aux idoles qu'il avait servies et se prosterna devant elles. Il abandonna Yahvé, Dieu de ses ancêtres, et ne suivit pas la voie de Yahvé. Les serviteurs d'Amon complotèrent contre lui et ils tuèrent le roi dans son palais. Mais le peuple du pays frappa tous ceux qui avaient conspiré contre le roi Amon et proclama roi à sa place son fils Josias (2 R 21,19-24).

On ignore l'identité de ces « serviteurs » qui ont supprimé Amon ; sans doute une faction de la cour de Jérusalem. Nous n'en savons pas davantage sur l'identité du « peuple du pays », qui installa Josias, âgé alors de huit ans, sur le trône ; elle a longtemps fait l'objet de débats entre les spécialistes ; certains ont suggéré que la formule désignait l'aristocratie des campagnes qui avait souffert des choix politiques de Manassé.

En fait, l'opposition contre Manassé semble avoir émané, à l'intérieur de Juda, d'une coalition de mécontents dont l'influence politique allait croître à mesure que chancelait le pouvoir de l'Assyrie. Ils auront un effet déterminant dans la reformulation des institutions du royaume et ils mettront leurs talents au service d'une réécriture de l'histoire de David et Salomon. Sous le règne de Josias, les traditions préexistantes, les poèmes, les chroniques, les ballades créées autour des deux premiers rois de Juda ont été combinés, produisant le thème passionné et austère de la faute et de la rédemption qui demeure le message central de l'histoire biblique aujourd'hui.

LA VERSION DEUTÉRONOMIQUE

La foisonnante et complexe épopée littéraire consacrée à David et Salomon, lue depuis le début, dans le premier livre de Samuel, jusqu'à la conclusion tragique qui termine le premier livre des Rois – du sacre du pastoureau David à la mort du vieux roi Salomon dans le tumulte de la rébellion –, propose une morale d'une sobre simplicité : la calamité suit inéluctablement le sillage de l'insoumission à la volonté de Dieu. Saül, le ténébreux sauveur d'Israël, perd d'abord sa sacralité puis sa vie en raison de ses violations cultuelles ; David souffre de tourments familiaux en raison de ses faiblesses ; quant à Salomon, le resplendissant monarque, il paye son penchant pour le paganisme et les femmes étrangères par la perte de sa grandeur et la division de son vaste royaume.

Ces amères leçons contrastent avec la récompense accordée à la droiture. Jusqu'à sa chute, la monarchie unifiée de David et Salomon fit la démonstration de ce que pouvait accomplir le peuple d'Israël quand il était dirigé par un pieux leader et qu'il faisait montre d'une scrupuleuse fidélité aux lois divines.

Or, cette cabriole moralisante ne faisait pas partie de l'histoire originelle. Le cycle indépendant des contes et légendes héroïques, et de la propagande royale, exprimait une idéologie évolutive qui appartenait en propre à la dynastie régnante de Juda. Ce n'est que lorsque l'histoire de David et Salomon a été instrumentalisée pour illustrer un puissant message religieux que le récit biblique dans sa tournure actuelle a commencé à prendre forme.

Sans être pour autant l'ultime étape de la composition du récit de David et Salomon, le travail de compilation et de rédaction accompli sous Josias n'en eut pas moins un impact crucial sur la Bible que nous connaissons.

De nombreux savants affirment que le récit composite qui part de 1 Samuel 16 à 1 Rois 11 – autrement dit du sacre de David à la mort de Salomon – fait partie d'une saga plus étendue, allant de Josué au second livre des Rois, intitulée l'histoire deutéronomique. Cette vaste chronique du peuple d'Israël, de l'errance dans le désert à la conquête, puis de l'âge d'or à l'exil, est clairement liée (elle lui sert d'illustration) à l'idéologie exprimée dans le Deutéronome. Le récit biblique de David et Salomon est marqué du sceau indélébile d'une idéologie rigide et agressive qui était absente des traditions antérieures : la doctrine deutéronomique de l'adoration d'un Dieu unique, dans le temple de Jérusalem, sous les auspices d'un roi davidique, imposée par les zélotes de la guerre sainte.

Les savants n'ont eu aucune peine à établir un lien entre la partie centrale du code deutéronomique (Dt 4,44–28,68) et le « livre de la Loi », découvert « par hasard », en 622 avant notre ère, par le grand prêtre Hilqiyyahu, dans le temple de Jérusalem, « en la dix-huitième année du roi Josias », petit-fils de Manassé et fils d'Amon.

D'après l'exposé biblique (2 R 22,8–23,3), la découverte du « livre de la Loi » (parfois intitulé « livre de l'Alliance ») provoqua une vive émotion et une crise spirituelle dans le royaume de Juda. Quand lecture en fut faite au roi Josias, celui-ci déchira ses vêtements avant de déclarer : « Grande doit être la colère de Yahvé, qui s'est enflammée contre nous parce que nos pères n'ont pas obéi aux paroles de ce livre, en pratiquant tout ce qui y est écrit pour nous » (2 R 22,13).

Par la suite, les décisions de Josias – d'après la Bible, en tout cas – seront directement liées aux injonctions deutéronomiques. Après avoir « renouvelé » l'alliance exclusive entre Yahvé et le peuple d'Israël, Josias débarrassa le Temple des objets païens de culte, profana les

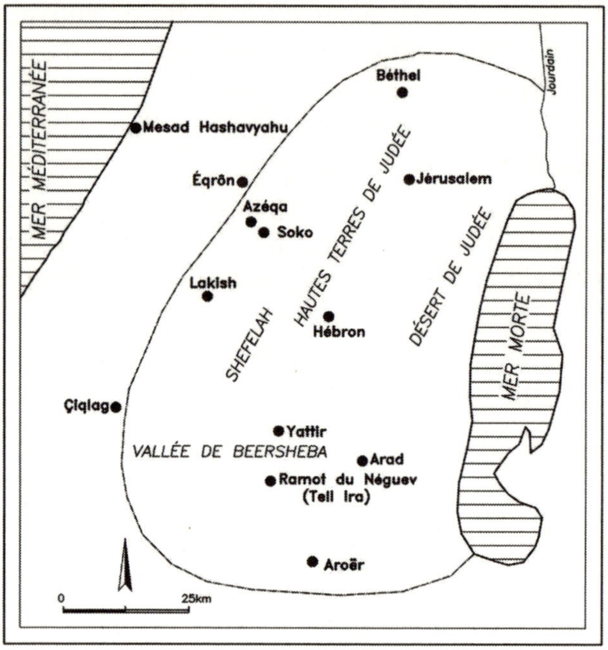

Juda sous le règne de Josias.

hauts lieux païens, éradiqua les prêtres idolâtres, ordonna au peuple de « célébrer une Pâque en l'honneur de Yahvé votre Dieu, de la manière qui est écrite dans ce livre de l'alliance » (2 R 23,21) ; il supprima également « les nécromants et les devins ». Toutes ces décisions – strictes observances religieuses, interdiction agressive de l'idolâtrie, restriction du culte en un seul lieu, le temple de Jérusalem – sont présentées par le code deutéronomique comme des commandements impérieux.

En raison de ses pieuses décisions d'imposer ces lois nouvelles, Josias, un descendant de David de la dix-septième génération, est présenté par la Bible comme un saint : « Il n'y eut avant lui aucun roi qui se fût, comme lui, tourné vers Yahvé de tout son cœur, de toute son âme et de toute sa force, en toute fidélité à la Loi de Moïse, et après lui il ne s'en leva pas qui lui fût comparable » (2 R 23,25) ; « il fait ce qui est agréable à Yahvé et imita en tout la conduite de son ancêtre David, sans en dévier ni à droite ni à gauche » (2 R 22,2). D'après l'opinion des auteurs bibliques, David était l'incarnation de la droiture prônée par le Deutéronome, et Josias en était le successeur le plus digne. Les liens entre Josias et David, entre les lois deutéronomiques et la gloire de la monarchie unifiée sont évidents. Les anachronismes, les artifices narratifs, les allusions contemporaines mêlées à la trame de l'histoire de David et Salomon démontrent comment fut tissé le récit, quels intérêts il défendait quand, parvenu à maturité, il revêtit sa forme biblique reconnaissable, vers la fin du VIIe siècle avant notre ère.

Une meilleure compréhension de cette étape cruciale dans l'évolution de la tradition davidique est primordiale si l'on veut évaluer l'histoire de Juda au VIIe siècle av. J.-C. et connaître l'origine d'une importante innovation de l'histoire religieuse du monde occidental. Au cours du règne fatidique de Josias, la mystique de la dynastie davidique, à partir d'une collection de légendes, se transforma soudain en une foi messianique, destinée à perdurer au-delà de l'indépendance de ce minuscule royaume de l'âge de Fer, et à devenir le socle inébranlable des croyances religieuses du judéo-christianisme.

DES EMPIRES EN DÉSARROI

Pour mieux saisir les motivations derrière la transformation idéologique de la tradition de David et Salomon, un bref survol des événements dramatiques qui ont marqué la région sous le règne de Josias sera utile. Quand, après l'assassinat de son père, Josias, âgé de huit ans, monta sur le trône, en 639 avant notre ère, l'Assyrie était encore au faîte de son pouvoir. Le territoire de l'ancien royaume nordiste d'Israël se trouvait sous domination directe de l'Assyrie, et les villes côtières de Philistie étaient administrées par des vassaux de l'empire. Quelques années plus tard, vers 630, l'Empire assyrien se désintégrait rapidement. Des pressions sur ses frontières nord et est épuisaient ses ressources. Toujours formidable, sa puissance militaire avait cependant décliné.

En dépit du caractère fragmentaire des chroniques assyriennes de cette période, le tableau général ne laisse aucun doute : après un siècle de domination sans partage de la région, le pouvoir de l'Assyrie se faisait plus lointain, reculant vers l'Orient pour un ultime et vain combat pour sa survie. Après avoir dominé la vie économique et politique de cette partie du monde, cette grande puissance, jadis incontestée et incontestable, abandonnait graduellement ses prétentions sur ses provinces occidentales.

Le retrait des garnisons et des fonctionnaires assyriens des cités philistines et des préfectures de l'ancien royaume d'Israël créait un vide politique. Une Égypte renaissante émergea alors comme successeur possible de l'Assyrie, du moins le long du littoral méditerranéen. Pendant son long règne, de 664 à 610 avant notre ère, Psammétique Ier, souverain de la XXVIe dynastie, élargit sa base de pouvoir dans la partie occcidentale du Delta et unifia la Haute et la Basse-Égypte, avant de marcher vers le nord et d'annexer les prospères cités commerçantes de la plaine philistine.

Cette reprise de pouvoir semble s'être opérée avec l'accord tacite des Assyriens. En échange du contrôle de ses anciennes possessions, l'Égypte devenait un vassal de l'Assyrie et s'engageait à lui prêter main-forte en cas de soulèvement anti-assyrien et de problème posé par l'expansion babylonienne au Nord. Cependant, le contrôle égyptien sur la côte philistine et sur la voie internationale qui, à partir de Megiddo, menait à l'intérieur des terres, vers la Syrie et la Mésopotamie, concernait peu les populations et les cités des hautes terres. Comme lors de leur précédente période d'impérialisme, au Bronze récent, un demi-millénaire auparavant, les Égyptiens semblent avoir permis aux populations des hautes terres – de Juda et du défunt royaume d'Israël – de se gouverner elles-mêmes tant qu'elles ne menaçaient pas les intérêts égyptiens le long de la voie internationale qui desservait le littoral et les vallées du Nord.

On ne sait quasiment rien de ce qui s'est passé dans le territoire de l'ancien royaume d'Israël après le retrait assyrien. Le relâchement du contrôle des populations et de la production agricole aurait pu soulever l'espoir d'une renaissance politique de la région, mais rien n'indique que les Nordistes aient été tentés par le rétablissement d'un royaume indépendant. Les Sudistes, en revanche, nous ont livré l'exposé biblique des réformes religieuses imposées par le pieux Josias sur le royaume de Juda, qui résultèrent en la destruction du lieu de culte nordiste de Béthel.

Dans la Bible, ces événements prennent une coloration purement religieuse mais, à la lumière des changements de conditions politiques provoqués par le retrait assyrien, une autre explication est suggérée.

Aussi longtemps que l'Assyrie régnait sur la région, l'indépendance politique et la liberté d'action de Juda restaient très limitées. Le ferme contrôle de l'Assyrie sur les hautes terres nordistes interdisait à Juda de prétendre régner sur la population israélite demeurée dans les anciens territoires du Nord, dont les traditions avaient été, en partie, intégrées à l'idéologie panisraélite du Sud. Le retrait assyrien ouvrait la porte sur de nouvelles possibilités. Les données archéologiques indiquent que le royaume de Juda saisit l'avantage offert par les nouvelles conditions en s'élargissant à la fois vers le nord et vers l'ouest.

Cette expansion territoriale semble avoir été modeste. Des artefacts caractéristiques du Juda du VIIe siècle, comme des poids gravés d'inscriptions, des figurines en forme de pilier, des types distinctifs de vaisselle ont été découverts dans la région de Béthel, à une vingtaine de kilomètres au nord de la frontière traditionnelle de Juda. Il est cependant intéressant de noter que la présence judéenne englobe un site que l'exposé biblique des réformes religieuses de Josias mentionne avec insistance.

Les trouvailles archéologiques suggèrent aussi une expansion de l'influence judéenne vers l'ouest, dans l'aire de la Shefelah – un mouvement qui avait dû être entamé sous Manassé. L'important centre régional de Lakish, laissé en ruine pendant quelque temps après le passage dévastateur des armées de Sennachérib, fut reconstruit et fortifié de nouveau au VIIe siècle av. J.-C., ce qui témoigne de la possibilité du renouvellement d'un contrôle politique judéen. Des poids judéens datant du VIIe siècle ont été découverts un peu partout dans la région, suggérant son incorporation dans la sphère d'influence commerciale de Juda. Les riches terres fermières de la Shefelah ne présentaient pas seulement un intérêt vital, économique et stratégique ; elles faisaient surtout partie intégrante de la tradition judéenne, au point que le second livre des Rois (2 R 22,1) précise que la mère de Josias était originaire de Boçqat, un ville de la Shefelah.

Que dire de plus à propos des objectifs du roi Josias et de l'opposition que ses tentatives d'expansion territoriale ont pu rencontrer ? En direction de l'ouest, tout espoir de réaffirmer un contrôle judéen sur la Shefelah inférieure se serait heurté à la réémergence de l'Égypte et des cités philistines. Vers le nord, le succès d'une expansion judéenne dans les territoires de l'ancien royaume d'Israël, dont les membres de la dynastie régnante avaient été déposés et exilés, reposait sur la possibilité de contrecarrer les vassalités régionales et d'imposer l'autorité de la dynastie davidique sur la totalité de la terre d'Israël. En effet, l'étude attentive des détails caractéristiques du VIIe siècle av. J.-C. qui abondent dans les histoires de David et Salomon fait ressortir clairement le tableau des perceptions et des ambitions judéennes – et d'une nouvelle interprétation de ces mêmes histoires.

DAVID ET LES PHILISTINS

Le David biblique s'est forgé une réputation de grand guerrier en affrontant le géant Goliath (1 S 17), en tuant des « dizaines de milliers » de soldats philistins (1 S 18,7), en bernant le roi philistin, Akish de Gat (1 S 27-29). Comme nous l'avons vu, certains de ces récits puisent leur origine dans une période très ancienne ; en effet, la mention de la prééminence de Gat – le lieu de naissance de Goliath, la capitale d'Akish, l'une des plus importantes cités philistines – reflète les perceptions d'une époque qui précéda la conquête de Gat et la perte de son influence politique, vers la fin du IXe siècle av. J.-C. Mais le tableau général qui ressort des histoires bibliques de David incorpore un grand nombre d'éléments importants qui révèlent à quel point leur forme définitive reflète l'époque de Josias. La description des Philistins que David combattit après les avoir servis diffère radicalement de ce que nous savons des Philistins lors des phases les plus anciennes de leur histoire.

Plusieurs sources, archéologiques et historiques, nous renseignent sur les premiers Philistins, entre le XIIe et le Xe siècle avant notre ère. Une inscription et des bas-reliefs datant du règne du pharaon Ramsès III (1182-1151 av. J.-C.) commémorent ses victoires terrestres et navales contre un groupe d'assaillants nommés Peleset, ainsi que d'autres envahisseurs, lesquels, après « avoir conspiré dans leurs îles », avaient attaqué l'Égypte simultanément par voie terrestre et maritime. Un papyrus ultérieur, datant du règne de Ramsès IV (1151-1145), rapporte que ces adversaires vaincus avaient été postés dans des places fortes égyptiennes. À l'époque, l'Égypte dominait encore les plaines côtières méridionales de Canaan, l'endroit précis où la

Bible situe les cités philistines. Les savants en ont donc conclu que les Peleset et les Philistins étaient un seul et même groupe d'immigrants que les Égyptiens avaient postés dans les villes de garnison qui contrôlaient le littoral cananéen. D'ailleurs, des fouilles régionales des niveaux ultérieurs à Ramsès III ont révélé l'apparition d'un nouveau style de poterie, aisément identifiable grâce à sa décoration complexe, composée de formes géométriques, d'oiseaux ou de poissons stylisés, proche des traditions céramiques de Chypre et de la mer Égée, la région d'origine présumée des Peleset-Philistins.

De nombreux savants maintiennent que les histoires philistines de la Bible s'inspirent de souvenirs authentiques de l'époque qui suivit immédiatement leur invasion et leur installation à Canaan ; ce faisant, ils omettent inexplicablement nombre de détails d'une importance pourtant primordiale.

La Bible ne fait pas état du terrible bouleversement qui a accompagné le débarquement des Philistins sur les plages de Canaan ; la relation étroite qu'ils ont entretenue par la suite avec l'administration égyptienne du Bronze récent n'est pas davantage mentionnée. Quant aux autres Peuples de la Mer qui ont débarqué avec les Philistins, la Bible les ignore[1]. Les caractéristiques particulières de la culture matérielle des premiers Philistins – céramique, culte, coutumes funéraires, usages alimentaires – ne trouvent aucun écho dans le texte biblique. La Bible aurait pu ignorer un grand nombre de ces caractéristiques, mais pas *toutes*. Bien évidemment, le peuple judéen connaissait bien ses voisins philistins, mais ses connaissances historiques semblent avoir été fondées sur des traditions orales plutôt vagues et imprécises.

Prenons l'exemple du roi Akish. Décrit comme le dirigeant de la cité philistine de Gat, il joue un rôle éminent dans les histoires de David, d'abord en interdisant au débutant David l'accès à sa ville (1 S 21,10-15), puis, plus tard, en l'accueillant à bras ouverts comme un allié favori, allant jusqu'à lui accorder un territoire dans la Shefelah méridionale, à Çiqlag (1 S 27,2-6). Akish permit même à David de partir en paix avec ses partisans à la veille de la bataille fatidique qui opposa les Philistins au roi Saül (1 S 29,6-11).

1. Les documents égyptiens mentionnent au moins deux groupes de Peuples de la Mer, les Sikila et les Sherdani, qui se sont établis sur le littoral cananéen.

Durant l'été 1996, au cours de leurs fouilles de Tel Miqne, dans la Shefelah occidentale, un site identifié avec une bonne dose de fiabilité à l'ancienne cité philistine d'Éqrôn, les archéologues Trude Dothan et Sy Gitin ont découvert une importante inscription. Il s'agit d'une dédicace gravée dans la pierre calcaire, datée du VIIe siècle, adressée à un certain Ikausu qui dirigeait alors la cité. Ce même Ikausu est cité dans les archives assyriennes d'Asarhadon et d'Assurbanipal comme l'un des dirigeants levantins qui versaient un tribut à l'Assyrie. D'après la linguistique, Ikausu est proche du nom philistin d'Akish, ce qui encouragea nombre de savants à suggérer qu'il s'agit d'un patronyme royal traditionnel en usage chez les Philistins depuis le Xe siècle avant notre ère.

L'établissement d'une relation directe entre le roi philistin, Ikausu (dont le règne précéda de peu celui du roi Josias), et le suzerain de David, Akish, pose un problème évident : Ikausu régnait sur Éqrôn, pas sur Gat. La puissante Gat avait été ravagée deux siècles auparavant ; sous Ikausu, Gat n'était qu'un modeste village et Éqrôn, la plus puissante cité-État de Philistie. Peut-être les auteurs bibliques ont-ils utilisé Akish comme un nom pratique pour signifier un puissant roi philistin. Mais, au VIIe siècle, le nom Ikausu-Akish, célèbre dans tout Juda, devait avoir une résonance contemporaine particulière. Ainsi, l'histoire de l'alliance entre David et un ancien Akish visait peut-être à légitimer la relation entre le « nouveau » David, Josias, et la cité du nouvel Akish, Éqrôn.

Certaines découvertes archéologiques le démontrent : les fouilles de Tel Miqne ont révélé les traces d'une période de fort développement urbain qui permit à la petite ville d'Éqrôn de devenir l'une des plus importantes cités de la région, ce qu'elle était à l'époque de Josias. À partir de la fin du VIIIe siècle av. J.-C., avec un pic durant la première moitié du VIIe siècle, sous domination assyrienne, Éqrôn s'agrandit et se transforma en un vaste centre de production d'huile d'olive, le plus important de tout l'ancien Proche-Orient. Protégés derrière d'imposantes murailles, plus d'une centaine d'ateliers de production d'huile ont été exhumés, comprenant des entrepôts, des pressoirs et des cuves. Cette ancienne zone industrielle s'étendait sur tout le pourtour de la cité ; sa capacité de production était d'un millier de tonnes par an. Pour l'économie assyrienne, cela représentait un formidable atout.

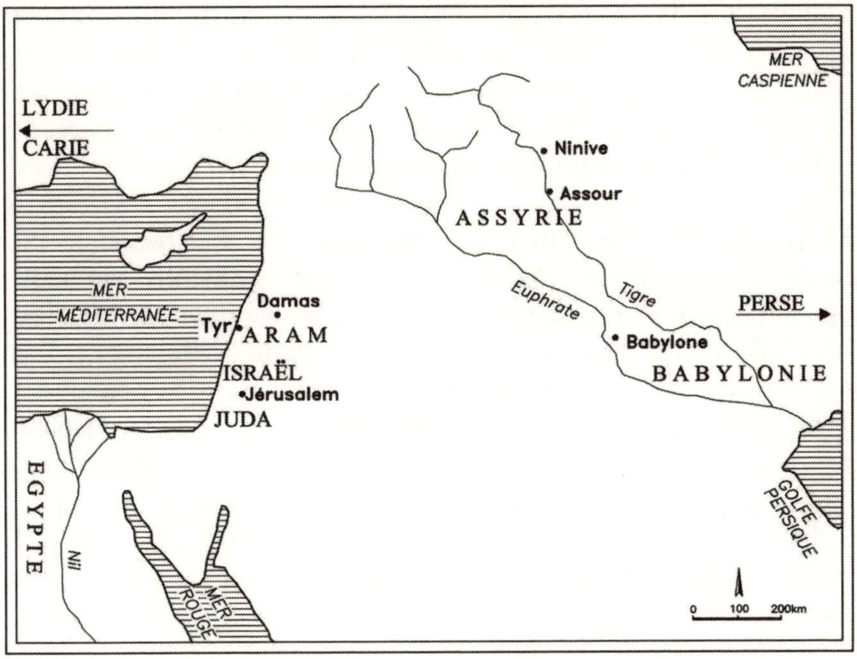

Le Proche-Orient ancien.

Durant tout le VIIe siècle avant notre ère, Éqrôn connut une prospérité sans précédent comme centre de production d'huile, en raison de sa situation privilégiée le long d'un important réseau routier et de sa proximité avec les oliveraies des collines judéennes et de la Shefelah supérieure. Les planteurs judéens devaient fournir à Éqrôn le plus gros de leurs récoltes, dans un premier temps, comme un tribut versé à l'Assyrie à la suite du raid de Sennachérib, puis, sous Manassé, comme participation commerciale de Juda dans l'économie impériale assyrienne.

En dépit d'un certain déclin dans la production après le retrait assyrien, vers 630 av. J.-C., l'industrie se poursuivit à la fin du VIIe siècle, sous les auspices de la XXVIe dynastie égyptienne. Pour des raisons à la fois économiques et politiques, Juda devait certainement fournir Éqrôn en olives à l'époque de Josias. Le meilleur moyen de légitimer cette connexion avec des « étrangers » (une abomination aux yeux du puritanisme deutéronomique) était de « rappeler » au peuple de Juda les anciens liens d'amitié et de courtoisie qui avaient existé entre le fondateur de leur dynastie, le pieux David, et un roi philistin nommé Akish.

DE NOUVELLES REVENDICATIONS TERRITORIALES

Derrière les histoires sur la relation entre David et Akish, se cache un autre élément lié au règne de Josias. Des trouvailles archéologiques témoignent d'une tentative d'expansion de Juda en direction de l'ouest, afin de recouvrer les terres perdues de la Shefelah ; or, l'autorité d'Akish a été instrumentalisée par le récit biblique pour justifier, au VIIe siècle, les revendications territoriales de Juda. « Jusqu'à ce jour » est l'une des formules favorites de l'histoire deutéronomique, ce qui trahit ses origines du VIIe siècle. On la retrouve des dizaines de fois dans le Deutéronome, Josué, les Juges, Samuel et les Rois. Elle désigne d'anciens repères géographiques ou explique des situations singulières que l'on pouvait encore observer à l'époque de la compilation du texte. Un emploi typique de cette formule termine la description de l'acquisition territoriale de David obtenue avec l'accord du roi Akish :

> David dit à Akish : « Je t'en prie, si j'ai trouvé grâce à tes yeux, permets qu'on me donne, dans l'une des villes de la campagne, un endroit où je puisse résider. Pourquoi ton serviteur demeurerait-il à côté de toi dans la ville royale ? » Ce même jour, Akish lui donna Çiqlag. C'est pourquoi Çiqlag a appartenu aux rois de Juda jusqu'à ce jour (1 S 27,5-6).

Çiqlag se trouvait dans la Shelelah inférieure, sur la frontière sud-ouest de Juda, en face de la Philistie, dans une contrée qui importait aux yeux des cercles dirigeants de Juda, à la fin du VIIe siècle. Les récits bibliques de David à Çiqlag contiennent d'autres anachronismes, révélateurs de ce même VIIe siècle. De retour d'une assemblée de guerre philistine, David découvre que Çiqlag vient d'être pillé par les Amalécites, des habitants du désert ; il les poursuit, les défait, leur arrache un gros butin, qu'il redistribue à ses partisans (1 S 30,26-31). Sur les localités qui bénéficièrent de sa générosité, un certain nombre étaient d'une importance primordiale sous Josias, notamment Béthel (probablement annexé par Juda après le retrait assyrien), mais aussi Aroër et Ramot du Néguev, dans la vallée de Beersheba, sur la frontière méridionale de Juda, en face d'Édom. Les fouilles démontrent que le développement de ces deux dernières villes ne s'est opéré qu'à la fin de la période monarchique. Une autre localité nommée Yattir – identifiée au site de Khirbet Yattir, au sud d'Hébron – n'existait même pas avant le VIIe siècle.

Tout bien pesé, le texte révèle une élaboration et une expansion des traditions primitives pour leur faire servir un objectif propre au VIIe siècle : justifier l'expansion territoriale de Juda en direction des territoires philistins. De façon surprenante, le meilleur contexte de l'histoire la plus célèbre de la carrière des débuts de David demeure le règne de Josias.

QUI A TUÉ GOLIATH ?

Le puissant guerrier philistin, Goliath de Gat, est l'adversaire le plus célèbre de David. La mention de cette cité détruite de longue date comme lieu de naissance de Goliath reflète une tradition primitive mais, en même temps, ce récit d'une portée intemporelle cache un indice chronologique surprenant.

Dans la Bible, la foi enflamme la rencontre entre l'adolescent David et le géant philistin, dont on nous fait une description terrifiante :

> Un champion sortit du camp philistin. Il s'appelait Goliath, de Gat, et sa taille était de six coudées et un empan. Il avait sur la tête un casque de bronze et il était revêtu d'une cuirasse à écailles ; la cuirasse pesait cinq mille sicles de bronze. Il avait aux jambes des jambières de bronze ainsi qu'un javelot de bronze en bandoulière. Sa lance était faite d'une hampe grosse comme un cylindre de métier à tisser et d'une pointe de fer pesant six cents sicles. Son porte-bouclier marchait devant lui (1 S 17,4-7).

Goliath tempête et se gausse de son chétif adversaire.

> Plongeant une main dans sa besace, David y prit une pierre qu'il projeta à l'aide de sa fronde. La pierre frappa le front du Philistin et s'y enfonça : le Philistin tomba face contre terre (1 S 17,49).

Le récit de la rencontre porte la marque du style deutéronomique, notamment dans cette proclamation de foi du jeune David, déclarant à l'arrogant Goliath, alors qu'il s'avance vers lui :

> Tu viens vers moi armé d'une épée, d'une lance et d'un javelot. Moi je viens vers toi avec le nom de Yahvé Sabaot, Dieu des armées d'Israël, à qui tu as lancé un défi. Aujourd'hui, Yahvé te livrera à ma main, je t'abattrai, je te couperai la tête, et aujourd'hui même je donnerai les cadavres du camp philistin aux oiseaux du ciel et aux bêtes sauvages. Toute la terre saura qu'il y a un Dieu en Israël, et toute cette assemblée saura que ce n'est pas par l'épée ni par la lance que Yahvé donne la victoire, car Yahvé est maître du combat et il vous livre entre nos mains (1 S 17,45-47).

Mais une question se pose : cachée parmi les lambeaux de légendes héroïques contant les exploits des preux de David, se trouve une version différente de la mort de Goliath, un peu comme une note de bas de page oubliée :

> La guerre reprit encore à Gob avec les Philistins, et Elhanân, fils de Yari, de Bethléem, tua Goliath de Gat ; le bois de sa lance était comme un liais de tisserand (2 S 21,19).

Les savants ont longtemps spéculé, se demandant si « David » n'était pas un nom dynastique attribué à quelqu'un qui s'appelait à l'origine Elhanân, ou bien si un autre homme nommé Elhanân était le véritable héros de l'histoire, dont la gloire aurait été usurpée par les partisans de la dynastie davidique qui se seraient approprié la légende ultérieurement.

Quoi qu'il en soit, la description détaillée de l'armure de Goliath indique que la composition de cette célèbre histoire biblique date de la fin du VIIe siècle av. J.-C., et qu'elle exprime l'idéologie de la guerre sainte en désignant les ennemis spécifiques qu'affrontait Juda sous le règne de Josias.

COMBATS HOMÉRIQUES ET MERCENAIRES GRECS

La description biblique de l'armure de Goliath ne ressemble en rien à l'équipement militaire des premiers Philistins tel que nous le révèle l'archéologie. Au lieu de casques de bronze, les Peleset représentés sur les murs du temple de Ramsès III, en Haute-Égypte, portent une coiffure ornée de plumes. Au lieu d'un armement lourd, épée, lance, javelot, ils ne sont armés que d'une simple lance ; quant à leurs tibias, ils ne sont pas protégés par des jambières. Pourtant, la description biblique n'a rien de fantaisiste ; chaque détail rappelle l'armement de combat et de protection égéen, attesté par l'archéologie, de la période mycénienne aux temps classiques. À l'intérieur de cette fourchette temporelle, dans toutes les périodes, on retrouve l'emploi de casques, d'armures et de jambières de métal. Or, jusqu'au VIIe siècle av. J.-C., ces articles étaient assez rares dans le monde hellénistique. Ce n'est qu'à partir de l'apparition de l'hoplite, fantassin grec lourdement armé, entre le VIIe et le Ve siècle, que l'équipement du soldat ressemblera à celui de Goliath. En fait, l'armement d'un hoplite était en tout point identique à celui du géant philistin : un casque de métal, une armure à plaques, des jambières métalliques, deux lances, un glaive et un lourd bouclier. L'auteur du récit du duel entre David et Goliath devait avoir une connaissance de première main de l'équipement d'un hoplite à la fin du VIIe siècle.

Mais où était la connexion ? À l'époque, les mercenaires grecs en provenance de l'Asie Mineure commençaient à intervenir de plus en plus dans les conflits armés du Proche-Orient. L'historien grec Hérodote rapporte que des mercenaires cariens et ioniens servaient dans l'armée égyptienne ; ils étaient postés dans les forts qui gardaient la frontière égyptienne sous le règne de Psammétique Ier, qui reprit le contrôle de la côte philistine vers la fin du VIIe siècle. Les documents assyriens et diverses preuves archéologiques confirment le témoignage de l'historien, indiquant la Lydie comme étant la contrée d'origine de ces troupes. Lors de fouilles dans le delta du Nil, la mise au jour de poteries grecques d'importation et d'autres objets a révélé la présence certaine, au VIIe siècle avant notre ère, de colonies grecques. Des inscriptions grecques et cariennes ont été découvertes à Abu Simbel ; aux alentours de Priène, en Asie Mineure occidentale, fut ainsi trouvée une inscription du VIIe siècle qui mentionne Psammétique Ier et qui est une dédicace laissée par un soldat grec qui servait comme mercenaire dans l'armée du pharaon[2]. Des bataillons grecs ont peut-être servi les souverains babyloniens au sein de leurs grandes armées constituées d'unités de combat spécialisées, mais le pharaon Psammétique Ier en fit un usage encore plus important, comme troupes d'assaut et forces d'occupation. Avec sa lourde armure et sa combativité, l'hoplite incarnait l'image d'un ennemi redoutable et arrogant, que les Judéens de la fin du VIIe siècle av. J.-C. ne devaient que trop bien connaître.

2. Hérodote (II, 159) mentionne que le pharaon Neko II a fait don au temple d'Apollon de Didymes, sur la côte de la mer Égée, non loin de Priène, de l'armure dans laquelle il remporta des batailles dans le Levant.

L'influence grecque se fait sentir dans un autre aspect. On a comparé la description biblique de Goliath et de son armement à celle d'Achille (*Iliade* XVIII.480, 608-612 ; XIX.153, 369-385). Les descriptions épiques des affrontements guerriers entre Grecs et Troyens de l'*Iliade* contiennent plusieurs éléments additionnels de comparaison avec le synopsis du combat de David contre Goliath, surtout dans les duels entre champions des camps opposés. Celui de Pâris contre Ménélas (*Iliade* III.21ff) se présente comme un combat singulier qui, comme dans la Bible, doit décider de l'issue de la guerre. Le duel de Hector contre Ajax (*Iliade* VII.206ff) est comparable à celui de David contre Goliath, d'une manière générale mais aussi pour la séquence des événements : un défi est lancé contre un héros ; son peuple est terrorisé ; le héros relève le défi ; les armes des combattants sont décrites ; chacun d'eux prononce un discours avant le combat. Nestor de Pylos aussi participe à un duel qui l'oppose à un géant.

Une influence homérique sur les auteurs bibliques eût été hautement improbable avant la fin du VIIIe siècle ; mais, au VIIe siècle, époque à laquelle les Grecs ont fait leur entrée sur la scène de Méditerranée orientale, une telle influence fait partie des plausibilités. Les contacts étaient devenus quotidiens. Dans des lieux comme Ashqelôn, sur la côte méridionale, ou au fort de Mesad Hashavyahu, datant du VIIe siècle au nord d'Ashdod, la poterie grecque témoigne de la présence de commerçants, de mercenaires ou d'immigrants grecs. Un ostracon en hébreu découvert dans le fort de Mesad Hashavyahu atteste de la présence de Judéens sur le site. Des ostraca, datés de 600 av. J.-C., découverts dans le fort judéen d'Arad, dans la vallée de Beersheba, portent la mention d'un groupe appelé les *Kittim.* Si ce mot signifie, comme le suggèrent certains savants, Grecs ou Chypriotes (du nom de lieu de Kition, à Chypre), les ostraca désignent peut-être des mercenaires grecs entrés au service des Égyptiens pour garder les voies commerciales vitales menant vers la côte. Cela ferait de la vallée de Beersheba en général et d'Arad en particulier des lieux de contact potentiel entre Judéens et hoplites servant comme mercenaires[3].

3. Le livre de Jérémie (44,1 et 46,14) mentionne des Judéens qui vivaient dans le Delta. Ils pouvaient entretenir des contacts étroits avec les mercenaires et les commerçants grecs qui y avaient établi des colonies marchandes. Pour davantage de preuves sur les mercenaires grecs et leur possible relation avec l'histoire de David, voir l'Appendice F.

Il n'y a aucune raison de nier la possibilité d'une histoire ancienne concernant un duel entre un héros judéen (nommé David ou Elhanân) et un guerrier philistin. Mais quel message le deutéronomiste voulait-il communiquer en habillant Goliath comme un hoplite et en donnant un tour homérique au récit ? À la fin du VIIe siècle avant notre ère, deux rêves rivaux de renaissance collective s'affrontaient : celui de Juda, qui voulait « rétablir » la monarchie unifiée de David et Salomon, et les ambitions égyptiennes visant à rétablir son ancien Empire asiatique. Sur le rêve de Juda, qui consistait à récupérer les grasses terres de la Shefelah occidentale, planait la menace égyptienne, dont le pouvoir contrôlait déjà de larges portions des plaines philistines. Le duel entre David et Goliath – ce dernier vêtu et armé comme l'un de ces mercenaires grecs qui défendaient les intérêts égyptiens – symbolise les tensions accrues entre le Juda de Josias et l'Égypte de la XXVIe dynastie[4]. Aux yeux des Judéens de l'époque, conscients de la menace que faisait peser la présence grecque, les implications de l'histoire étaient évidentes et simples : Josias, le nouveau David, allait vaincre les troupes d'élite de l'armée égyptienne de la même manière que son célèbre ancêtre avait vaincu le puissant, et apparemment invincible, Goliath, en les combattant « au nom de Yahvé Sabaot, le Dieu des armées d'Israël » (1 S 17,45).

LA CONQUÊTE DE BÉTHEL

Le post-scriptum au récit biblique de David et Salomon, qui dit que, de tous les descendants de David, c'est le roi Josias qui fera revivre la gloire de la monarchie unifiée, contient un indice. Peu après le décès de Salomon, au moment de la division entre les royaumes d'Israël et de Juda, le roi nordiste Jéroboam avait érigé un autel dans l'ancien sanctuaire de Béthel, un symbole de l'indépendance du royaume d'Israël, aux yeux des Nordistes, le péché originel de ce même royaume, aux yeux des Sudistes. Comme nous l'avons suggéré, la notion de centralité du temple de Jérusalem n'était pas antérieure

4. Notons qu'on a comparé l'étymologie du nom de Goliath au nom Lydien (autrement dit d'Asie Mineure occidentale) d'Alyattes. Le Alyattes historique, roi de Lydie (610-560 av. J.-C.), était le petit-fils de Gyges, le monarque qui avait envoyé des escadrons d'hoplites pour prêter assistance au pharaon égyptien Psammétique Ier.

aux réformes d'Ézéchias, et n'avait certainement pas été codifiée avant la compilation de l'histoire deutéronomique, vers la fin du VIIe siècle avant notre ère. Ce qui importe le plus dans l'exposé biblique n'est pas son manque d'exactitude historique, mais la prophétie rétrospective qu'il prononce. Un prophète judéen anonyme, réagissant contre Jéroboam et sa déclaration hérétique d'indépendance par rapport au temple de Jérusalem et à la « vraie religion », prononce l'oracle suivant, lancé à l'adresse de l'autel idolâtre de Béthel :

> « Autel, autel ! ainsi parle Yahvé : Voici qu'il naîtra à la maison de David un fils nommé Josias, il immolera sur toi les prêtres des hauts lieux qui ont offert sur toi de l'encens, et il brûlera sur toi des ossements humains » (1 R 13,2).

Béthel n'était pas un lieu de culte isolé mais l'un des principaux sanctuaires du grand rival de Juda, le royaume d'Israël. Comme centre du rituel et de la tradition nord-israélite, situé à moins de vingt kilomètres au nord de Jérusalem[5], ce lieu de pèlerinage et de dévotion faisait évidemment de l'ombre au temple de Jérusalem. L'hostilité permanente à l'égard de Béthel, exprimée par l'histoire deutéronomique, suggère qu'il était resté un lieu de culte important et actif, même après la conquête assyrienne du royaume d'Israël.

Un passage curieux du second livre des Rois évoque l'époque où des immigrants étrangers, installés à Béthel, priaient dans le sanctuaire :

> Le roi d'Assyrie fit venir des gens de Babylone, de Kuta, d'Avva, de Hamat et de Sepharvayim et les établit dans les villes de la Samarie à la place des Israélites ; ils prirent possession de la Samarie et demeurèrent dans ses villes. Au début de leur installation dans le pays, ils ne révéraient pas Yahvé et celui-ci envoya contre eux des lions, qui en firent un massacre. Ils dirent au roi d'Assyrie : « Les nations que tu as déportées pour les établir dans les villes de la Samarie ne connaissent pas le rite du dieu du pays, et il a envoyé contre elles des lions. Ceux-ci les font mourir parce qu'ils ne connaissent pas le rite du dieu du pays. » Alors le roi d'Assyrie donna cet ordre : « Qu'on fasse partir là-bas l'un des prêtres que vous en avez déportés, qu'il aille s'y établir et qu'il leur enseigne le rite du dieu du pays. » Alors vint l'un des prêtres qu'on avait déportés de Samarie et il s'installa à Béthel ; il leur enseignait comment ils devaient révérer Yahvé (2 R 17,24-28).

---

5. Identifié au tertre de Beitin, l'ancien site gît sous les constructions d'un village moderne. Il n'a pu être systématiquement fouillé. Effectués au début des années 1930, des sondages ont livré un nombre important de vestiges du Bronze et du Fer.

Comme nous l'avons mentionné, les réformes d'Ézéchias concernant le temple de Jérusalem, lors de l'immigration massive d'Israélites en provenance de la région de Béthel, devaient avoir pour objectif majeur de décourager les pèlerinages au sanctuaire concurrent et d'unifier une population hétéroclite par la création d'un culte national centralisé. Cependant, aussi longtemps que les Assyriens gouvernaient le territoire du défunt royaume du Nord – et aussi longtemps que Juda restait un vassal de l'Assyrie –, l'hostilité sudiste à l'encontre du sanctuaire de Béthel devait se cantonner dans la rhétorique.

Le retrait assyrien, sous le règne de Josias, fit rapidement évoluer la situation. D'un côté, la population locale était enfin libre de développer ses propres traditions, voire de reprendre son indépendance au sein d'un royaume nordiste d'Israël renaissant. De l'autre, libéré de la menace de la vengeance assyrienne, Juda pouvait tourner son regard vers le nord et mettre à exécution ses rêves de « refondation » d'un vaste royaume davidique. La description des réformes de Josias raconte avec quelle brutalité il s'est emparé de Béthel, profanant les tombeaux environnants, afin d'accomplir la prophétie :

> De même pour l'autel qui était à Béthel, le haut lieu bâti par Jéroboam fils de Nebat qui avait entraîné Israël dans le péché, il démolit aussi cet autel et ce haut lieu, il brûla le haut lieu et le réduisit en poussière ; il brûla le pieu sacré. Josias se retourna et vit les tombeaux qui étaient là, dans la montagne ; il envoya prendre les ossements de ces tombeaux et les brûla sur l'autel. Ainsi il le profana, accomplissant la parole de Yahvé qu'avait annoncée l'homme de Dieu qui avait annoncé ces choses (2 R 23,15-16).

La destruction du sanctuaire de Béthel et la restauration de la vraie foi dans le temple de Jérusalem, cet ancien lieu d'infamie, fut la première étape, la plus chargée de symbole, vers l'éradication de plusieurs siècles d'apostasie nordiste et la résurrection de la grande monarchie unifiée sous protection divine.

Privés de témoignages archéologiques irréfutables prélevés sur le site de Béthel, nous ne pouvons certifier la véracité de cette histoire dans tous ses détails. Mais, comme nous l'avons mentionné, des artefacts judéens, caractéristiques du VIIe siècle avant notre ère, comme des poids porteurs d'inscriptions, des figurines en forme de pilier, des vases céramiques d'un type particulier ont été découverts dans la région de Béthel, ce qui laisse supposer que l'influence méridionale s'y exerçait sous le règne de Josias. Deux détails de l'histoire deutéronomique suggèrent que, dans la conscience contemporaine, la conquête de Béthel faisait partie du devoir de Josias dans l'accomplissement de son héritage davidique. Premièrement, le seul monument épargné par Josias fut celui du prophète qui avait « anticipé » la destruction du sanctuaire qu'il venait d'accomplir. Le deuxième détail n'est pas moins parlant : le nom de Béthel figure parmi les localités auxquelles David avait distribué son butin après son raid contre les Amalécites (1 S 30,27). Josias semble avoir consciemment assumé le rôle d'un nouveau David. À son avènement, la tradition davidique n'était plus réservée à l'usage interne des seuls Judéens ; elle avait acquis la dimension d'une doctrine de guerre sainte en vue de l'imposition de son pouvoir absolu sur la totalité de la terre d'Israël.

L'histoire deutéronomique correspond donc à un programme politique, lequel, partant de la conquête de Josué et de la gouvernance des Juges, en passant par la montée de David, la monarchie unifiée, suivie de son effondrement lors des deux États séparés, aboutit à l'apogée du règne de Josias, le plus pieux de tous les rois davidiques. L'Empire assyrien s'était effondré ; l'Égypte ne paraissait concernée que par ses possessions littorales ; Juda était enfin libre d'accomplir ses rêves panisraélites. L'époque suscitait de grandes espérances, des jubilations exaltées. Sous le règne vertueux du nouveau David, sous les auspices du Temple de Salomon, l'ensemble du territoire et du peuple d'Israël allaient enfin former un État unique, ne vénérer qu'un Dieu unique, dans un Temple unique, sis à Jérusalem, avec les bénédictions divines et éternelles.

LA RECONSTRUCTION DE DAVID ET SALOMON

Le livre du Deutéronome et l'histoire deutéronomique, qui comprennent la saga de David et Salomon, ont été écrits en vue de servir la stratégie de réforme cultuelle de Josias et son idéologie territoriale (ou étatique). Qui porte la responsabilité de cette contribution essentielle à la tradition biblique ? Les savants ne s'accordent pas sur l'identité des meneurs de ce mouvement, mais le plus gros de la coalition des forces se distingue assez clairement. L'affirmation répétée de la sacralité du temple de Jérusalem indique que ses prêtres devaient jouer un rôle primordial dans la formulation et la promotion de l'idéologie deutéronomique. Le souci de l'équité sociale dans la relation entre les riches et les pauvres, qu'exprime le code deutéronomique, suggère l'intervention d'un foyer de résistance populaire contre les excès de la période assyrienne et l'avidité des profiteurs. Mais, avant tout, on constate une profonde vénération pour la dynastie davidique qui ne pouvait provenir que de ceux qui éprouvaient une profonde sympathie pour la cour royale. C'est pourquoi les histoires de David et Salomon – qui content les jours du pieux fondateur de la dynastie, l'établissement de Jérusalem comme capitale, les grandes conquêtes, la splendeur de la monarchie unifiée, la construction du Temple par son fils – ont été insérées au cœur de l'histoire deutéronomique.

Les récits originels consacrés aux pères fondateurs du royaume de Juda ont été largement repris et acceptés. Pourtant, l'exposé des fautes personnelles de David – qui auraient entraîné la damnation de n'importe quel autre chef selon les critères du Deutéronome – ne pouvait être totalement ignoré lors de la compilation des traditions populaires, des contes, mythes et légendes de l'ancien Israël, du Sud comme du Nord, au sein d'une histoire unique et définitive. Les deutéronomistes semblent avoir conservé la totalité ou la majeure partie du matériau d'origine, qui fut d'abord couché par écrit vers la fin du VIIIe et le début du VIIe siècle av. J.-C., en y ajoutant quelques formules oratoires (comme le défi de David à Goliath, 1 S 17,45-47), des commentaires d'éditeur, des détails de culture contemporaine et, bien entendu, une reformulation du récit de façon à lui faire servir leurs objectifs théologiques.

La nouvelle et composite épopée s'inspira d'un large éventail de traditions afin de cultiver un consensus national au sein de cercles auparavant dispersés – et de servir les objectifs de Josias désireux d'étendre son pouvoir sur des territoires qui avaient appartenu au royaume du Nord, un plan qu'il était parvenu à concrétiser pour le plateau benjaminite et les environs de Béthel. C'est la raison pour laquelle ont été conservées dans l'histoire les traditions nordistes concernant Saül – en dépit de leur ton négatif à l'égard de David –, la comparaison avec David ternissant et réduisant la stature de Saül.

Les deutéronomistes ont également retenu les récits primitifs sur la richesse, la sagesse et la grandeur de Salomon, qui s'inspiraient de l'âge d'or de l'impérialisme assyrien. Ces descriptions élaborées de fortunes et de pouvoirs inouïs servaient à montrer ce que l'avenir réservait encore à Juda, pourvu que la loi fût *à nouveau* observée et qu'une monarchie unifiée de tout Israël fût *à nouveau* restaurée. Mais l'histoire de Salomon (1 R 11,1-10) inclut aussi une sévère admonestation : le commerce mondialisé et l'internationalisme peuvent engendrer l'apostasie, et menacer l'identité et les traditions ancestrales de Juda.

Fidèle à son idéologie, l'auteur de la « loi du roi » du Deutéronome semble avoir instrumentalisé la grandeur et l'opulence de Salomon pour stigmatiser les rois qui mettaient la majesté plus haut que la droiture :

> Lorsque tu seras arrivé en ce pays que Yahvé ton Dieu te donne, que tu en auras pris possession et que tu y habiteras, si tu te dis : « Je veux établir sur moi un roi, comme toutes les nations d'alentour », c'est un roi choisi par Yahvé ton Dieu que tu devras établir sur toi, c'est quelqu'un d'entre tes frères que tu établiras sur toi comme toi, tu ne pourras par te donner un roi étranger qui ne soit pas ton frère. Mais qu'il n'aille par multiplier ses chevaux, et qu'il ne ramène pas le peuple en Égypte pour accroître sa cavalerie, car Yahvé vous a dit : « Vous ne retournerez jamais par ce chemin. » Qu'il ne multiplie pas le nombre de ses femmes, ce qui pourrait égarer son cœur. Qu'il ne multiplie pas à l'excès son argent et son or (Dt 17,14-17).

La leçon était dénuée d'ambiguïté : la sagesse et le Temple de Salomon étaient ce qui importait en lui. Le reste, les marques de pouvoir temporel qu'il chérissait tant – chevaux, femmes, richesses – n'étaient que coupables diversions de la fidèle observance de la volonté de Dieu, passée et présente.

La longue et fastidieuse description de la construction et du plan intérieur du Temple, laquelle – comme nous l'avons évoqué dans le chapitre précédent – pouvait dater d'une époque légèrement antérieure à Josias, avait dû servir à justifier son nettoyage systématique de tous les objets idolâtres, en démontrant que le Temple actuel, purifié, ressemblait en tout point au sanctuaire originel de Salomon, d'inspiration divine. D'ailleurs, il est noté, selon la formule caractéristique du deutéronomiste, que les barres de l'arche d'alliance dans le Temple de

Salomon « étaient assez longues pour qu'on vît leur extrémité depuis le saint des saints devant le Debir, mais pas en dehors de là. Elles y sont restées jusqu'à ce jour » (1 R 8,8).

Cette couche de révision deutéronomique a complété de façon substantielle le récit biblique des livres de Samuel et du premier livre des Rois, dédié à David et Salomon, et qui nous est familier aujourd'hui. De menus éléments y ont été ajoutés par la suite ; mais l'esprit et le ton général du récit – ainsi que les traces des couches précédentes de fabrication du mythe, d'invention du conte, de collecte des souvenirs, de développement idéologique et d'activité littéraire – sont demeurés intacts.

L'HÉRITAGE MESSIANIQUE

Les événements ont pris une tournure telle que le rêve deutéronomique originel fit long feu, au moins sur le plan terrestre. En 609 avant notre ère, le pharaon Neko II, fils et successeur de Psammétique Ier, prit la tête d'une expédition militaire d'envergure pour secourir l'Empire assyrien moribond en capturant de nouveau la cité de Harran, loin dans le nord du pays. Le second livre des Rois fournit un compte rendu bien laconique d'un événement qui allait pourtant avoir d'immenses répercussions, non seulement pour Juda et pour l'héritage davidique, mais pour l'histoire religieuse subséquente du monde occidental :

> De son temps, le pharaon Neko, roi d'Égypte, monta vers le roi d'Assyrie, sur le fleuve de l'Euphrate. Le roi Josias se porta au-devant de lui mais Neko le fit périr à Megiddo. Ses serviteurs transportèrent son corps en char depuis Megiddo, ils le ramenèrent à Jérusalem et l'ensevelirent dans son tombeau (2 R 23,29-30).

On ne peut que spéculer sur les raisons de cette exécution ; en effet, l'événement n'est rapporté nulle part ailleurs que dans la Bible[6]. Fut-elle provoquée par le comportement audacieux de Josias à l'égard du

---

6. Le second livre des Chroniques rapporte que Josias serait tombé à Megiddo lors d'une *bataille* qu'il aurait livrée contre Neko, mais nous préférons le témoignage plus contemporain des Rois à l'exposé des Chroniques, bien plus tardif, puisqu'il date du IVe siècle avant notre ère.

pharaon – qui attendait peut-être du roi de Juda qu'il lui prêtât serment de fidélité – ou de possibles rapports hostiles sur les incursions interdites et les visées expansionnistes de Juda dans la Shefelah et les hautes terres du Nord ? On ne le saura sans doute jamais. Une chose est claire : même si le fils de Josias, Joachaz, fut sacré comme successeur légitime de la lignée de David, le terme hébreu pour « oint de Dieu », *mashiach* (messie), allait dorénavant changer de signification. Les partisans de Josias avaient investi un tel espoir dans sa destinée de nouveau David, ils étaient tellement sûrs de l'inévitabilité du triomphe de la promesse divine, que la mort de leur souverain des mains du pharaon provoqua un traumatisme national inguérissable. Même le nom du lieu de son exécution, Megiddo, sera maudit à jamais. Har Megiddo (« le mont Megiddo »), devenu « Armageddon » des siècles plus tard dans sa traduction grecque, allait rester dans les mémoires comme le lieu fatidique où les forces du mal et les forces du bien étaient destinées à se livrer une bataille dont l'issue allait déterminer le sort du monde. Un jour, un roi de justice, de la lignée de David, reviendra à l'endroit où a péri le dernier roi de justice, descendant de David. La mort de Josias, en 609 avant notre ère, a donné naissance à l'eschatologie judéo-chrétienne et au messianisme davidique.

Les jours du royaume de Juda étaient comptés. En 597 avant notre ère, l'armée babylonienne mit le siège devant Jérusalem. Le roi Joiakîn, avec son entourage de prêtres et de nobles, fut déposé et exilé. Onze ans plus tard, Jérusalem et son Temple furent incendiés, mettant un terme final au règne de la dynastie davidique. Mais, en dépit de ces destructions et de l'exil de son élite, l'histoire du royaume de Juda survécut dans le récit de l'épopée biblique qui avait atteint sa forme quasiment définitive, bien qu'encore inachevée. La légende de David et Salomon, qui occupe le centre de la saga de la rédemption d'Israël, allait être dite et redite pendant des siècles et des siècles, perdant de plus en plus son lien avec l'histoire à mesure qu'elle gagnait une dimension cosmique et une signification spirituelle dont elle n'allait jamais plus se départir.

Troisième partie

Comment la légende a façonné l'histoire

7

Les saints patrons du Temple

De la propagande royale à l'idéal religieux

(Du VIe au IVe siècle av. J.-C.)

Si leur légende a été inventée et transformée pour servir les préoccupations politiques d'une dynastie de l'âge du Fer, éteinte depuis des lustres, comment se fait-il que l'histoire de David et Salomon nous émeut encore ? La réponse tient dans sa transformation graduelle, d'un simple programme politique, en l'incarnation symbolique d'une foi religieuse qui allait se répandre à travers le monde. En effet, la mort de Josias à Megiddo, suivie, vingt-trois ans plus tard, en 586 avant notre ère, de la destruction de Jérusalem, ont non seulement ébranlé le mythe de la dynastie davidique mais également mis un terme définitif à son utilitarisme politique. Jérusalem n'allait plus jamais être gouvernée par un roi davidique ni détenir le pouvoir de gouvernement. Dorénavant, de grands empires allaient dominer le Proche-Orient. La résurrection d'un royaume davidique – comme en rêvaient Josias et les deutéronomistes – allait devenir impensable. De puissants empires allaient se succéder les uns aux autres pour exercer leur contrôle sur les terres et les populations de la région : les Perses allaient succéder aux Babyloniens, avant de céder la place aux grands royaumes hellénistiques d'Égypte et de Syrie.

Des cités allaient grandir, de nouvelles économies se développer, de nouvelles identités ethniques et de nouvelles visions de l'histoire émerger. Pourtant, l'histoire de David et Salomon resta inoubliable.

Elle offrait une image éternelle de pères fondateurs, d'un âge d'or et d'une promesse divine qui allaient admirablement servir de nouvelles fonctions idéologiques, dont n'auraient pu rêver les bardes de la cour de la Jérusalem du IXe siècle, ni les sujets des rois Ézéchias et Manassé, ni les deutéronomistes du temps de Josias. L'accent allait être transféré, de la préoccupation politique et dynastique du présent, à une vision plus universelle de rédemption, qui n'allait plus reposer sur une royauté terrestre, mais sur une profession de foi religieuse.

Pendant quelques générations après la destruction de Jérusalem, l'espoir d'une restauration imminente de la maison de David brillait encore, au moins dans certains cercles, en dépit de son insignifiance croissante. Jérusalem gisait en ruine. L'élite du royaume vivait en exil, ayant rejoint des groupes antérieurs de déportés judéens (dont les courtisans du petit-fils de Josias, le roi Joiakîn) qui avaient été installés au cœur de la Babylonie[1]. Pourtant, dans les communautés des exilés à Babylone et chez les survivants demeurés dans la province de Juda en ruine, une activité de création scripturaire se poursuivait – fondée en partie sur les textes traditionnels du royaume, en partie sur de nouvelles visions et de nouveaux oracles prophétiques –, afin de maintenir vivantes les traditions de la dynastie davidique déposée. Au moins chez les exilés à Babylone, le petit-fils de Josias, Joiakîn, continuait à être considéré comme l'héritier légitime de David[2] ; l'espoir de son éventuel retour sur le trône de Juda perdurait. La persistance de cette croyance en dépit du triomphe (apparemment inébranlable) du pouvoir impérial babylonien exigeait une justification de plus en plus métaphysique. Et la tradition de David et Salomon, sur laquelle reposaient les fondements de l'idéologie royale judéenne, commença à subir une série de métamorphoses qui allaient la transformer, d'une plate-forme politique, en un idéal d'unité religieuse.

La première étape consista en une révision, dont le besoin se faisait urgemment sentir, de l'histoire deutéronomique. Il y a plusieurs décennies, le bibliste américain, Frank Moore Cross, distinguait deux strates principales dans sa composition, reflets d'un processus de création littéraire. La couche la plus ancienne, qu'il appela Dtr^1,

1. Pour un estimatif du nombre d'exilés, voir l'Appendice G.

2. Le prophète Ézéchiel, qui appartenait aux exilés, datait ses oracles par les années d'exil de Joiakîn (Ez 1,2 ; 33,21 ; 40,1), une formule de datation qui suggère une allégeance continue au roi en exil.

représente la compilation d'origine, celle qui exprime l'idéologie et la vision historique du Juda monarchique. Comme nous l'avons suggéré dans le chapitre précédent – avec l'apport de données archéologiques qui confirment l'essentiel de la théorie originale de Cross –, cette version de la tradition de David et Salomon s'est cristallisée sous le règne de Josias pour en valider et en accélérer l'ambitieux programme politique. Mais, avec sa mort et la conquête de Juda par Babylone, la grande stratégie de Josias étant réduite à néant, pour conserver son autorité, l'histoire deutéronomique se devait d'avancer quelques explications. Pourquoi Josias n'avait-il pu unifier toute la terre d'Israël sous son royal patronage ? Comment un roi judéen d'une piété aussi parfaite avait-il pu périr de la main d'un monarque étranger ? Pourquoi le Dieu d'Israël avait-il permis aux Babyloniens de profaner et d'incendier le Temple, et de détruire Jérusalem ? Une remise à niveau de l'histoire deutéronomique s'imposait. Écrite en exil, cette version rallongée fut baptisée par Cross et d'autres savants Dtr^2.

Avec quelques retouches et rajouts éditoriaux, le récit se poursuit, incluant la mort de Josias et la catastrophe de 586 avant notre ère. Le plus gros du message deutéronomique fut ainsi reformulé. Au lieu des espérances soulevées par Josias en tant que successeur de David, la destruction du royaume et l'exil à Babylone devinrent des éléments essentiels de l'histoire d'Israël. Des passages prémonitoires, annonciateurs de l'exil, furent insérés ici et là dans l'histoire deutéronomique. Quant à l'échec des réformes de Josias et à la destruction du royaume de Juda, l'entière responsabilité en fut mise sur le compte de l'irrémédiable félonie de Manassé, que tout Israël allait devoir expier, en dépit de la droiture de Josias :

> Alors Yahvé parla ainsi par le ministère de ses serviteurs les prophètes : « Parce que Manassé, roi de Juda, a commis ces abominations, qu'il a agi plus mal que tout ce qu'avaient fait avant lui les Amorites et qu'il a entraîné Juda lui aussi à pécher avec ses idoles, ainsi parle Yahvé, Dieu d'Israël : Voici que je fais venir sur Jérusalem et sur Juda un malheur tel que les deux oreilles en tinteront à quiconque l'apprendra. Je passerai sur Jérusalem le même cordeau que sur Samarie, le même niveau que pour la maison d'Achab, j'écurerai Jérusalem comme on écure un plat, qu'on retourne à l'envers après l'avoir écuré. Je rejetterai le restant de mon héritage, je les livrerai entre les mains de leurs ennemis… » (2 R 21,10-14.)

De fait, l'histoire d'Israël et le sort final de la maison de David – tels que les présente l'histoire deutéronomique – arrivent à leur conclusion, non pas à Jérusalem, mais dans la lointaine Babylone, par une note discrète mais pleine d'espoir sur la libération de prison du roi Joiakîn, « en la trente-septième année » de sa déportation, soit en 561 avant notre ère (2 R 25,27-30).

UNE RENAISSANCE PROPHÉTIQUE

La dynastie davidique conserva son rôle central dans les expressions littéraires de l'identité judéenne mais, avec l'effondrement du royaume et la chute de la dynastie, ces expressions prirent une orientation de plus en plus poétique et métaphorique. On trouve certaines des plus éloquentes et des plus touchantes professions de foi dans la restauration davidique dans des œuvres prophétiques du VIe siècle, qui tendent à insister davantage sur la régénération nationale que sur une légitimité purement dynastique ou une stratégie politique à court terme. Bien qu'attribué au prophète de la fin du VIIIe siècle av. J.-C., le livre d'Isaïe inclut des matériaux qui expriment les espoirs des générations ultérieures qui vont jusqu'à au moins la fin du VIe siècle. L'image du retour du David rédempteur a pris une dimension cosmique et globale, qui déborde largement les limites du sort politique des héritiers en droite ligne du fils de Jessé, le berger béthléémite :

> Un rejeton sortira de la souche de Jessé,
> un surgeon poussera de ses racines.
> Sur lui reposera l'Esprit de Yahvé,
> esprit de sagesse et d'intelligence,
> esprit de conseil et de force,
> esprit de connaissance et de crainte de Yahvé :
> son inspiration est dans la crainte de Yahvé.
> Il jugera mais non sur l'apparence.
> Il se prononcera mais non sur le ouï-dire.
> Il jugera les faibles avec justice,
> il rendra une sentence équitable pour les humbles du pays.
> Il frappera le pays de la férule de sa bouche,
> et du souffle de ses lèvres fera mourir le méchant.
> La justice sera la ceinture de ses reins,
> et la fidélité la ceinture de ses hanches.

> Le loup habitera avec l'agneau,
> la panthère se couchera avec le chevreau.
> Le veau, le lionceau et la bête grasse iront ensemble,
> conduits par un petit garçon.
> La vache et l'ourse paîtront,
> ensemble se coucheront leurs petits.
> Le lion comme le bœuf mangera de la paille.
> Le nourrisson jouera sur le repaire de l'aspic,
> sur le trou de la vipère le jeune enfant mettra la main.
> On ne fera plus de mal ni de violence sur toute ma montagne sainte,
> car le pays sera rempli de la connaissance de Yahvé,
> comme les eaux couvrent le fond de la mer.
> Ce jour-là, la racine de Jessé, qui se dresse comme un signal pour les peuples,
> sera recherchée par les nations, et sa demeure sera glorieuse (Is 11,1-10).

Une prophétie de Jérémie n'est pas moins surprenante dans sa vision d'une restauration davidique due à une complète transformation morale de la société judéenne, vivant en paix et en sécurité sur sa terre :

> Voici venir des jours – oracle de Yahvé –
> où je susciterai à David un germe juste ;
> un roi régnera et sera intelligent,
> exerçant dans le pays droit et justice.
> En ses jours, Juda sera sauvé
> et Israël habitera en sécurité.
> Voici le nom dont on l'appellera :
> « Yahvé-notre-Justice » (Jr 23,5-6).

Dans une célèbre prophétie d'Ézéchiel, le thème du berger – fondé sur le passé historique et pastoral de Juda dans les hautes terres – devient la métaphore d'un gouvernement moral et bienveillant :

> Je susciterai pour le mettre à leur tête un pasteur qui les fera paître, mon serviteur David : c'est lui qui les fera paître et sera pour eux un pasteur. Moi, Yahvé, je serai pour eux un Dieu, et mon serviteur David sera prince au milieu d'eux. Moi, Yahvé, j'ai parlé. Je conclurai avec eux une alliance de paix, je ferai disparaître du pays les bêtes féroces. Ils habiteront en sécurité dans le désert, ils dormiront dans les bois (Ez 34,23-24).

Ces versets reflètent un espoir généralisé de rédemption qui déborde de loin les objectifs territoriaux et stratégiques de la dynastie davidique. Au VIe siècle av. J.-C., l'ère des petits royaumes indépendants avait cédé la place aux grands empires concurrents. Le règne de Babylone sur le Proche-Orient ne tarda pas à être remis en question. En Perse occidentale, les Mèdes s'emparèrent des hautes vallées du Tigre et de l'Euphrate. Ils furent à leur tour renversés par les Achéménides de la Perse méridionale, menés par Cyrus le Grand (559-530 av. J.-C.), qui lança ses troupes en direction de l'est et de l'ouest pour se tailler un empire à la mesure de ses ambitions. La communauté judéenne de Babylone, d'Égypte et de Juda suivait de près ces développements, qu'elle considérait comme des preuves d'un plan divin sur une échelle bien plus vaste qu'auparavant. Certains, comme l'auteur de la prophétie d'Isaïe (45,1), allèrent jusqu'à déclarer que le roi de Perse – plutôt que le descendant de David – était le sauveur, l'oint de Dieu pour la rédemption du monde. En 539 avant notre ère, quand Cyrus conquit Babylone, la fortune politique sourit de nouveau à la dynastie davidique.

Quand il établit une nouvelle base pour son empire, Cyrus rejeta la vieille politique babylonienne de déportation et d'exil. Dans leur vaste empire, les Perses toléraient, voire encourageaient les cultes locaux ; ils laissaient une large autonomie aux élites régionales qui leur restaient loyales. De fait, Cyrus émit un édit autorisant les exilés judéens à retourner à Jérusalem et à y rebâtir leur Temple. Sur cette période, nous devons nous contenter du témoignage du livre d'Esdras, lequel, bien que tardif, correspond bien à la politique contemporaine des Perses concernant la restauration d'autres sanctuaires régionaux. Les ustensiles du Temple furent remis à « Sheshbaççar, le prince de Juda », qui fut nommé gouverneur de la nouvelle province perse de Yehoud, qui sera dorénavant le nom de Juda (Esd 1,8 ; 5,14). Parmi ceux qui revinrent à Jérusalem, se trouvaient des membres éminents de la communauté en exil (Esd 2,2 ; 3,2), dont un prêtre nommé Josué, fils de Yoçadaq et un prince davidique, Zorobabel, petit-fils de Joiakîn[3]. L'espoir d'une restauration de la vie nationale de Juda sous la direction de la dynastie davidique était au zénith. Mais survint une série de développements importants qui allaient mettre un terme définitif aux prétentions terrestres de la dynastie davidique ; c'est alors

3. Son lignage davidique est mentionné dans 1 Chroniques 3,19. Son nom, qui signifie en akkadien « semence de Babylone », témoigne du degré d'assimilation dans la société babylonienne de l'élite judéenne – y compris l'aristocratie davidique – après un exil d'à peine quelques décennies.

que débuta la transformation du culte national judéen en une religion que nous connaissons à présent sous le nom de judaïsme.

LES DERNIÈRES LUEURS DE LA ROYAUTÉ DAVIDIQUE

Lors du retour de Babylone de vagues successives d'exilés judéens, la province de Yehoud n'était que l'ombre du royaume de Juda qui l'avait précédée[4]. Ses frontières avaient rétréci, sa population, considérablement diminué ; Jérusalem, en ruine, avait cessé d'être une capitale d'État et un centre de culte ; son économie n'était ni diversifiée ni développée. L'agriculture constituait l'essentiel de la production, à part peut-être un peu d'artisanat dans les villages.

Les récentes prospections archéologiques ont livré un tableau assez réaliste de la situation démographique durant cette période. Elles confirment assez les quelques détails des textes bibliques. Le second livre des Rois et le livre de Jérémie nous précisent qu'après la destruction de Jérusalem, en 586 avant notre ère, le gouvernement de la population restante se faisait depuis la ville de Miçpa, à environ treize kilomètres au nord de Jérusalem. Les fouilles de Tell en-Nabesh – site de la Miçpa biblique, proche de la moderne Ramallah – ont prouvé que la ville avait été épargnée lors de la campagne babylonienne et qu'elle était devenue le centre urbain le plus important de la région. D'ailleurs, d'autres sites environnants, au nord de Jérusalem, comme Béthel et Gabaôn, étaient toujours occupés au début du VIe siècle et ne portent aucune trace de destruction due à la campagne babylonienne.

En revanche, les alentours de Jérusalem étaient complètement dévastés. Des fouilles approfondies, à Jérusalem, ont démontré que la cité avait été systématiquement détruite par les Babyloniens, et que ses environs immédiats n'avaient été que très faiblement peuplés pendant des décennies. Vers le sud, autour de Bethléem, la vie rurale semble s'être poursuivie sans interruption, l'habitat consistant surtout en petits hameaux, ne s'étendant pas plus loin que Bet-Çur. La population de la province était beaucoup plus réduite qu'au siècle précédent. L'historien israélien Oded Lipschits a analysé les données

4. Voir l'Appendice G pour plus de détails sur le nombre des Judéens revenus d'exil et sur la superficie et le statut de la province de Yehoud dans la période postexilique.

archéologiques de cette période. Il estime que la surface bâtie de l'ensemble de Yehoud ne dépassait pas cent quarante hectares. En multipliant ce nombre par un facteur de densité de deux cents personnes par hectare (c'est une moyenne largement admise pour une population rurale dans les sociétés prémodernes du Proche-Orient), nous obtenons un peuplement total d'environ trente mille habitants, autrement dit, environ quarante pour cent du Juda de la fin de la monarchie. Pour résumer, la province de Yehoud qui accueillit ceux qui revenaient de Babylone se résumait à un paysage rural, peuplé de petites communautés éparses de survivants, et aux ruines de ce qui avait jadis été le Temple et la capitale d'un royaume.

Les livres d'Esdras et de Néhémie, si on leur ajoute les prophéties d'Aggée et de Zacharie, décrivent un tableau fragmentaire des premières tentatives de restauration du temple de Jérusalem – un processus sans cesse interrompu, entrepris sous l'œil sourcilleux de l'administration perse, en butte à l'hostilité des peuples voisins et aux soupçons de la population locale qui craignait de se faire déposséder ou dominer par les anciens exilés. Quoi qu'il en soit, c'est au sein de cette minuscule communauté qu'a eu lieu un développement majeur de la tradition religieuse occidentale.

Zorobabel, l'héritier davidique, participa à la première étape de la restauration du Temple avec la pose des fondations. Quelques années plus tard, alors que faisaient rage des révoltes dans tout l'Empire perse, le maison de David réoccupa le devant de la scène. La détresse de Darius confronté à des rébellions qui avaient éclaté en Médie, en Babylonie, en Égypte et en Asie Mineure ranima chez des prophètes judéens l'espoir d'un bouleversement mondial proche : peut-être le moment était-il venu de cette restauration davidique tant espérée. Zorobabel, nommé entre-temps gouverneur de Yehoud, fit l'objet d'un renouveau des espérances messianiques. Le prophète Aggée l'identifie clairement comme le sauveur davidique tant attendu, destiné à initier une nouvelle ère :

> Parle ainsi à Zorobabel, le gouverneur de Juda. Je vais ébranler cieux et terre. Je vais renverser les trônes des royaumes et détruire la puissance des royaumes des nations. Je renverserai la charrerie et ses équipages ; les chevaux et leurs cavaliers seront abattus, chacun sous l'épée de son frère. En ce jour-là – oracle de Yahvé Sabaot – je te prendrai, Zorobabel, fils de Shéaltiel, mon serviteur –

> oracle de Yahvé – et je ferai de toi comme un anneau à cachet. Car c'est toi que j'ai choisi, oracle de Yahvé Sabaot (Ag 2,21-23).

Le prophète Zacharie attribue à Zorobabel le succès de l'achèvement du Temple, en utilisant la métaphore poétique de Jérémie sur « la germe juste » en référence à l'héritier davidique :

> Voici un homme dont le nom est Germe ; là où il est, quelque chose va germer et il construira le Temple de Yahvé. C'est lui qui reconstruira le Temple de Yahvé, c'est lui qui portera les insignes royaux. Il siégera sur son trône en dominateur, et il y aura un prêtre à sa droite. Une paix parfaite régnera entre eux deux (Za 6,12-13).

Il est intéressant de noter que Zacharie voit le rétablissement de Jérusalem sous la direction conjointe d'un roi et d'un prêtre. Le temple de Jérusalem fut terminé et consacré vers 516 avant notre ère. Ensuite, Zorobabel sort de la scène historique. Nous ignorons si sa disparition fut due aux troubles provoqués par ces espérances messianiques ou à la crainte des autorités perses (ou de voisins hostiles) que le prestige croissant d'un chef davidique puisse représenter un danger pour les intérêts impériaux, ou à d'autres raisons, tout aussi obscures. Une chose est sûre : après la fin du VIe siècle avant notre ère, la maison terrestre de David ne fit plus partie de la vie politique de Yehoud. Aucun descendant de la lignée de David et Salomon ne tentera de nouveau de régner à Jérusalem. Quant à la tradition davidique et salomonique, elle ne servira plus jamais les intérêts d'une dynastie familiale dont l'existence ininterrompue remontait à cinq siècles. Dorénavant, David et Salomon allaient appartenir à l'éternité. Et une vision radicalement différente de ces pères fondateurs allait naître.

DES ROIS AUX PRÊTRES

Tout au long du Ve siècle avant notre ère, Jérusalem reprit lentement sa dimension de cité du Temple et de capitale excentrée d'une petite province impériale. Les vestiges de cette période sont modestes, se limitant au pourtour du promontoire de la Cité de David où se dressait l'établissement des débuts du Fer. Comme le suggère l'archéologue David Ussishkin, on peut raisonnablement présumer que la reconstruction des murailles de Jérusalem, décrite par le livre de Néhémie (3,1-32), fait référence à des travaux de rénovation des fortifications élevées jadis par Ézéchias ; pourtant, la population de la cité s'était considérablement réduite. La ville de belle dimension, couvrant une soixantaine d'hectares, qu'était la Jérusalem d'avant la destruction babylonienne, ne faisait plus, à la période perse, qu'un dixième de sa superficie initiale.

À son centre, se dressait ce qui représentait son unique raison d'être : le Temple restauré, dont les activités cultuelles se déroulaient dans l'enceinte sacrée. Sans roi pour diriger la nation, un système duel de gouvernance fut établi pour administrer la province de Yehoud. Nommé par la Perse, le gouverneur régissait l'administration séculière comme le prélèvement des impôts ; la clergé du Temple, dirigé par un grand prêtre, supervisait le sacrifice et la collecte des offrandes. Cette dualité apparaît déjà dans la division du pouvoir entre le gouverneur Zorobabel et le grand prêtre Josué, à la fin du VIe siècle av. J.-C. (Ag 1,1). La responsabilité des écrits sacrés de la communauté, de leur révision et de leur mise à jour régulière, ainsi que la production de nouvelles œuvres faisaient partie des activités religieuses des prêtres. Les livres des Chroniques comptent parmi les plus importants travaux historiques nouveaux ; malgré la disparition de leur dynastie, David et Salomon y occupent une place centrale.

La plupart des biblistes s'accordent sur le fait que les Chroniques (une œuvre unique en deux volumes) sont dues aux cercles du temple de Jérusalem, mais l'époque exacte de leur composition n'est pas aussi claire. Dans la mesure où leurs derniers versets mentionnent l'édit de Cyrus concernant la reconstruction du Temple, elles doivent dater d'après 539 av. J.-C. Un autre indice repousse la composition à une date ultérieure : une référence à la monnaie perse, la darique, en relation avec les contributions versées au Temple (1 Ch 29,7), n'aurait pu être écrite avant la première apparition de cette pièce, sous le règne de Darius, en 515. La date de composition doit se situer entre la fin du VIe siècle et le début de la période hellénistique, vers 300 avant notre ère. Les Chroniques n'ont pas subi l'influence de la culture et de la langue grecque ; elles doivent donc dater d'avant la période hellénistique. Contrairement aux livres d'Esdras et de Néhémie, elles ne font que peu référence aux institutions caractéristiques de l'Empire perse, qui disparurent de Yehoud en 332 avant notre ère, quand Alexandre le Grand conquit la province[5]. Compte tenu de tous ces éléments, la plupart des savants ont opté pour une date de composition des Chroniques située entre la moitié et la fin du IVe siècle avant notre ère, sans exclure la possibilité que des matériaux plus anciens y aient été inclus.

Quoi qu'il en soit, les livres des Chroniques ont été écrits à Jérusalem, bien après – trois siècles, peut-être – la compilation de l'histoire deutéronomique. Les circonstances extérieures n'étaient plus du tout les mêmes : le pouvoir n'était plus détenu par un roi davidique ; Yehoud appartenait à un vaste empire ; la communauté de Jérusalem était dirigée par des prêtres. Il n'est donc guère surprenant que ces œuvres littéraires expriment des idéaux et des objectifs différents de ceux des livres plus anciens de Samuel et des Rois. Privé d'un roi davidique comme guide de la communauté, sans espoir d'indépendance à l'ère des grands empires, le Temple occupe une place centrale dans l'identité communautaire. Ses prêtres ont pris en charge la direction spirituelle et sociale de Yehoud. Cependant, malgré tous ces changements, David et Salomon restent au centre du récit des Chroniques. Pourquoi cela ?

LA VERSION DES CHRONIQUES

Les Chroniques nous présentent un David et un Salomon radicalement différents, dépouillés de la complexité de leurs traits de caractère, débarrassés de leurs trop humaines fragilités. Un coup d'œil superficiel pourrait conduire à penser que la description des Chroniques se contente de répéter l'exposé de Samuel et des Rois avec d'autres mots, en omettant certain matériaux d'origine et en élaborant de nouveaux thèmes. En réalité, l'histoire des fondateurs de la dynastie hié-

---

5. Des biblistes comme Hugh Williamson, de l'université d'Oxford, font observer que, sur de nombreux points importants, l'auteur des Chroniques exprime un point de vue différent de ceux des livres d'Esdras et de Néhémie. Apparemment, les Chroniques et Esdras/Néhémie, bien qu'écrits vers la même période, exposent des idéologies différentes, mais qui ne s'opposent pas mutuellement. Leurs auteurs appartenaient à la même communauté de la Jérusalem postexilique, mais ils ne portaient pas exactement le même regard sur l'histoire israélite et sur les besoins de leur propre communauté.

rosolymite telle que nous la présentent les Chroniques est loin d'être une simple copie conforme. Des pans majeurs du récit de Samuel et des Rois – comme la montée de David au pouvoir, la succession de Salomon sur le trône de David, l'apostasie du vieillard Salomon – ont disparu des Chroniques. Elles omettent les services rendus aux Philistins par leur vassal, David, les assassinats et les conflits qui ont accompagné sa montée au pouvoir ; elles effacent sa liaison adultère avec Bethsabée et la rébellion d'Absalom ; les flirts de Salomon avec le paganisme sous l'influence de ses épouses étrangères se sont évanouis. Le récit n'a pas été seulement abrégé. Tous les détails critiques ou peu flatteurs à l'égard de David et Salomon ont été omis, de façon intentionnelle et sélective. Chaque épisode d'une nature propre à projeter une ombre négative sur David et Salomon a été coupé, au profit d'une peinture sans tache de monarques sanctifiés. Quant au matériau rajouté par les Chroniques, absent de l'histoire deutéronomique, il tourne presque exclusivement autour du Temple et de son personnel.

Dans les Chroniques, le Temple représente l'accomplissement de la promesse divine faite à David, qui cesse d'être un espoir lointain pour devenir une réalité vivante. Plus de la moitié des chapitres historiques des Chroniques (à l'exclusion des généalogies qui débutent le premier livre) est consacrée à l'époque de la monarchie unifiée. L'exposé est presque entièrement dédié à la construction du Temple, à son mobilier, à ses rituels. Il ne s'agit pas ici d'une simple accumulation de détails. La signification de l'élection de David et du règne de Salomon n'est plus centrée sur le pouvoir terrestre et la conquête territoriale, mais sur l'établissement du culte dans le Temple. Le prestige de David et Salomon est mis entièrement au service d'une légitimité ecclésiastique. Il s'agit de démontrer au peuple de la province de Yehoud et aux communautés de même lignage, dispersées à travers le Proche-Orient – que l'on désigne de plus en plus par l'appellation de « Yehoudim » ou « Juifs » – que la rédemption tant attendue ne repose plus sur un espoir de restauration dynastique, mais sur le rituel et le code légal du temple de Jérusalem.

Pour les auteurs des Chroniques, le Temple est au cœur même de l'identité israélite ; il concrétise l'essentiel de l'accomplissement du plan éternel divin. Le rôle joué par David dans la construction du Temple et dans la formation de son personnel y est beaucoup plus déterminant que dans l'histoire deutéronomique. Le récit du transfert de l'arche d'alliance à Jérusalem (1 Ch 15-16) est émaillé d'instructions détaillées sur les rôles respectifs des prêtres et des lévites dans les activités rituelles – musiques, sacrifices, cantiques, etc. –, lesquelles sont totalement absentes de la version du même événement dans 2 Samuel 6. En outre, David y prend une part beaucoup plus active dans la construction même du Temple. Alors que la version précédente l'avait disqualifié pour y contribuer directement « à cause de la guerre qu'ils [ses ennemis] lui ont faite de tous côtés » (1 R 5,17), le David des Chroniques se voue entièrement au projet en tant que concepteur, architecte et maître d'œuvre. En résumé, il y est introduit comme étant le vrai fondateur du Temple et de son culte.

David convoque une assemblée générale pour annoncer publiquement la début de son entreprise et en faire un plan détaillé :

> David donna à son fils Salomon le modèle du vestibule, des bâtiments, des magasins, des chambres hautes, des pièces de fond à l'intérieur, de la salle du propitiatoire ; il lui donna aussi la description de tout ce qu'il concevait concernant les parvis du Temple de Yahvé, les pièces du pourtour, les trésors du Temple de Dieu et les saintes réserves [...] l'ensemble selon ce que Yahvé avait écrit de sa main pour faire comprendre tout le travail dont il donnait le modèle (1 Ch 28,11-19).

Ces éléments élaborés faisaient partie du plan au sol du Temple et du rituel en vigueur dans la Jérusalem postexilique. L'exposé du rôle central attribué à David dans la construction avait pour objectif de relier l'autorité des prêtres et la sacralité du culte aux actions du père fondateur. Il s'agissait d'élever et de promouvoir la classe sacerdotale comme véritable objet de la promesse faite à David – à la place de la monarchie disparue.

Salomon aussi sert de fondateur et d'animateur des pratiques ultérieures du Temple, davantage encore que dans la version antérieure du récit. Dans les Chroniques, l'opulence, la sagesse, la puissance de Salomon sont vouées presque entièrement au Temple. Oubliées les intrigues qui avaient entouré son accession au trône ; son règne se résume par une unique mission : terminer la construction du Temple et mettre en œuvre le plan élaboré pour ses opérations, de la même manière que Josué avait hérité du pouvoir de commander les fils d'Israël afin de faire observer les Lois reçues par Moïse au sommet du

Sinaï. Pour les auteurs des Chroniques, le Temple et la Dynastie sont inséparables ; la promesse faite à David est conditionnée à l'achèvement du Temple et à son fonctionnement, selon le rituel dicté par la Loi. L'héritage du peuple d'Israël n'est plus un royaume davidique terrestre mais – par l'observance des Lois et du rituel du temple de Jérusalem – le royaume de Dieu.

C'est ainsi qu'au IVe siècle avant notre ère, époque de la composition des Chroniques, s'opère un total renversement de la signification de la tradition davidique et salomonique. Auparavant, le Temple et son culte servaient à rehausser le prestige politique de la dynastie davidique, aussi longtemps qu'elle régnait sur le royaume de Juda ; à présent, la nostalgie d'un royaume indépendant sert de piédestal à la centralité du Temple et de ses rituels, dans la vie du Yehoud postexilique et dans l'imagination spirituelle des communautés de Yehoudim – de Juifs – à travers l'ancien monde.

ENCORE LA SAMARIE

De nombreux biblistes ont suggéré que la transformation de l'image de David et Salomon dans les Chroniques avait été motivée, non seulement par les efforts de la classe sacerdotale de Jérusalem pour sécuriser leur statut à l'intérieur de Yehoud, mais aussi par le souci de vaincre la rivalité politique et religieuse du Nord. Les souverains perses avaient conservé les divisions administratives établies par leurs prédécesseurs babyloniens et assyriens ; ils avaient donc organisé le territoire situé immédiatement au nord de la province de Yehoud, cœur de l'ancien royaume nordiste d'Israël, comme la province de Samarie. Les membres de sa population composite, rassemblant les anciens Israélites qui n'étaient pas partis en exil et les groupes étrangers installés dans la région par les Assyriens, étaient à présent connus sous le nom de Samaritains.

Les livres d'Esdras et de Néhémie évoquent l'hostilité permanente des Samaritains contre le projet de reconstruction de Jérusalem et du Temple. La défiance était réciproque. Les Samaritains se considéraient comme les héritiers du royaume du Nord, comme les membres des tribus de Manassé et d'Éphraïm qui n'avaient pas été déportés par les Assyriens. Par contraste, la classe sacerdotale de Jérusalem les regardait comme des étrangers, des païens, les descendants d'immigrants étrangers qui avaient été installés de force dans cette région par les rois assyriens.

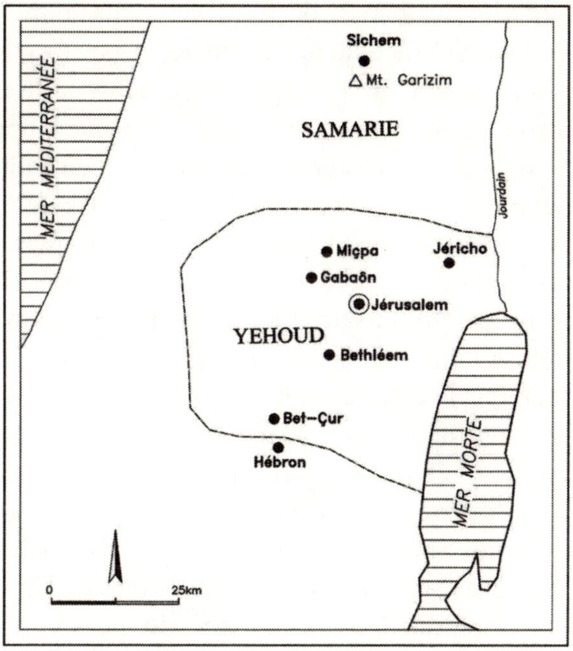

Les provinces perses de Yehoud et Samarie.

La vérité historique se cache quelque part entre ces deux extrêmes. Quelle qu'ait pu être leur relation généalogique avec les habitants du royaume nordiste d'Israël, les population des hautes terres du Nord manifestaient leur profond attachement aux traditions du peuple d'Israël par l'adoption d'une version distincte et sectaire des cinq livres de Moïse, le Pentateuque samaritain. Les traditions liées aux localités nordistes comme Sichem et Béthel ainsi que des personnages bibliques comme Jacob, Joseph et Josué étaient connectés de façon explicite au Nord.

Au moment de la composition des Chroniques, le royaume nordiste n'était plus qu'un vague souvenir, les Assyriens l'ayant détruit quatre siècles auparavant. Mais le reliquat de pouvoir religieux et politique dont jouissait encore Samarie restait une préoccupation majeure pour les dirigeants de Yehoud. Les prospections archéologiques entreprises dans les hautes terres de Samarie ont mis en lumière une continuité de l'habitat qui s'est poursuivie à partir de la fin de la période assyrienne durant les siècles suivants. Découverts dans une grotte située en bordure du désert de Samarie, des papyri du IVe siècle avant notre ère ont révélé à quel niveau de complexité étaient parvenues la vie sociale et politique, et les activités légales de cette province, vers la fin de la période perse.

Pendant des siècles, une sourde rivalité mutuelle a opposé les hautes terres du Nord aux hautes terres du Sud, tant en matière de pratique religieuse que de stratégie politique. La création de la province de Yehoud et la reconstruction du temple de Jérusalem ranimèrent ces tensions ; il en résulta un schisme définitif entres Juifs et Samaritains. La construction d'un temple samaritain, unique et central, sur le mont Garizim, près de Sichem, offrait une alternative religieuse nordiste qui menaçait directement l'idéologie de Jérusalem.

La date de la construction de ce temple sur le mont Garizim a longtemps été débattue. L'historien juif du Ier siècle apr. J.-C., Flavius Josèphe, datait sa fondation du début de l'ère hellénistique, au temps d'Alexandre le Grand ; mais d'après la tradition samaritaine, leur temple avait été bâti à une époque plus proche de celle de la reconstruction du temple de Jérusalem, à la période perse. Ces arguments reposaient uniquement sur les textes historiques dans la mesure où le site n'avait pas encore été exploré par l'archéologie. Finalement, dans les années 1980, des fouilles approfondies du site ont été entreprises par l'archéologue israélien Yitzhak Magen. Elles ont clairement fait apparaître que le temple samaritain avait été érigé sous la période perse, probablement dès la première moitié du Ve siècle, qu'il était dédié au culte du Dieu d'Israël, et que son plan était très proche des descriptions du temple de Jérusalem. Par conséquent, la vision de David et Salomon dans les Chroniques relevait le défi lancé par les Samaritains par une redéfinition de la notion même d'Israël.

D'après l'histoire deutéronomique, les pratiques religieuses des Nordistes étaient impies. Les fautes cultuelles de Saül, la construction par le premier roi nordiste, Jéroboam, des sanctuaires idolâtres de Béthel et de Dan, le culte rendu à Baal par les Omrides à Samarie, tout cela violait les préceptes divins et les Nordistes allaient le payer amèrement. Même si le royaume et les rois du Nord étaient considérés comme illégitimes, les habitants, eux, appartenaient au peuple et à la terre d'Israël, dirigés par David et Salomon, et destinés à l'être de nouveau par un successeur légitime de leur dynastie. Les Chroniques n'évoquent ni le conflit entre David et Saül, ni le conflit qui a toujours opposé Juda aux rois nordistes. La mission divine de David et Salomon s'explique d'elle-même ; dans leur version de l'histoire, d'Adam à l'édit de Cyrus ordonnant la reconstruction du Temple, les Chroniques affirment que le plan de Dieu pour son peuple se résumait à lui donner des Lois qui ne pouvaient être observées qu'à Jérusalem. Toute autre dynastie que la maison de David, tout autre lieu de culte que le temple de Jérusalem était tout bonnement irrecevable, sans aucun lien avec l'histoire véritable du peuple d'Israël.

Par conséquent, le peuple d'Israël devait se définir par une allégeance religieuse plutôt que par des institutions géographiques ou politiques. L'unité d'Israël ne dépendait pas d'une conquête territoriale ni d'une guerre sainte, mais de la clarté de son choix religieux. Les Chroniques ne présentent pas le règne de David et Salomon seulement comme un âge d'or qui pourrait, un jour, se renouveler, mais avant tout comme un prototype du bon comportement religieux, à la validité permanente. David et Salomon – et leur monarchie unifiée – étaient devenus un modèle et un symbole pour l'unité de la nation, un archétype de la communauté sanctifiée de tout Israël. Les Chroniques pavaient donc la voie pour permettre aux individus du Nord de se joindre à la communauté de Dieu. Le discours (absent du livre des Rois) prononcé par Abiyya, petit-fils de Salomon, à l'adresse des Israélites nordistes, donne une puissante expression à cette nouvelle vision :

> Or vous parlez maintenant de tenir tête à la royauté de Yahvé qu'exercent les fils de David, et vous voilà en foule immense, accompagnés des veaux d'or que vous a faits pour dieux Jéroboam ! N'avez-vous pas expulsé les prêtres de Yahvé, fils d'Aaron, et les lévites, pour vous faire des prêtres comme s'en font les peuples des pays : quiconque vient avec un taureau et sept béliers pour se faire donner l'investiture, peut devenir prêtre de ce qui n'est point Dieu ! Notre Dieu à nous c'est Yahvé et nous ne l'avons pas abandonné : les fils d'Aaron sont prêtres au service de Yahvé et les lévites officient. Chaque matin et chaque soir nous faisons fumer les holocaustes pour Yahvé, nous avons l'encens aromatique, les pains rangés sur la table pure, le candélabre d'or avec ses lampes

> qui brûlent chaque soir. Car nous gardons les ordonnances de Yahvé notre Dieu que vous, vous avez abandonnées. Voici que Dieu est en tête avec nous, voici ses prêtres et les trompettes dont ils vont sonner pour que l'on pousse le cri de guerre contre vous ! Israélites, ne luttez pas avec Yahvé, le Dieu de vos pères, car vous n'aboutirez à rien (2 Ch 13,8-12).

Non contentes d'insister sur le fait que ce code de comportement religieux avait été établi par David et Salomon, les Chroniques insistent sur l'invitation faite aux Nordistes par deux rois davidiques ultérieurs, Ézéchias et Josias, de venir faire leurs offrandes à Jérusalem et de faire partie du peuple de Dieu. En résumé, les Chroniques mettent en avant la personnalité la plus judéenne, David, la cité la plus judéenne, Jérusalem, l'institution la plus judéenne, le Temple, pour prouver aux Samaritains que leur tentative d'usurper les traditions d'Israël est vaine folie. Aucun royaume, aucun peuple, aucun individu qui prétend faire partie d'Israël ne peut écarter Jérusalem ni refuser d'obéir aux fondements religieux établis par David et Salomon. La communauté du temple de Jérusalem de l'époque des Chroniques est présentée comme le seul successeur légitime du grand et idéal Israël de l'époque de David et Salomon.

UNE THÉOLOGIE DE DAVID ET SALOMON

Une fois David et Salomon fermement établis comme pierres de touche de l'autorité religieuse dans le temple de Jérusalem, des collections de plus en plus importantes de poésie et de prose dévotionnelles, et de cantiques d'action de grâces, leur furent graduellement attribuées. Si les Chroniques étaient l'expression figée de leur place dans la tradition religieuse, les récits antérieurs de l'histoire deutéronomique se sont révélés être une source abondante d'allusions et d'associations liées à d'autres pratiques cultuelles et d'autres croyances. L'habileté de harpiste de David, capable d'apaiser les tourments du roi Saül, a permis de lui attribuer l'instauration de la musique rituelle du Temple, ainsi que la création d'une douzaine de psaumes qui devaient y être régulièrement chantés. De même, la sagesse légendaire de Salomon – « il prononça trois mille sentences et ses cantiques étaient au nombre de mille cinq » (1 R 5,12) – a suggéré qu'il était le créateur des compilations inspirées par la sagesse traditionnelle et regroupées dans les « Proverbes de Salomon, fils de David, roi d'Israël » (Pr 1,1). Sa réputation de grand amoureux en a fait l'auteur des versets érotiques d'une autre composition retenue par la Bible hébraïque : le « Cantique des Cantiques, de Salomon » (Ct 1,1).

Les savants ne s'accordent pas sur les dates de composition de ces œuvres bibliques. Les Psaumes contiennent des hymnes de louanges, des lamentations et des cantiques, qui devaient être chantés dans le Temple à l'époque monarchique. Cependant, leur forme actuelle est postexilique. Les origines des Proverbes et du Cantique des Cantiques sont plus difficiles à cerner ; on les croit généralement postexiliques. Tous ces textes ont été préservés, remaniés, complétés par les cercles littéraires du Temple ; leur attribution à David et Salomon n'est guère surprenante au vu de leur importance théologique centrale. On peut aussi mentionner le livre de Ruth, que son auteur situe à la période des Juges, mais qui fut très certainement compilé à l'époque postexilique. Le récit romantique de la servante moabite qui décide de s'intégrer à sa belle-famille judéenne (« où tu iras, j'irai, où tu demeureras, je demeurerai ; ton peuple sera mon peuple et ton Dieu sera mon Dieu » – Rt 1,16) incarne le principe du choix religieux comme fondement de l'appartenance à la maison d'Israël ; il identifie également Ruth, de façon explicite, comme étant l'arrière-grand-mère de David lui-même.

À partir de la fin de la période postexilique, puis, à l'ère hellénistique, David et Salomon étaient devenus des icônes : incarnations distantes et évanescentes de la théologie et du culte officiels du temple de Jérusalem – et, à travers le Temple, des communautés juives dispersées dans le monde. La traduction grecque de la Bible hébraïque, entreprise à l'époque hellénistique, donna aux représentations de David et Salomon une plus large audience, indépendamment du sort de la dynastie davidique disparue ou des conquêtes territoriales judéennes des villes et villages des hautes terres nordistes. De rois de l'âge du Fer, David et Salomon sont devenus des modèles de piété. Devenus des exemples de fidélité religieuse, leur souvenir allait être préservé par le judaïsme rabbinique et – comme nous le verrons – par le christianisme. Cela suffit à expliquer pourquoi leur tradition est encore aussi puissante.

8

Visions messianiques

David et Salomon, du judaïsme au christianisme

(Du IIe siècle avant J.-C. au Ve siècle après J.-C.)

Si les auteurs des Chroniques croyaient que David et Salomon allaient se cantonner au statut de saints patrons du Temple et de son rituel, ils se trompaient lourdement. À mesure que le temps passait et que se transformait le paysage politique et économique de la région, la puissante tradition des pères fondateurs de Juda – et de l'Israël unifié – offrit un kaléidoscope d'autres images, tout aussi surprenantes, qui démontrèrent leur utilité nouvelle. Les victoires éclairs contre les envahisseurs étrangers, la miraculeuse accession au trône, le repentir royal, la sollicitude envers les opprimés, l'opulence, la sagesse, le savoir ésotérique, tous ces aspects de l'histoire allaient servir des intérêts plus vastes que les sacrifices quotidiens et les fêtes annuelles des prêtres de Jérusalem.

Nos sources pour l'histoire ultérieure et l'évolution de la tradition davidique et salomonique sont limitées. Nous ne pouvons être assurés que les textes hébreux, araméens, syriaques, grecs et latins, datant des siècles suivants, et qui nous sont parvenus, expriment l'étendue complète des usages qui ont été faits de la tradition davidique et salomonique. Il est pourtant évident que le revirement idéologique de la période postexilique – l'emploi préférentiel de David et Salomon comme avatars de croyances religieuses ultérieures plutôt que de succès dynastiques – a suscité un large éventail d'interprétations dont l'influence allait s'exercer sur les nouvelles orientations religieuses qui allaient émerger au sein du judaïsme, puis, plus tard, du christianisme.

À la période hellénistique, dans les communautés juives du Proche-Orient et du monde méditerranéen, le prestige de David et Salomon était devenu inébranlable. À mesure que l'adhésion à la tradition biblique, sous une forme ou une autre, se répandait au-delà du peuple d'Israël, David et Salomon étaient perçus comme d'anciennes incarnations de la vraie foi, précurseurs de la rédemption future, quelle que soit la forme que l'interprète – ou la communauté d'interprètes – donnait à la foi ou à la rédemption.

DAVID ET SALOMON : UNE VERSION HELLÉNISTIQUE DE LA ROYAUTÉ

Durant l'époque hellénistique, le temple de Jérusalem servait toujours de lieu de culte central du judaïsme. Le rôle de fondateurs, joué par David et Salomon, continuait à être élaboré par les cercles sacerdotaux, et célébré à travers un corpus croissant de littérature sapientielle. Outre la forme définitive des Psaumes (attribués à David), des Proverbes et du Cantique des Cantiques (attribués à Salomon), d'autres œuvres, orientées vers la sagesse ou la direction spirituelle, tiraient leur autorité de leur relation supposée avec David ou Salomon. Par exemple, le Qohélet, ou livre du « Prédicateur », intitulé « l'Ecclésiaste » dans la version grecque, datant probablement de la fin du IIIe siècle avant notre ère, exprime les confidences et les observations d'un sage juif, déçu par le monde, répondant au nom de plume de « fils de David, roi de Jérusalem ». Le livre de Ben Sira, ou le Siracide, intitulé de son côté « l'Ecclésiastique », composé au début du IIe siècle avant notre ère, présente David et Salomon comme des parangons de vertu et de droiture.

Pourtant, la signification de la royauté évoluait à mesure que ces œuvres étaient composées ou élaborées dans leur forme définitive. La tradition davidique et salomonique avait grandi dans l'ancien Proche-Orient, où prédominaient les modèles égyptiens et assyriens de royauté de droit divin. La période hellénistique donna naissance à de nouvelles conceptions de la royauté idéale, sous l'influence des conceptions grecques du monarque parfait sous les traits d'un roi philosophe. On les distingue clairement dans les représentations de David et Salomon de la traduction grecque de la Bible, la Septante, dont les premières parties ont été compilées au IIIe siècle avant notre ère, probablement en Égypte ptolémaïque. Sa description de la droiture de David et de la sagesse de Salomon fait apparaître les qualités semidivines du roi hellénistique : outre leur piété, les deux rois se voient attribuer une intelligence philosophique et de profondes connaissances pratiques dans les sciences les plus prisées des cercles hellénistiques. Un texte juif de la période hellénistique, intitulé la *Sagesse de Salomon*, met dans la bouche de l'ancien roi judéen un vibrant hommage adressé à Sophia, émanation féminine de la sagesse divine avec qui il quête une union mystique ; l'orientation philosophique de cette œuvre est incontestablement grecque.

Pendant le règne des Hasmonéens, de 165 à 37 av. J.-C., nous perdons la trace de toute commémoration écrite de la tradition davidique et salomonique en Judée[6]. La raison en est simple : les Hasmonéens (ou les Maccabées, comme on les appelait au début, en référence à leur grand chef, Judas Maccabée) obtinrent le pouvoir à la faveur d'une révolte nationale ; ils établirent, en Judée, le premier État indépendant, après des siècles d'assujettissement impérial, avec pour capitale Jérusalem et pour centre, le Temple ; or, ils n'étaient pas eux-mêmes de descendance davidique ; pire, ils déposèrent la lignée sadducéenne (qui faisait remonter ses origines au temps de David) en la privant de son droit de succession à la position de grand prêtre ; cette décision leur attira l'hostilité religieuse acharnée de nombreux cercles en Judée et – comme nous allons le voir – ranima, chez leurs adversaires, un intérêt renouvelé pour David et Salomon. Cela dit, même les puissants Hasmonéens ne purent se permettre d'ignorer le pouvoir de la tradition davidique. Le centre originel de Jérusalem s'appelait toujours la Cité de David et les légendes locales attribuaient les fortifications hellénistiques aux travaux de David et Salomon (Flavius Josèphe, *La guerre des Juifs* 5, 137-143). D'ailleurs, quand Simon

6. Le nom a subi une variation durant la période hellénistique, avec le grec « Ioudaia » et la forme latinisée de « Judaea », qui ont remplacé le « Yehoud » araméen de la période perse, lequel avait remplacé la forme originale hébraïque de « Yehoudah », ou Juda.

Maccabée prit à la fois le titre de chef national et de grand prêtre, sa nomination était conditionnelle : « Jusqu'à ce que paraisse un prophète accrédité » (1 M 14,41), autrement dit, jusqu'à ce qu'un dirigeant davidique reprenne le pouvoir à Jérusalem.

Hérode le Grand orchestra une commémoration à grand spectacle, dans le style hellénistique, de David et Salomon. Cet agent tyrannique de la Rome impériale, qui gouverna la Judée d'une poigne de fer de 37 à 4 av. J.-C., n'avait pas d'ancêtres juifs. Il n'en obtint pas moins le soutien de l'empire pour s'emparer du pouvoir en Judée, après avoir détrôné le dernier dirigeant hasmonéen à l'issue d'une sanglante guerre civile. Une fois au pouvoir, il administra la preuve de son respect pour les traditions nationales en faisant ériger, à Jérusalem, un nouveau Temple et un nouveau palais, d'inspiration toute salomonique même si leurs dimensions et leur style différaient. Il fit déblayer le sommet du mont du Temple, occupé précédemment par les Temples antérieurs. Puis il fit enrôler des milliers d'hommes de corvée pour bâtir une gigantesque esplanade et y élever des colonnades, des parvis, et un vaste sanctuaire hérodien.

Il existe d'autres indices prouvant que Hérode se plaisait à endosser le rôle de successeur symbolique de David – en tant que dirigeant de la presque totalité de la terre d'Israël – et de Salomon – dans son rôle de concepteur et de maître d'œuvre du nouveau Temple. Cependant, un tel tyran pouvait difficilement forcer quiconque à le vénérer, vu la brutalité avec laquelle il gouvernait la Judée et la servilité qu'il affichait envers Rome, laquelle blessait la sensibilité de ses sujets juifs. Vers la fin, Hérode eut beau rehausser le prestige de l'iconographie religieuse de la tradition davidique, il n'apaisa pas pour autant le mécontentement politique. L'ironie a donc voulu que son règne renforce le fait que David et Salomon allaient devenir des symboles encore plus puissants d'espérance politique et eschatologique.

VISIONS MESSIANIQUES

Au IIe siècle av. J.-C., la domination de rois non davidiques sur la Judée et l'éviction du sacerdoce des grands prêtres sadducéens avaient suscité des contre-courants persistants, qui allaient une fois de plus ranimer l'énergie de la tradition davidique et salomonique. Sous les Hasmonéens, divers groupements sectaires se distinguèrent du courant principal, créant une nouvelle vision de David et Salomon. Cessant d'être considérés comme des pères fondateurs de l'établissement, David et Salomon devinrent des modèles d'un comportement vertueux auquel il convenait de se conformer afin de libérer le Temple des griffes d'une classe sacerdotale illégitime et dépravée, et de remettre le peuple d'Israël sur le droit chemin.

Les manuscrits de la mer Morte en sont un exemple ; les allusions à David comme modèle d'une vertu vouée au triomphe final abondent. Ce trésor de plus de huit cent textes, composés durant les IIe et Ier siècles av. J.-C. et découverts entre 1947 et 1956 dans des grottes de la rive occidentale de la mer Morte, comporte un nombre impressionnant d'œuvres, inconnues auparavant, de poésie, d'instruction religieuse, d'oracles prophétiques, dans lesquels s'exprime une vénération absolue pour David. Les auteurs de cette époque étaient persuadés que le Temple était tombé entre les mains d'usurpateurs ecclésiastiques impies ; l'un de ces textes, répertorié par les savants sous le sigle 4Q505, célèbre David comme le dirigeant choisi de toute éternité, avec lequel Dieu a établi une alliance, « en faisant de lui un pasteur royal à la tête de Ton peuple, afin qu'il siégeât devant Toi sur le trône d'Israël pour l'éternité[7] ». D'autres textes annoncent de façon explicite la montée au pouvoir d'un descendant de David qui détruira les oppresseurs intérieurs et les ennemis extérieurs d'Israël.

Ces allusions messianiques reprennent les formules des prophètes antérieurs, en les situant dans un contexte contemporain. D'autres groupements partageaient des visions aussi frappantes ; ils envisageaient le retour d'un sauveur davidique, qui allait être à la fois un guide spirituel et un chef militaire, et qui allait abattre d'un seul coup l'impiété et la domination étrangère. Dans une collection d'hymnes, intitulés par leurs éditeurs tardifs *Psaumes de Salomon*, la détresse ressentie au Ier siècle av. J.-C. est rendue en versets émouvants écrits dans un style quasiment biblique ; l'insistance porte en particulier sur la dépravation de l'élite hiérosolymite et l'horreur indescriptible de la profanation du Temple par le général romain Pompée en 63 av. J.-C.

7. Trad. anglaise, M. Wise, M. Abegg, E. Cook, trad. française, F. Israël, *Les manuscrits de la mer Morte*, Paris, Plon, 2001, p. 533.

Les auteurs n'en gardaient pas moins l'espoir d'un changement à venir sous la forme d'un héritier de David, comme l'avaient prédit les Prophètes :

> Regarde, Seigneur, et suscite-leur un roi, fils de David, au moment que tu sais, ô Dieu, pour qu'il règne sur Israël ton serviteur ! Et ceins-le de force pour qu'il brise les pinces injustes, qu'il purifie Jérusalem des nations qui la foulent et la ruinent ! Qu'il chasse, par la sagesse et la justice, les pécheurs de l'héritage ! Qu'il écrase l'orgueil du pécheur comme vase de potier ! Qu'il brise d'un sceptre de fer toute leur assurance ! Qu'il extermine les nations impies d'une parole de sa bouche ! Qu'à sa menace, les nations s'enfuient devant lui ! Qu'il reprenne les pécheurs par la voix de leur cœur ! (*Psaumes de Salomon*, XVII, 21-25[8])

La nostalgie d'un sauveur céleste s'est poursuivie durant tout le Ier siècle. À la mort d'Hérode, en l'an 4 av. J.-C., aux yeux de certains en tout cas, le temps d'attendre parut terminé. Une succession de chefs rebelles apparut en Judée au cours des décennies suivantes, dont un grand nombre agissaient comme s'ils étaient le sauveur tant attendu, déterminés à restaurer la gloire de Juda et d'Israël par la force de l'épée, et non plus par des mots pieux ou des miracles.

Dans une description dont le ton rappelle celui de « la montée de David au pouvoir », l'historien juif du Ier siècle apr. J.-C, Flavius Josèphe, narre l'émergence d'un célèbre chef de bande au milieu des troubles qui avaient suivi la mort d'Hérode :

> Il y avait aussi à l'époque un simple berger qui avait eu la témérité de prétendre au trône. Il s'appelait Athrongaeus. Pour alimenter de telles espérances, il ne pouvait se recommander que de sa vigueur physique, d'une âme qui méprisait la mort et de quatre frères qui lui ressemblaient. Ayant mis chacun d'eux à la tête d'une bande armée, il les employait comme généraux et satrapes lors de ses raids, se réservant pour lui-même, à l'instar d'un roi, les problèmes plus importants. C'est alors qu'il posa le diadème sur sa tête, mais ses expéditions de pilleur à travers le pays, en compagnie de ses frères, se sont poursuivies bien après (*La guerre des Juifs* 2, 60-62).

Athrongaeus finira par se faire capturer par les forces romaines, mais de nouveaux prétendants se lèveront pour le remplacer. Josèphe décrit la foi persistante (erronée, selon lui), entretenue par les masses juives, dans la venue d'« un fils du pays qui régnera sur le monde ».

8. Trad. P. Prigent, *La Bible, écrits intertestamentaires*, Paris, Gallimard, 1987.

Quand Juda deviendra province romaine, durant tout le Ier siècle apr. J.-C., des visions et des chefs messianiques feront régulièrement leur apparition, défiant le pouvoir romain et relançant la quête messianique.

Il est difficile de dire jusqu'à quel point tous s'identifiaient à des rédempteurs davidiques ; en effet, durant toutes les années de domination romaine, une véritable parade de personnalités bibliques se succéderont sur la scène révolutionnaire : dans les années 40 apr. J.-C., un nouveau Josué nommé Theudas attire les foules ; il les persuade de l'accompagner sur la rive du Jourdain dont il va séparer les flots afin de permettre au peuple d'Israël de pénétrer de nouveau dans leur terre promise. Plus tard, se prenant pour un nouveau Moïse, un personnage mystérieux, connu sous le nom de « l'Égyptien », encourage des milliers de fidèles à gravir avec lui le mont des Oliviers avec la promesse qu'il provoquera la chute des murs de Jérusalem avant de les mener dans la cité comme des conquérants plutôt que comme des esclaves. Ces sauveurs exaltés seront tous tués ou expulsés par les forces romaines. Un jour, ces espoirs messianiques ont mené au désastre.

En 66 apr. J.-C., sourde aux suppliques de l'aristocratie hellénisée, la Judée se révolte ouvertement contre Rome. Les sacrifices pour la santé de l'empereur (instaurés à l'époque d'Hérode) sont interrompus ; la garnison romaine de Jérusalem est massacrée ; la population judéenne se prépare à affronter la puissance de Rome, sûre de la protection divine qui lui a été promise par les oracles annonçant « la fin des jours » et l'avènement du sauveur davidique.

Les batailles font rage ; le général romain Vespasien, qui deviendra empereur, regagne petit à petit le contrôle ; les différentes factions judéennes s'opposent les unes aux autres ; plusieurs leaders rivaux se prennent ouvertement pour de nouveaux rois. D'après Josèphe, Menahem, le chef exalté d'un groupe de rebelles qui s'était emparé de la forteresse hérodienne de Massada, se montre au Temple de Jérusalem, « vêtu d'une tenue royale ». Il se fait tuer par les membres d'un gang rival. Simon bar Giora, l'un des derniers chefs rebelles à défendre Jérusalem assiégée par les Romains sous les ordres de Titus, le fils de Vespasien, se livre à une tentative désespérée de mise en scène d'un miracle alors que le Temple est déjà détruit : « Imaginant, écrit Josèphe, pouvoir tromper les Romains en leur faisant peur, vêtu d'une tunique blanche couverte d'un manteau pourpre, il se dresse soudain à l'endroit même où s'élevait le Temple. » Cette apparition surnaturelle du messie tant attendu n'obtient pas l'effet escompté : dépouillé de la pourpre royale, enchaîné, Simon est expédié à Rome, où son exécution fera la joie de la populace au cours du triomphe de Vespasien et de Titus.

En 70 apr. J.-C., la destruction de Jérusalem et le démantèlement du Temple mettront un terme final à la croyance que Dieu allait protéger la cité et ses rois divinement élus de leurs ennemis terrestres. Mais l'espoir persistant de la venue d'un messie davidique destiné à sauver le peuple d'Israël est encore perçu comme une menace pour la sécurité de Rome. Les efforts des Romains pour étouffer cet espoir messianique révèlent l'importance qu'ils lui prêtaient. Les chroniques de l'historien chrétien Eusèbe de Césarée (IVe siècle apr. J.-C.) nous informent qu'après la chute de Jérusalem, les Romains se sont livrés à au moins deux tentatives d'extermination systématique de tous ceux qui prétendaient descendre de David. Eusèbe cite un écrivain chrétien antérieur, Hégésippe, pour décrire comment l'empereur Vespasien (69-79 apr. J.-C.) « ordonna que tous ceux qui appartenaient à la lignée de David devaient être poursuivis afin que pas un seul membre de la race royale ne demeure parmi les Juifs » (III, XII), et comment son fils, l'empereur Domitien (81-96 apr. J.-C.), « commanda que les descendants de David soient exécutés » (III, XIX).

Il est fort improbable qu'aucune des victimes ait été un authentique descendant de la maison de David, éteinte depuis plusieurs siècles. Mais ces persécutions ne découragèrent pas le pouvoir d'évocation de la tradition davidique et salomonique. Des rébellions juives, d'inspiration messianique, éclateront de nouveau en 117, puis en 132 apr. J.-C. La vénération pour David et Salomon enflammait l'imagination religieuse, au sein de laquelle – invulnérable aux coups, aux flèches, aux épées, au supplice de la crucifixion infligé par les Romains – son épanouissement se poursuivait sous des formes en constant renouvellement.

EXORCISER LES DÉMONS

Durant le Ier siècle apr. J.-C., alors que Hérode construisait son Temple majestueux et qu'un messianisme radical agitait les classes défavorisées de Judée, un autre développement fascinant fit son apparition parmi les traditions parallèles et concurrentes de David et Salomon. L'évocation biblique des dons musicaux de David, dont la harpe apaisait les tourments de Saül, et des pouvoirs d'exorcisme dont Salomon avait hérité (d'après 1 R 4,33, ses connaissances des phénomènes de la nature étaient extraordinaires) fut au départ d'une croyance de plus en plus répandue que le « fils de David » était une protection spéciale contre les démons et les esprits malins. Cette croyance allait, bien plus tard, s'exprimer, au sein des traditions populaires juives, par des bols magiques, des amulettes, des incantations, par le pouvoir protecteur de l'anneau magique et du bouclier symbolique de Salomon connu sous le nom d'étoile de David. Ces croyances et symboles feront partie des secrets des fraternités mystiques et des légendes judéo-chrétiennes imprégnées d'ésotérisme. Mais leur origine puise sa source dans le courant populaire de vénération juive pour David et Salomon au cours des périodes hellénistiques et romaines.

Ces traditions résultent de la transformation graduelle de l'image de David et, surtout, de celle de Salomon, en personnages de la royauté hellénistique. La tradition grecque du roi philosophe, aux pouvoirs extraordinaires, combinée à la riche tradition biblique de la sagesse de Salomon et aux spéculations juives postbibliques sur les anges et les démons, a créé l'image d'un Salomon que le croyant peut invoquer pour qu'il le protège du malheur, de la maladie ou de la démence. Comme l'a fait remarquer le savant espagnol Pablo Torijanos, les premiers exemples de cette vision proviennent d'un texte obscur des manuscrits de la mer Morte, répertorié sous le sigle 11QpsAp^{a}. Ce texte, dans un état très fragmentaire, est l'un des exorcismes qui témoignent de l'intérêt que la Judée de l'époque romaine portait à ce qu'il convient d'appeler la magie noire.

Ce document contient quatre psaumes à usage d'exorcismes ; le dernier est le psaume 91, attribué à David. Dans la deuxième composition, les noms de David et Salomon sont mentionnés ; un passage reconstruit accorde à Salomon le pouvoir d'invoquer le nom de Dieu pour délivrer les patients de « n'importe quelle pestilence provoquée par les esprits, ou les démons, ou les Liliths, les hiboux ou les chacals ». Salomon s'adresse directement au démon en lui lançant la question suivante : « Qui es-tu ? » Cette question semble être le début d'un exorcisme. Elle refait surface dans un texte ésotérique ultérieur, intitulé le *Testament de Salomon*, qui comporte peut-être des matériaux datant du Ier siècle apr. J.-C. Salomon y décrit ses techniques secrètes de contrôle des démons et explique qu'il était parvenu à les contraindre à participer activement à la construction du temple de Jérusalem ! La similitude des expressions témoigne du partage d'une tradition populaire dans laquelle Salomon, « fils de David », joue le rôle de saint patron des exorcistes – une application pratique et efficace de la sagesse que Dieu lui avait accordée.

Flavius Josèphe reflète cette foi dans les pouvoirs occultes de Salomon quand il explique que « Dieu lui a accordé la connaissance des arts employés contre les démons au bénéfice de la bonne santé des hommes. Il est aussi l'auteur d'incantations qui soulagent les maux et il nous a légué des formes d'exorcisme par lesquelles les possédés chassent les démons qui les tourmentent, lesquels ne reviennent jamais. Ce remède fut d'un très grand pouvoir parmi nous jusqu'à ce jour » (*Antiquités judaïques* VIII, 45).

Son lien avec la littérature néotestamentaire rend cette image d'un Salomon exorciste particulièrement intrigante. L'Évangile selon Saint Marc rapporte que, alors que Jésus et ses disciples sortaient de Jéricho,

> Bartimée, le fils de Timée, un mendiant aveugle, était assis au bord du chemin. Quand il apprit que c'était Jésus le Nazarénien, il se mit à crier : « Fils de David, Jésus, aie pitié de moi ! » Et beaucoup le rabrouaient pour lui imposer silence, mais lui criait de plus belle : « Fils de David, aie pitié de moi ! » Jésus s'arrêta et dit : « Appelez-le. » On appelle l'aveugle en lui disant : « Aie confiance ! lève-toi, il t'appelle. » Et lui, rejetant son manteau, bondit et vint à Jésus. Alors Jésus lui adressa la parole : « Que veux-tu que je fasse pour toi ? » L'aveugle lui répondit : « Rabbouni, que je recouvre la vue ! » Jésus lui dit : « Va, ta foi t'a sauvé. » Et aussitôt il recouvra la vue et il cheminait à sa suite (Mc 10,46-52).

La relation entre le titre de « fils de David » et l'acte de guérison suggère que Jésus de Nazareth était à l'origine identifié à la personnalité de Salomon sous son aspect d'exorciste. Cette approche se distingue des croyances antérieures de David et Salomon en fondateurs du Temple et libérateurs d'Israël.

De toute façon, les tendances premières de la tradition davidique seront finalement rassemblées au sein de la personne de Jésus pour le transformer, aux yeux de ses partisans, en l'héritier ultime des promesses divines faites à la dynastie davidique et en sauveur tant espéré de tout le peuple d'Israël.

LES PROPHÈTES D'UN NOUVEL ÉVANGILE

Pendant des siècles, les biblistes se sont interrogés sur la signification des différents titres messianiques de Jésus. Ils ne sont pas parvenus à s'accorder sur le fait de savoir si, au cours de son ministère en Galilée et en Judée, vers la fin des années 20 ou 30, Jésus de Nazareth a pris de façon explicite le titre de Fils de David, comme l'ont sans doute fait d'autres personnalités de l'époque. Ce qui semble évident est que les auteurs des Évangiles et de la littérature des débuts du christianisme, qui écrivaient peu après la chute de Jérusalem, se sont efforcés d'accréditer et de renforcer cette identification. Ce faisant, ils ont introduit une distinction majeure par rapport à la tradition judaïque de leur temps : ils insistaient sur le fait que, bien que Jésus fût né de la lignée terrestre de David, son héritage messianique dépassait amplement celui des rois fondateurs d'Israël.

Dans l'Évangile selon saint Matthieu, Jésus remplit à la perfection les attentes messianiques contemporaines. Le texte débute par une généalogie qui retrace le lignage de Jésus, depuis Abraham, en passant par David, Salomon, et tous les rois ultérieurs et les héritiers postexiliques de la maison de David, jusqu'à Joseph, « l'époux de Marie, de laquelle naquit Jésus, que l'on appelle Christ » (Mt 1,1-16). Plus loin, quand Jésus se prépare à faire son entrée triomphale à Jérusalem, il demande à ses disciples de lui amener une ânesse et son ânon, pour accomplir une ancienne prophétie davidique de Zacharie[9] :

9. L'identité et la date du ou des auteurs de Zacharie 9–14 (le Deutéro-Zacharie) font l'objet de débats. Les dates varient selon les chapitres entre le VIIe et le IVe siècle av. J.-C.

> Voici que ton roi vient à toi :
> Il est juste et victorieux,
> humble, monté sur un âne,
> sur un ânon, le petit d'une ânesse (Za 9,9).

D'après Matthieu, consciente du message prophétique, la foule sur le chemin de la procession proclame : « Hosanna au fils de David ! Béni soit celui qui vient au nom du Seigneur ! » (Mt 21,9). Quand Jésus chasse des parvis du Temple (un lieu étroitement associé à la tradition davidique et postexilique) les marchands et les changeurs, les témoins de l'événement s'exclament, en saluant la venue messianique du Fils de David (Mt 21,15).

L'Évangile selon saint Luc insiste, lui aussi, sur le lignage davidique de Jésus, en recourant à la généalogie, mais aussi aux circonstances de la naissance de Jésus dans la ville d'origine de David, Bethléem. Les paroles de l'ange Gabriel, qui annonce à Marie la naissance prochaine de Jésus, proclament clairement sa destinée messianique :

> Voici que tu concevras dans ton sein et enfanteras un fils, et tu l'appelleras du nom de Jésus. Il sera grand, et sera appelé Fils du Très-Haut. Le Seigneur Dieu lui donnera le trône de David, son père ; il régnera sur la maison de Jacob pour les siècles et son règne n'aura pas de fin (Lc 1,31-33).

Aux yeux des premières communautés chrétiennes, Jésus différait radicalement de tous les autres prétendants messianiques à la pourpre davidique. En ressuscitant d'entre les morts le troisième jour après sa crucifixion, Jésus a prouvé qu'il était plus grand même que David, lequel « se coucha avec ses pères et on l'enseve-lit dans la Cité de David » (1 R 2,10). Cette différence fut à l'origine d'une réinterprétation révolutionnaire ; en effet, le psaume 16, attribué à David lui-même, semblait prédire qu'une résurrection physique serait le signe prophétique indubitable de l'héritage davidique :

> Car tu ne peux abandonner mon âme au shéol,
> tu ne peux laisser ton fidèle voir la fosse.
> Tu m'apprendras le chemin de vie,
> devant ta face, plénitude de joie,
> en ta droite, délices éternelles (Ps 16,10.11).

Dans les Actes des Apôtres, Pierre donne une explication succincte du nouvel évangile en adressant les mots suivants à la foule rassemblée sur le parvis du temple de Jérusalem :

> Frères, il est permis de vous le dire en tout assurance : le patriarche David est mort et a été enseveli, et son tombeau est encore aujourd'hui parmi nous. Mais comme il était prophète et savait que Dieu lui avait juré par serment de faire asseoir sur son trône un descendant de son sang, il a vu d'avance et annoncé la résurrection du Christ qui, en effet, n'a pas été abandonné à l'Hadès, et dont la chair n'a pas vu la corruption. Dieu l'a ressuscité, de Jésus ; nous en sommes tous témoins. Et maintenant, exalté par la droite de Dieu, il a reçu du Père l'Esprit Saint, objet de la promesse, et l'a répandu. C'est là ce que vous voyez et entendez. Car David, lui, n'est pas monté aux cieux ; or il dit lui-même : « Le Seigneur a dit à mon Seigneur : Siège à ma droite, jusqu'à ce que j'aie fait de tes ennemis un escabeau pour tes pieds. » Que toute la maison d'Israël le sache donc avec certitude : Dieu l'a fait Seigneur et Christ, ce Jésus que vous, vous avez crucifié (Ac 2,29-36).

De même qu'après l'exil à Babylone, la signification de David s'était transférée au Temple et à son rituel, puis, aux siècles suivants, à la royauté hellénistique, de même les premiers chrétiens ont transféré l'objet des espérances davidiques pour en faire un fondement de leur propre foi. La réputation de David comme pivot de l'histoire d'Israël était devenue indubitable. Mais, pour les chrétiens, le contexte ne se réduisait plus à l'histoire de Juda ou d'Israël. Ils considéraient David, Salomon, et tous les autres héritiers de la dynastie davidique comme des annonciateurs, comme des prophètes du sauveur universel qui était né dans la ville d'origine de David, Bethléem, qui avait été crucifié et qui avait ressuscité d'entre les morts dans la capitale choisie par David, Jérusalem.

Tout en considérant le ministère, la passion et la résurrection de Jésus comme les ultimes accomplissements du récit biblique, tous les pieux chrétiens vénéraient la mémoire de David et Salomon et leur accordaient un statut de personnalités religieuses de premier plan. Ces anciennes incarnations de la droiture, de la sagesse et du repentir avaient été des signes avant-coureurs du message de Jésus. Compte tenu de leur rôle d'éloquents prophètes de sa mission messianique, les psaumes qui leur étaient attribués, leur légende biblique, les vivants symboles de royauté sacrée qu'ils représentaient continuaient à battre puissamment au cœur même de la conscience chrétienne.

LES DOCTEURS DE LA LOI

La vision chrétienne de Jésus comme véritable récipiendaire de la promesse divine faite à David n'ébranla pas la tradition rabbinique. Pourtant, après la chute de Jérusalem, la vision judaïque de David et Salomon subit elle aussi une transformation radicale. À mesure que les Juifs se remettaient graduellement du choc traumatique de la destruction de leur Temple et de leur ville sainte, David et Salomon continuaient à être perçus comme des modèles parfaits d'élan religieux. Aux lendemains de l'an 70 apr. J.-C., cependant, la vie spirituelle juive avait changé de centre. Le temple de Jérusalem ayant été détruit, le sacrifice avait cédé le pas à l'étude et à l'observance des lois bibliques ; ces dernières étaient progressivement élaborées et réinterprétées dans des commentaires homilétiques connus sous le nom de Midrash, dont la Michna et le Talmud faisaient l'exégèse en les analysant en profondeur. Les rôles religieux de David et Salomon s'étaient déplacés : dans les traditions et la littérature du judaïsme rabbinique, ils sont l'un et l'autre vénérés, chacun selon ses mérites, comme des exemples et des guides dans l'étude et le respect de la Loi.

La bibliste américaine Jouette Bassler a rassemblé une série d'exemples représentatifs dans lesquels David apparaît comme l'archétype d'un pieux savant rabbinique. Par exemple, l'habileté de harpiste de David semblait répondre à l'objectif suivant : réveiller le roi Saül de son apathie et l'encourager à étudier la Loi. Dans le Midrash rabbinique sur le Lévitique, David en personne apparaît sous les traits d'un érudit de la Torah, au pouvoir analytique exceptionnel, et qui encourageait ses contemporains à l'imiter (*Levitique Rabba* 34.16). En fait, d'après les commentateurs rabbiniques, c'était la dévotion de David pour l'observance de la Torah qui avait encouragé Dieu à lui confier le royaume. Même Salomon – qui gagnera en importance au sein de la tradition judaïque médiévale en tant que miraculeux guérisseur et exorciste – était aussi célébré pour son adhésion à la tradition légale, et pour sa compréhension profonde des raisons des différentes lois.

L'infinie variété des portraits et les contradictions morales enchâssées dans la tradition scripturaire relative à David et Salomon se révélèrent une source abondante de débats inspirés sur la nature de l'humanité. Les descriptions, parfois à peine ébauchées, ou surprenantes, ou contradictoires, des événements rapportés par la Bible devenaient des sujets de spéculation ou des thèmes de discussion, souvent polémiques, à propos de relations familiales, d'observances légales et de règles de comportement au sein de la communauté. Dans le Midrash et les commentaires de la Bible, David devient un père trop indulgent, critiqué pour avoir trop gâté Absalom et Adonias, rendu en partie responsable de leurs mauvaises actions. Dans un Midrash sur Samuel, les rabbins déclarent que Bethsabée fut en partie fautive de l'adultère de David et de ses conséquences dans la mesure où elle s'était déshabillée volontairement dans un endroit où elle savait que le roi pouvait l'apercevoir. Dans ces discussions, les pères fondateurs de la dynastie davidique cessent d'être des idéaux statiques pour devenir des sujets de réflexion et de discussion théologiques animés.

Durant l'élaboration de ce large éventail d'anecdotes et d'événements mentionnés dans la Bible, David et Salomon sont demeurés le socle de la tradition judaïque. L'âge d'or dont ils ont permis l'avènement et dont ils sont devenus les symboles était un élément essentiel pour la compréhension des intentions de Dieu et de l'histoire d'Israël. Nier ou ignorer l'importance de David et Salomon revenait à avilir l'une des traditions centrales du judaïsme. Comme l'exprime le Talmud : « Celui qui conteste la souveraineté de la maison de David mérite d'être mordu par un serpent » (Sanhédrin 110a).

DAVID ET SALOMON COMME MÉTAPHORES CHRÉTIENNES

Tandis que les rabbins élaboraient les traditions et les légendes davidiques et salomoniques, les pères de l'Église offraient à David et Salomon une audience beaucoup plus élargie. La première interprétation christologique de Jésus en tant que véritable héritier de la promesse divine – étant entendu que le contenu des psaumes davidiques et salomoniques se référait explicitement à Jésus – franchit un pas audacieux. Vus à travers une perspective purement chrétienne, David et Salomon cessèrent d'être des personnalités bibliques indépendantes pour devenir de puissantes métaphores de l'histoire du Christ et de l'Église dans chaque épisode ou anecdote.

Dans la *Cité de Dieu*, en commentant Samuel, saint Augustin exprime sa conviction intime que les « promesses qui avaient été faites à David à propos de son fils n'ont aucunement été accomplies par Salomon mais entièrement par le Christ ». Le spécialiste des religions, Jan Wojcik, a mis en exergue quelques-unes des plus marquantes interprétations patristiques de la tradition davidique et salomonique, vue comme une métaphore ; par exemple, saint Augustin laisse entendre que la trahison de David par Ahitophel pendant la révolte d'Absalom cachait une référence voilée à la trahison de Jésus par Judas Iscariote. D'ailleurs, les interprétations augustiniennes des Psaumes peuvent être considérées comme un exercice fascinant de théologie métaphorique, consistant à voir, dans chaque geste, chaque expression de David et Salomon, un lien évident avec les nombreux enseignements de la doctrine chrétienne. Selon saint Augustin, l'histoire de David et Salomon se divise en une série de thèmes religieux exemplaires, indépendamment du contexte originel du narratif biblique.

Un autre père de l'Église, Eucher, interprétait le mariage de David avec Bethsabée, la veuve d'Urie, comme une métaphore de la cour faite par l'Église à la communauté des vrais croyants pour les libérer de l'étreinte d'une foi judaïque discréditée. On pourrait mentionner nombre d'autres métaphores du même type : le duel de David contre Goliath symbolisant la lutte du Christ contre Satan, le discours de David à ses partisans lorsqu'il fuyait Absalom préfigurant le discours d'adieu de Jésus à ses disciples, le Cantique des Cantiques cessant d'exprimer l'élan érotique d'un ancien monarque pour devenir l'expression de l'amour de Dieu pour son Église.

Dès le IVe siècle apr. J.-C., les pères de l'Église étaient déjà convaincus que les Psaumes faisaient référence à Jésus et que les vies de David et Salomon, dans l'intention divine, n'étaient que des métaphores inspirées. Cette lecture de la tradition davidique et salomonique était devenue article de foi. Cependant, lorsque des missionnaires chrétiens ont quitté le milieu intellectuel des cités romaines du pourtour méditerranéen pour s'aventurer dans des territoires païens beaucoup plus lointains, une signification plus concrète et réaliste refit surface. La Bible, utilisée comme ouvrage de référence des symboles christologiques, trouva vite un public avide des récits hauts en couleur de l'ancien Israël et de ses rois glorieux, qui les absorba – presque littéralement – comme des modèles de comportement de leurs propres dirigeants et comme des expressions de leur propre identité. D'une certaine manière, le processus commencé dans les hautes terres de Juda au Xe siècle av. J.-C. connut une seconde naissance parmi de nouveaux peuples et sur de nouvelles terres.

DE NOUVEAUX DAVID ET SALOMON

Avec une nouvelle énergie et de nouvelles variations originales, le cycle légendaire fut adopté à travers les plaines de l'Europe du Nord à mesure qu'émergeait une nouvelle civilisation. La désintégration graduelle de l'Empire romain entraîna des migrations de populations et une transformation des schémas sociaux – non seulement dans les anciennes provinces de Britannia, de Gaule, de Pannonie, d'Illyrie, de Dace et de Mésie, mais aussi dans les étendues forestières ou montagneuses, dans les steppes de l'Europe du Nord, qui n'avaient jamais subi la férule romaine. L'historien Patrick Geary a étudié attentivement le processus complexe de fragmentation, de migration et d'intégration par lequel les nations modernes de l'Europe ont atteint les formes que nous leur connaissons. Comme il le suggère, les Francs, les Goths, les Lombards, les Saxons, les Avars et les Vandales (parmi tant d'autres) ne constituaient pas à l'origine des peuples distincts. Graduellement acquise, leur identité s'est forgée par un phénomène de cristallisation de peuplades que les Romains mettaient dans un même sac en les qualifiant de « barbares ».

Par de nombreux aspects, ce processus ne faisait que répéter cet enchaînement de la désintégration impériale puis de l'émergence de nouveaux peuples et de nouveaux États, qui s'était maintes fois déroulé auparavant dans l'histoire. Comme nous l'avons vu, l'effondrement de l'Égypte du Nouvel Empire, à la fin du Bronze récent, avait entraîné, lui aussi, des mouvements et des cristallisations de peuples sur la scène historique.

La montée au pouvoir de David dans les hautes terres fit partie de ce type de développement propice à la genèse d'une tradition durable. Fondée sur les souvenirs d'un chef particulier, dont l'émergence s'est déroulée à une époque de crise politique et sociale, elle peut être élargie et adaptée de façon à être utilisée comme référence identitaire par une communauté en phase de transformation, passant par les stades successifs de chefferie, de royaume, de vassal d'un empire, pour aboutir à une communauté religieuse. Tandis que les missionnaires chrétiens se répandaient à travers l'Europe, annonçant la bonne nouvelle aux sujets de l'Empire romain au moment même où cet empire se désintégrait, la tradition davidique et salomonique joua un rôle proéminent dans leurs prêches et dans leurs sermons bibliques.

Les images du grand roi, du guerrier intrépide – auteur de psaumes –, ou du souverain empreint de sagesse et couvert de richesses qui construisit une vaste cité et un Temple majestueux forment la toile de fond des histoires évangéliques. Mais elles occupèrent de plus en plus l'avant-scène, car les récits captivants et parfois sanglants de l'Israël biblique avaient un plus fort impact sur les prosélytes païens que les paraboles évangéliques ou les interprétations métaphoriques de la littérature des débuts du christianisme. Ici et là, des chefs de bande rassemblaient leurs partisans pour les convaincre des avantages d'une conversion au christianisme. De son côté, Jésus siégeait en majesté au plus haut des cieux, à la place des dieux protecteurs qu'ils avaient auparavant adorés. En revanche, David et Salomon émergeaient comme des modèles plus tangibles pour les royaumes qu'ils étaient occupés à se tailler.

Ainsi, de nouveaux David émergèrent pour combattre les féroces ennemis de leur peuple et pour arracher l'onction divine à d'autres prétendants. De nouveaux Salomon construisirent des cités rustiques, d'imposants châteaux, de hautes cathédrales, à travers toute l'Europe, où les images bibliques des rois de Jérusalem servaient de décors, même s'ils évoquaient un rêve et un idéal impossible à atteindre. L'histoire de David et Salomon occupait une place de choix au cœur même de la nouvelle civilisation de l'Europe chrétienne. Modèles de royauté légitime, en dépit de leur humaine fragilité et complexité, visions de grandeur et de pardon, espoirs apocalyptiques, moments de lutte et de triomphe, les images de David et Salomon – peintes, sculptées, représentées sur d'immenses vitraux – allaient faire partie des traditions médiévales et modernes de l'Occident, au même titre que les contes et légendes du folklore européen.

Épilogue :

Symboles d'autorité
David et Salomon dans l'imagerie médiévale et moderne

Dans l'art de l'Europe médiévale, innombrables sont les représentations de David et Salomon. Leur portraits imaginaires, les scènes illustrées de leurs vies abondent, sur toutes sortes de supports : enluminure, fresque, vitrail, pierre, ivoire, émail, mosaïque, tapisserie, métal. En 2002, *The Index of Christian Art* a publié un catalogue de 245 scènes où David apparaît régulièrement, dans plus de 5 000 exemples pris à travers toute l'Europe, illustrant chaque épisode de l'histoire biblique depuis sa naissance jusqu'à sa mort. Une comptabilité identique des représentations artistiques médiévales de Salomon ajouterait certainement plusieurs milliers d'exemples à cette liste. Qu'y avait-il de si particulier dans ces deux personnages anciens pour capturer ainsi l'imagination de tant de générations d'artisans médiévaux et passionner leurs commanditaires, qu'ils aient appartenu à la noblesse ou au clergé ? Pour simplifier, disons que David et Salomon avaient fini par représenter une vision commune de pieuse gouvernance chrétienne.

L'histoire de la propagation de cette vision ne peut être retracée que dans les œuvres d'art qui ont survécu et dans quelques références littéraires éparses. Chacune représente un moment d'introspection et de reconnaissance, dans lequel les histoires bibliques relatives au sacre, à la conquête, à la fortune, au jugement, aux désirs et aux regrets font vibrer une corde sensible et familière. Comme nous l'avons vu, la tradition davidique et salomonique est loin d'être une chronique exacte du royaume de Juda au xe siècle avant notre ère ; dans ses couches successives et ses multiples réinterprétations, s'accumulent la sagesse collective et l'expérience de nombreux siècles d'observation et de réflexion sur la nature du pouvoir monarchique et sur l'identité nationale.

Transportée à travers l'Europe dans les récits et les manuscrits bibliques qui accompagnaient les missionnaires chrétiens, préservée par les scribes des monastères et les bâtisseurs de cathédrales, la légende de David et Salomon interpelle les rois et les prélats, comme le ferait un guide des relations entre l'Église et la Couronne. De grands monarques, comme Charlemagne, pouvaient admirer les exploits militaires de David et la splendeur du royaume de Salomon, à l'incomparable prospérité, si sagement gouverné. Sertie de pierres précieuses, la couronne de l'empereur germanique Conrad II porte les représentations cloisonnées de David et Salomon. Évêques et prélats pouvaient appeler les princes et les monarques européens au repentir et à la contrition en leur rappelant les dures leçons de l'adultère davidique avec Bethsabée et de l'apostasie salomonique. En équilibre instable entre la grandeur terrestre et la soumission spirituelle, la saga de David et Salomon reflétait et générait à la fois une vision particulièrement complexe du monde.

Cette vision ne touchait pas seulement l'Europe. À mesure que l'islam se répandait à travers le Proche-Orient, l'Afrique du Nord et les Balkans, l'image de David et Salomon imprimait une influence durable dans la conscience des califes, des sultans et des imams. Le Coran avait adopté une bonne partie de la tradition biblique. Daoud et Soliman y apparaissent sous les traits de souverains et de juges d'une grande noblesse, qui, déjà à leur époque, exprimaient la volonté d'Allah. Soliman en particulier était considéré comme l'un des plus grands chefs de l'histoire, avec Nemrod, Nabuchodonosor et Alexandre le Grand. Ses pouvoirs magiques, sa rencontre avec la reine de Saba (Bilkis, en arabe) étaient célébrés de la Perse au Maroc dans de délicates œuvres d'art, une littérature abondante et des folklores variés. À l'instar de leurs incarnations juives et chrétiennes, Daoud et Soliman personnifiaient des modèles plus grands que nature sur lesquels les dirigeants contemporains devaient être jugés.

Durant le haut Moyen Âge, le lignage de David et Salomon – représenté par l'Arbre de Jessé, dont les rameaux ascendants entourent les générations successives de monarques bibliques, de saints, de princes médiévaux sur les porches ou dans les vitraux lumineux des cathédrales gothiques – en était arrivé à exprimer le droit divin des rois, à universaliser le principe d'une royauté héréditaire. À chaque stade de l'évolution de la tradition davidique et salomonique, partout où elle s'est développée, le présent était vu comme la culmination du plan éternel de Dieu, et David et Salomon, comme des modèles définissant la royauté européenne elle-même.

Mais l'histoire se poursuivait. Sous la Renaissance, une nouvelle vision de l'action et de la destinée individuelles transforma l'image de David ; le pieux monarque fit place à l'image du beau jeune homme, musculeux, sûr de lui, popularisée par l'immortel chef-d'œuvre de Michel-Ange. Plus tard, les sombres tableaux bibliques de Rembrandt et des grands maîtres de l'école hollandaise représentent David et Saül comme des incarnations de conflits individuels et d'introspection, leurs vertus ou leurs vices étant laissés à l'appréciation du public plutôt qu'aux dogmes d'une Église établie. En fait, l'image de David et Salomon n'a jamais cessé d'évoluer ; ils demeurent des pères fondateurs, énigmatiques, mais toujours aussi vivants, dans les rêves d'âge d'or de toutes les générations. Le pouvoir de leur histoire réside, en définitive, dans sa manière d'anticiper un avenir utopique, dont la signification et la forme ont été profondément définies par la situation historique particulière dans laquelle l'histoire de David et Salomon a été contée, représentée ou lue.

Le défi que nous avons tenté de relever dans cet ouvrage a consisté dans la recherche des David et Salomon historiques, et dans l'utilisation de l'outil archéologique et historique pour retracer leur image biblique à travers les millénaires. Pas à pas, nous avons suggéré une reconstruction du processus historique par lequel les personnalités de David et Salomon ont occupé le centre d'une légende fondatrice, complexe et adaptable, née dans l'ancien royaume de Juda, puis, répandue à travers l'ensemble du monde occidental. Nous avons montré comment les souvenirs des fondateurs de la dynastie judéenne de l'âge du Fer ont été remaniés, afin d'être mis au service de nouvelles conditions sociales et économiques en mutation. Et nous avons décrit le processus multiséculaire par lequel la tradition davidique et salomonique a été utilisée pour renforcer l'autorité des idéologies religieuses du judaïsme et du christianisme – David et Salomon devenant de parfaits exemples occidentaux de gouvernance royale, des modèles de relation entre la nation et l'individu.

La nouvelle vision archéologique de David et Salomon nous a permis de séparer les faits historiques de leur permanente reconstruction. L'histoire est faite d'accidents, d'une quête obstinée de la survie face aux menaces extérieures et aux bouleversements domestiques. La simplicité et la fluidité des éléments narratifs de la tradition davidique et salomonique lui ont permis de se transmettre et de se laisser réinterpréter librement, en permanence. Ce processus de vénération et de transformation de leurs images ne semble pas vouloir s'arrêter.

Nous vivons dans un monde tiraillé entre les nationalismes conflictuels et l'empire de la mondialisation. Ce sont les mêmes thèmes qui ont fondé la légende davidique, dans le Juda des VIIIe et VIIe siècles avant notre ère, et ce sont les deux thèmes majeurs autour desquels s'est développée et transformée l'histoire de David et Salomon. Notre perspective est résolument moderne. Nous ne caressons plus l'espoir de ressusciter un royaume de l'âge du Fer. Nous ne pouvons plus compter sur des rêves messianiques pour apaiser nos cauchemars collectifs. Et nous ne pouvons plus évoquer les droits divins des rois pour justifier les décisions de nos dirigeants. Pourtant – en raison de notre besoin d'identité historique et de notre foi en la possibilité d'une noble gouvernance –, l'histoire de David et Salomon conserve son pouvoir.

Mieux comprendre le processus de fabrication du mythe davidique et salomonique ne signifie pas remettre en question la valeur intrinsèque de la tradition. Au contraire, il devient capital de mieux apprécier notre histoire commune et le rôle qu'elle a joué dans la formation de la tradition biblique du judaïsme et du christianisme. Les figures de David et Salomon sont le fondement sur lequel repose notre civilisation, dans sa tentative de réconcilier les souvenirs d'un âge d'or et de ses dirigeants idéaux avec nos propres réalités politiques, sociales et religieuses en mutation constante. De ce point de vue – à la lumière des découvertes que nous avons présentées –, l'archéologie n'a pas détruit, ni même altéré, la valeur de l'ancienne tradition davidique et salomonique : elle s'est contentée, une fois de plus, de la remodeler.

Appendice A

David a-t-il existé ? Les minimalistes et l'inscription de Tel Dan

Au sein des études bibliques, une école de pensée – dont les membres sont parfois qualifiés de « minimalistes » – part du principe que les récits consacrés à David et Salomon, et l'histoire deutéronomique sont des compositions tardives, largement fictives, motivées exclusivement par la théologie, et ne contenant que de vagues et peu fiables renseignements historiques sur les origines et l'histoire des débuts d'Israël.

Les opinions diffèrent, dans le milieu minimaliste, sur l'époque où les anciens scribes ont écrit la Bible – la fourchette se situant entre la période perse et la période hellénistique (du Vᵉ siècle au IIᵉ siècle avant notre ère) –, mais les minimalistes s'accordent pour affirmer que ce processus a eu lieu de nombreux siècles après l'extinction du royaume de Juda.

D'après le savant britannique Philip Davies, la composition du récit s'inscrivait dans un contexte politique précis. Dans son ouvrage intitulé *In Search of Ancient Israel* (1992), il décrit la création et la compilation de l'histoire deutéronomique comme résultant d'un long processus, la forme finale du narratif ayant été créée dans la Judée des Hasmonéens, au IIᵉ siècle avant notre ère. « La création historique et littéraire de la Bible, écrit Davies, [...] est un concept hasmonéen. » Pour Davies, les auteurs du texte biblique étaient des idéologues au service du Temple et de son *establishment*. D'autres minimalistes attribuent cette idéologie aux objectifs politiques des prêtres et des nobles judéens, revenus de l'exil à Babylone, vers la fin du VIe siècle ou au Ve siècle avant notre ère. D'après cette théorie, ces nouveaux dirigeants étaient de loyaux agents du pouvoir impérial, désireux de renforcer leur position au sein de la population demeurée sur place durant l'exil. Cette nouvelle élite, parachutée de l'extérieur, après avoir supplanté les autorités locales de Juda, ressentit le besoin de créer sa propre histoire pour légitimer son pouvoir. C'est la raison pour laquelle les scribes de la période postexilique, à Jérusalem, se seraient mis à collecter des contes populaires et de vagues souvenirs pour les tisser habilement dans la trame d'une histoire totalement imaginaire, où l'accent était mis sur la centralité de Jérusalem, sur son Temple, son culte, sa classe sacerdotale. Fruit d'une pure innovation, cette histoire était destinée à ériger un mythe « national » des origines là où il n'en avait jamais existé auparavant. Dès lors, privés du moindre fondement historique, les récits de la Bible n'auraient été qu'un puissant outil de propagande, fabriqué pour faire accepter un narratif inventé de toutes pièces – avec des patriarches, un exode, une conquête, un âge d'or de David et Salomon – au public naïf des périodes perse et hellénistique.

Quelle reconstruction les minimalistes font-ils de l'histoire de la Terre sainte *avant* la Bible ? Dans son ouvrage intitulé *The Mystic Past* (2000), le bibliste américain Thomas Thompson, non content d'accepter l'idée d'une histoire d'Israël très tardive et presque entièrement fictive, réinterpréta également les données archéologiques afin de reconstruire une société multiethnique dans une Palestine de l'âge du Fer, dénuée de la moindre religion et de la moindre identité ethnique. Une population hétérogène était partagée entre les centres régionaux de Jérusalem, de Samarie, de Megiddo, de Lakish, et d'autres villes. Leurs habitants admiraient leurs propres héros locaux et vénéraient une large panoplie d'anciennes déités proche-orientales. La Bible aurait falsifié cette réalité en inventant une théologie inflexible de faute et de rédemption nationales. C'est pourquoi, affirment les minimalistes, il ne peut y avoir de preuve archéologique de la monarchie unifiée, et encore moins d'une personnalité historique comme David, dans la mesure où ils font partie d'une mythologie religieuse que les scribes judéens ont inventée de toutes pièces durant les périodes perse et hellénistique.

Cette théorie révisionniste est entachée d'inconsistance, à la fois logique et archéologique. Premièrement, les preuves d'activités littéraires et scripturaires à Jérusalem durant les périodes perse et hellénistique (du moins, au début de cette dernière) ne sont pas plus nombreuses – en réalité elles sont moindres – que celles des VIIIe et VIIe siècles avant notre ère. Prétendre, comme le font les minimalistes, qu'au Ve, ou au IVe, voire au IIe siècle av. J.-C., une poignée de scribes d'une petite cité excentrée, avec son modeste temple, nichée dans les monts judéens, ont compilé une composition minutieusement détaillée, d'une longueur inouïe, portant sur l'histoire, les personnalités et les événements d'un « Israël » fictif de l'âge du Fer, sans le moindre recours à des sources anciennes, exige pour être cru une foi aveugle dans un fabuleux exploit.

Les listes interminables de noms propres de personnes et de lieux, en plus des détails précis de l'organisation administrative du royaume de Juda, qui appartiennent à l'histoire deutéronomique, seraient d'une longueur excessive, voire inutile dans un récit purement mythique. Et, si elles ont été inventées, s'il s'agit d'un artifice, alors il faut bien admettre qu'elles correspondent de façon frappante avec les réalités concrètes antérieures. Les prospections archéologiques confirment en effet qu'un grand nombre de listes géographiques de la Bible – villes et villages des tribus, districts des royaumes – correspondent de très près aux schémas de peuplement et aux réalités historiques des VIIIe et VIIe siècles av. J.-C.

Détail tout aussi important : une quantité non négligeable d'archives extrabibliques – principalement assyriennes – confirment les événements, décrits par la Bible, qui se sont déroulés entre les IXe et VIIe siècles. En outre – détail tout aussi significatif –, le plus gros de l'histoire deutéronomique est composé en un hébreu qui appartient à la fin de la période monarchique, sensiblement différent de l'hébreu de la période postexilique.

L'archéologie est-elle à même de démontrer que David et Salomon sont des personnages historiques ? Au plus fort de la controverse scientifique, les fouilles du site de Tel Dan, dans la partie nord d'Israël, proche des sources du Jourdain, ont livré une découverte qui a bouleversé la nature du débat sur l'existence historique de David et Salomon.

LA STÈLE DE TEL DAN

Le site biblique de Tel Dan a fait l'objet de fouilles prolongées, dirigées par le vétéran de l'archéologie israélienne, Avraham Biran. Le site a été identifié de façon concluante à la cité la plus septentrionale du royaume d'Israël, Dan. Les fouilles ont permis la mise au jour de larges sections d'anciennes cités du Bronze moyen et du Fer, ainsi que le dégagement d'une lourde plate-forme sur laquelle, on le suppose, sacrifiaient des prêtres et des rois israélites. Trop distant de Jérusalem, le site de Dan n'était pas le candidat rêvé pour apporter de nouvelles preuves dans le débat de plus en plus âpre tournant autour de l'existence historique de David et Salomon. Or, le 21 juin 1993, Gila Cook, ingénieur géomètre du chantier de Dan, travaillait sur une vaste esplanade qui s'étendait à l'extérieur des portes de la cité israélite. Un mur bâti en pierre sèche, brisée et récupérée sur des édifices plus anciens, délimitait l'esplanade. Au soleil d'une fin d'après-midi, alors que son regard se posait par hasard sur ce muret rustique, une ancienne inscription, gravée sur la surface polie de l'une des pierres de récupération, sauta aux yeux de Gila Cook.

Il s'agissait d'un fragment d'inscription triomphale, en araméen, dont les caractères anciens avaient été ciselés dans le basalte noir. L'année suivante, deux fragments additionnels de la même stèle furent découverts. Treize lignes d'une déclaration royale qui avait été « affichée » en place publique purent ainsi être reconstituées. Le roi qu'elle commémorait devait probablement être Hazaël, le dirigeant d'Aram-Damas, cité à la fois par la Bible et les archives assyriennes comme un personnage ayant joué un rôle international de premier plan vers la fin du IXe siècle. Le livre des Rois mentionne ses batailles contre Israël. Et voilà qu'une inscription contemporaine, traduite par l'épigraphiste Joseph Naveh et par Avraham Biran, nous fit de nouveau entendre, après de nombreux siècles, la voix émouvante du roi Hazaël !

1 – [… …] et coupa […]

2 – […] mon père marcha [contre lui quand] il combattit à […]

3 – et mon père se coucha, et partit rejoindre ses [ancêtres]. Et les rois d'I[s]-

4 – raël entrés auparavant sur la terre de mon père. [Et] Hadad me fit roi.

5 – Et Hadad marcha devant moi, [et] j'ai quitté [le] sept [...-]

6 – de mon royaume, et j'ai tué [soixan]te roi[s], qui possédaient des mil[liers de cha-]

7 – rs et des milliers de cavaliers (*ou* de chevaux). [J'ai tué Jeho]ram, fils de[Ahab]

8 – roi d'Israël, et [j'ai] tué [Ahaz] iahu, fils de [Jehoram r]

9 – oi de la **Maison de David**. Et j'ai changé [leurs villes en ruine et transformé]

10 – leur terre en [désert...]

11 – autre [... et Jehu ré]

12 – gna sur Is[raël... et j'ai mis]

13 – le siège devant [...]

En dépit de son état hautement fragmentaire, cette inscription, minutieusement reconstituée par Naveh et Biran, ouvre une perspective unique sur les turbulences politiques de la région au IXe siècle avant J.-C. Elle décrit, d'un point de vue araméen, le conflit territorial entre Israël et Damas, qui provoqua nombre de batailles et de destructions. Elle raconte comment Hazaël (le « fils de personne », d'après une source assyrienne) lança une grand offensive de représailles contre ses adversaires méridionaux.

Dans des mots ciselés dans le basalte vers 835 avant notre ère, Hazaël proclame avoir tué le roi d'Israël et son allié, le roi de la « Maison de David ». Pour la première fois, le nom David est cité par une source étrangère à la Bible, qui plus est un siècle seulement après la propre époque de David. Le fragment de texte réfère certainement à la mort du roi d'Israël, Joram, et à celle du roi Ochozias, de la « Maison de David ». L'assertion des minimalistes, prétendant que la Bible est une création tardive et imaginaire, et que le personnage de David relève de la fiction, venait de recevoir un démenti magistral.

L'« inscription de la Maison de David », comme on l'appelle désormais, témoigne de l'existence d'une lignée de souverains qui, dès le IXe siècle av. J.-C., faisaient remonter leur légitimité à David en personne. Hazaël employait un genre répandu à son époque, consistant à nommer un État d'après le nom du fondateur de la dynastie régnante.

Mais la mention du nom royal, même si elle confirme l'existence d'un fondateur de dynastie nommé David, n'offre aucune information sur la personnalité du roi en question. En outre, le texte est en désaccord avec la Bible. L'auteur biblique, en effet, rapporte (2 R 9,14) bien que Joram et Ochozias ont péri au même moment, mais les causes de leur décès diffèrent du tout au tout : Hazaël n'y joue aucun rôle, car elles résultent d'un brutal coup d'État lancé par le général israélite (qui s'emparera du trône) Jehu. Les biblistes ont justifié cette discordance en suggérant que Jehu devait être un vassal de Hazaël. Mais quelque chose d'infiniment plus complexe semble s'être déroulé. Quoi qu'il en soit, une fois de plus, la réalité historique et le mythe biblique divergent.

Le souvenir évanescent d'un traumatisme historique (la mort soudaine, quasi simultanée, des deux souverains, Joram et Ochozias) a survécu aux ravages des siècles alors que la mémoire du contexte historique précis, dans la politique du IXe siècle, s'est estompée, puis effacée. La survie du souvenir, en dépit de la transformation biblique du scénario, témoigne de la continuité de la mémoire collective de l'ancien Israël, reflétée plus tard dans le texte de l'histoire deutéronomique. En résumé, l'inscription de Tel Dan apporte un témoignage indépendant en faveur de l'existence historique d'une dynastie fondée par un chef nommé David, témoignage postérieur d'à peine quelques générations après l'époque où ce dernier est présumé avoir vécu.

Appendice B

La quête de la Jérusalem de David et Salomon Les fouilles, la Bible et les données archéologiques

Jérusalem a toujours été un centre d'intérêt primordial dans la quête archéologique de David et Salomon. Des siècles durant, la cité a attiré pèlerins, explorateurs, antiquaires, en quête de vestiges authentiques de la citadelle de David et des monuments légendaires de Salomon. Tout au long du récit biblique, en leitmotiv, le nom de Jérusalem revient comme le lieu où David et Salomon ont accompli leurs plus glorieux exploits, célébré leurs plus éclatants succès. Que ce soit lors de la conquête davidique de la ville, prise d'assaut au cours d'un raid d'une rare audace à travers un canal souterrain (2 S 5,6-8), ou lors de l'installation de David dans la citadelle, ou lors du transfert de l'arche d'alliance vers la nouvelle capitale (2 S 6), ou dans les projets ambitieux de Salomon, en vue d'y bâtir un grand palais et un Temple sacré (1 R 7-8), Jérusalem est la scène sur laquelle s'est joué le drame biblique.

Certains sites de Jérusalem ont été connectés à David par la tradition folklorique – sans le moindre fondement historique. Le Tombeau de David, sur le mont Sion, est une structure médiévale. La célèbre tour de David, proche de la porte de Jaffa – qui joua longtemps le rôle d'icône des aspirations juives pour un retour dans la ville sainte –, est en réalité un minaret bâti par Soliman le Magnifique, pour la garnison ottomane qui gardait la cité. Riche de vestiges d'une haute antiquité, enfouis ou dissimulés par des édifices modernes, Jérusalem a toujours attiré les explorateurs déterminés à découvrir des indices authentiques mais cachés des règnes glorieux de David et Salomon.

Dominant les ruines, les bazars, et le bouquet de dômes de la vieille ville, s'étend l'immense esplanade du Temple érigée par Hérode le Grand au Ier siècle av. J.-C., sur le site des Temples précédents. Le premier d'entre eux, d'après la Bible, avait été le Temple de Salomon. Malheureusement, la sacralité des lieux, aux yeux à la fois des juifs et des musulmans (en raison de la présence du dôme du Rocher et de la mosquée al-Aqsa), ajoutée à l'énormité et à la dimension des vestiges du Temple hérodien, constitue un obstacle insurmontable aux tentatives d'y retrouver des vestiges datant de l'époque de David et Salomon.

L'un des premiers fouilleurs de Jérusalem, le capitaine Charles Warren, des British Royal Engineers, dirigea une expédition au bénéfice du Palestine Exploration Fund, en 1867-1870. Au risque de sa vie et de celle de ses hommes, il creusa de profondes cheminées le long des murs cyclopéens de l'enceinte hérodienne, en quête des restes de l'ancien sanctuaire de Salomon. Warren examina soigneusement les infrastructures et le complexe des anciens édifices connectés à l'esplanade hérodienne ; il en tira le premier plan détaillé de la zone ; il apparut alors clairement que les vestiges ultérieurs avaient complètement enseveli et sans doute oblitéré les structures antérieures de ce site sacré. Par conséquent, pour ce qui concerne le mont du Temple, en tout cas, la quête archéologique de David et Salomon aboutissait à un cul-de-sac.

LES FOUILLES DE LA CITÉ DE DAVID

Tandis que se poursuivaient les recherches archéologiques à Jérusalem, il devenait clair que l'endroit le plus indiqué pour la quête de vestiges de l'époque de David et Salomon n'était pas le mont du Temple, ni les édifices étroitement entassés à l'intérieur de l'enceinte de la cité ottomane, mais le long d'une corniche escarpée dont le promontoire s'allongeait au sud du mont du Temple, au-delà des remparts. Cette aire avait été identifiée dès le XIXe siècle à l'Ophel, ou la « Cité de David », souvent mentionnée dans le texte biblique. Il s'agit en effet du tell, ou ancien tertre, formé des couches de débris et de structures de la Jérusalem du Bronze et du Fer.

L'état des vestiges recouvrés ici fut toujours très fragmentaire. Tous les fouilleurs importants de cette zone de Jérusalem – Raymond Weill (1913-1914 ; 1923-1925), Robert Alexander Stewart Macalister et Garrow Duncan (1923-1925), John Winter Crowfoot et Gerald M. Fitzgerald (1925-1927), Kathleen Kenyon (1961-1967), Yigal Shiloh (1978-1984) – ont tiré les conclusions que, en raison de la forte déclivité du terrain et d'une érosion destructrice constante, l'intégralité de la cité davidique a été perdue. Pourtant, ici et là, sur différents chantiers de fouille, ils sont tombés sur des dépôts de céramiques ou des éléments architecturaux isolés qu'ils ont connectés au temps de David, c'est-à-dire au Xe siècle avant notre ère : la possible plateforme de la citadelle davidique, le canal souterrain par lequel David et ses hommes ont pénétré dans la cité, les tombeaux présumés de David, Salomon et d'autres rois judéens. Malheureusement, ces affirmations reposaient sur un raisonnement en boucle. Partant du principe que les récits bibliques étaient des sources historiques fiables, ces chercheurs ont identifié ces ruines à des éléments mentionnés dans la Bible. Puis, ces identifications hasardeuses faisant figure de « preuves » archéologiques, elles servirent à démontrer la validité de la description biblique.

La structure à degrés en est un exemple frappant. Dégagé dans les années 1920, cet imposant rempart de cinquante-huit rangées de gros blocs de pierre calcaire, conservé sur une hauteur de 16,50 m, forme comme une enveloppe protectrice soutenant l'extrémité supérieure du versant oriental de la Cité de David. Dirigées par Kenyon et par Shiloh, des fouilles plus récentes ont permis de dégager un réseau inférieur de terrasses pierreuses, probablement érigées pour stabiliser et élargir l'étroite surface plane surmontant la corniche, voire pour supporter un lourd édifice qui s'y dressait peut-être. Les premiers fouilleurs ont suggéré que la structure à degrés faisait partie des fortifications de la cité jébuséenne conquise par David. Kenyon et Shiloh ont cru qu'elles étaient la preuve d'activités importantes de construction au Xe siècle avant J.-C., au temps de David et Salomon – faisant peut-être partie du Millo, cette mystérieuse structure mentionnée dans le second livre de Samuel (2 S 5,9).

Pourtant, les débris de céramique découverts entre les marches de la structure à degrés comportent des types qui remontent du début du Fer et qui s'étendent jusqu'au IXe, voire au début du VIIIe siècle av. J.-C. Apparemment, ce monument daterait au moins d'un siècle après l'époque de David et Salomon. Qui l'a construit, quand précisément, et pour quel usage ? Le mystère – en tout cas pour l'archéologie – demeure. Tout ce qu'on peut en dire – encore que ce ne soit pas totalement clair – est que certaines des terrasses inférieures servaient déjà au Xe siècle avant J.-C.

Une autre découverte importante faite dans cette zone a été connectée à la ruse employée par David pour conquérir Jérusalem, en pénétrant dans la cité par un tunnel. Un passage biblique énigmatique relate l'événement :

> Et le roi et ses hommes marchèrent sur Jérusalem contre les Jébuséens qui habitaient le pays, et ceux-ci dirent à David : « Tu n'entreras pas ici, mais les aveugles et les boiteux t'en empêcheront » – pensant, « David ne peut entrer ici ». Mais David s'empara de la forteresse de Sion, qui est la Cité de David. Ce jour-là, David dit : « Quiconque frappera les Jébuséens, qu'il monte à travers le canal pour attaquer les aveugles et les boiteux, qui dégoûtent l'âme de David. » C'est pourquoi il est dit : « Aveugles et boiteux n'entreront pas dans la Maison » (2 S 5,6-8).

En 1867, l'explorateur britannique Charles Warren sonda un tunnel, sur la partie la plus élevée du versant oriental de la Cité de David, non loin de la structure à degrés. Il découvrit un système comprenant deux puits et une galerie souterraine horizontale d'une cinquantaine de mètres de longueur, à une profondeur d'une trentaine de mètres. Le tunnel aboutissait au Gihon, l'unique source permanente d'eau douce de Jérusalem, située dans le vallée du Cédron, au pied du versant. Ce type de système hydraulique était loin d'être unique dans l'ancien Proche-Orient ; en effet, l'un des problèmes majeurs rencontrés par les habitants d'une cité, même modeste, était la protection des sources en cas de siège, celles-ci se trouvant en général à l'extérieur des remparts. La meilleure solution consistait alors à créer un passage protégé, allant de la cité jusqu'à la source, en taillant s'il le fallait un tunnel dans la roche.

Pour de nombreux biblistes, Warren avait découvert le tunnel emprunté par David pour conquérir la cité en surprenant ses défenseurs. Mais la datation du « puits de Warren » s'est révélée délicate. De récentes recherches sur le versant oriental de la Cité de David, par les archéologues israéliens Ronnie Reich et Eli Shukron, ont indiqué que le percement et l'extension du puits de Warren avaient demandé plusieurs siècles. Creusé au Bronze moyen (2000-1550 av. J.-C.), il fut prolongé vers la fin de la Monarchie, au VIIIe siècle av. J.-C. Avec un passé historique aussi long, cette trouvaille ne peut servir à prouver la réalité historique de la version biblique de la prise de Jérusalem, laquelle pourrait être une légende qui se serait développée ultérieurement pour expliquer l'origine du système de puits et de tunnels qui trouent le versant oriental de la corniche. La conclusion du passage biblique (« c'est pourquoi il est dit... ») semble confirmer l'explication d'une étiologie folklorique.

LE TOMBEAU DES PREMIERS ROIS DAVIDIQUES

Une autre relique douteuse est un édifice à demi détruit, creusé dans la roche, que certains savants ont identifié à la sépulture où reposaient de nombreux membres de la dynastie davidique. Le tombeau originel de David – qu'il ne faut pas confondre avec le sanctuaire médiéval du mont Sion – se trouve indirectement mentionné par le récit biblique, qui répète, à propos de David, de Salomon, et des autres rois de Juda : « [Il] se coucha avec ses pères et on l'ensevelit dans la Cité de David. » Au début du XXe siècle, l'archéologue français Raymond Weill dégagea une série de grottes artificielles creusées dans la roche, à proximité de l'éperon sud de la Cité de David ; il découvrit deux chambres en forme de tonneaux, dont les parties frontales avaient été retirées. Weill a interprété ces structures comme étant les vestiges des tombeaux des rois de Juda. D'autres savants, dont l'historien et archéologue israélien Benjamin Mazar, les ont eux aussi connectées à David et Salomon.

Cette interprétation a été contestée. En effet, l'archéologie est de mieux en mieux familiarisée avec les types de sépultures caractéristiques des familles de l'aristocratie hiérosolymite de l'âge du Fer, dont certaines nous sont bien connues grâce au cimetière de Siloé, situé en face de la Cité de David, à l'est. La structure creusée dans la roche, dégagée par Weill, n'offre aucun point commun avec les sépultures familiales, composées d'une ou plusieurs chambres funéraires, de la noblesse judéenne, durant les différentes phases du Fer. Bien sûr, on ne peut exclure la possibilité que les sépultures royales aient été d'un modèle tout à fait unique ; mais, pour l'instant, les chambres vides creusées dans la roche de la Cité de David constituent davantage un mystère qu'une preuve tangible de quoi que ce soit.

ABSENCE DE PREUVE OU PREUVE D'ABSENCE ?

Comme nous l'avons mentionné, les savants, anciens ou modernes, ont abouti à la conclusion que le plus gros des vestiges archéologiques de la Jérusalem de David et Salomon était situé au sommet du promontoire, dans la zone du mont du Temple, et que les activités de construction de grande amplitude menées par Hérode le Grand, à l'époque romaine, avaient enseveli ou oblitéré la moindre trace d'installation davidique ou salomonique. Cependant, si Jérusalem était une capitale royale animée d'une intense activité quotidienne, une partie au moins de ses déchets aurait dû se conserver. Les pentes des tertres des anciennes cités du Proche-Orient servaient de décharge à ordures aux anciens habitants ; à l'extérieur des murailles, on trouve d'épaisses couches d'ossements, des matériaux de construction, et des tessons en abondance. Malheureusement, les fouilles approfondies des versants sud et sud-ouest du mont du Temple n'ont permis de mettre au jour qu'une poignée de tessons datant du Xe siècle av. J.-C.

Cette aire de Jérusalem s'est révélée riche en impressionnantes trouvailles archéologiques, mais elles ne collent pas à la chronologie du récit biblique. En dépit du fait que le site a été occupé de façon continue dès le Chalcolithique (4 000 avant notre ère) et jusqu'à nos jours, avant l'époque romaine, il n'a connu que deux périodes majeures de construction et d'expansion, dont aucune ne correspond aux règnes de David et Salomon. Au Bronze moyen, autrement dit six ou sept siècles *avant* l'époque présumée de David, les tours et les murailles cyclopéennes d'une ville fortifiée ont été élevées sur le versant oriental de la Cité de David. Puis il faudra attendre la fin du VIIIe et le VIIe siècle avant notre ère, donc deux ou trois cents ans *après*

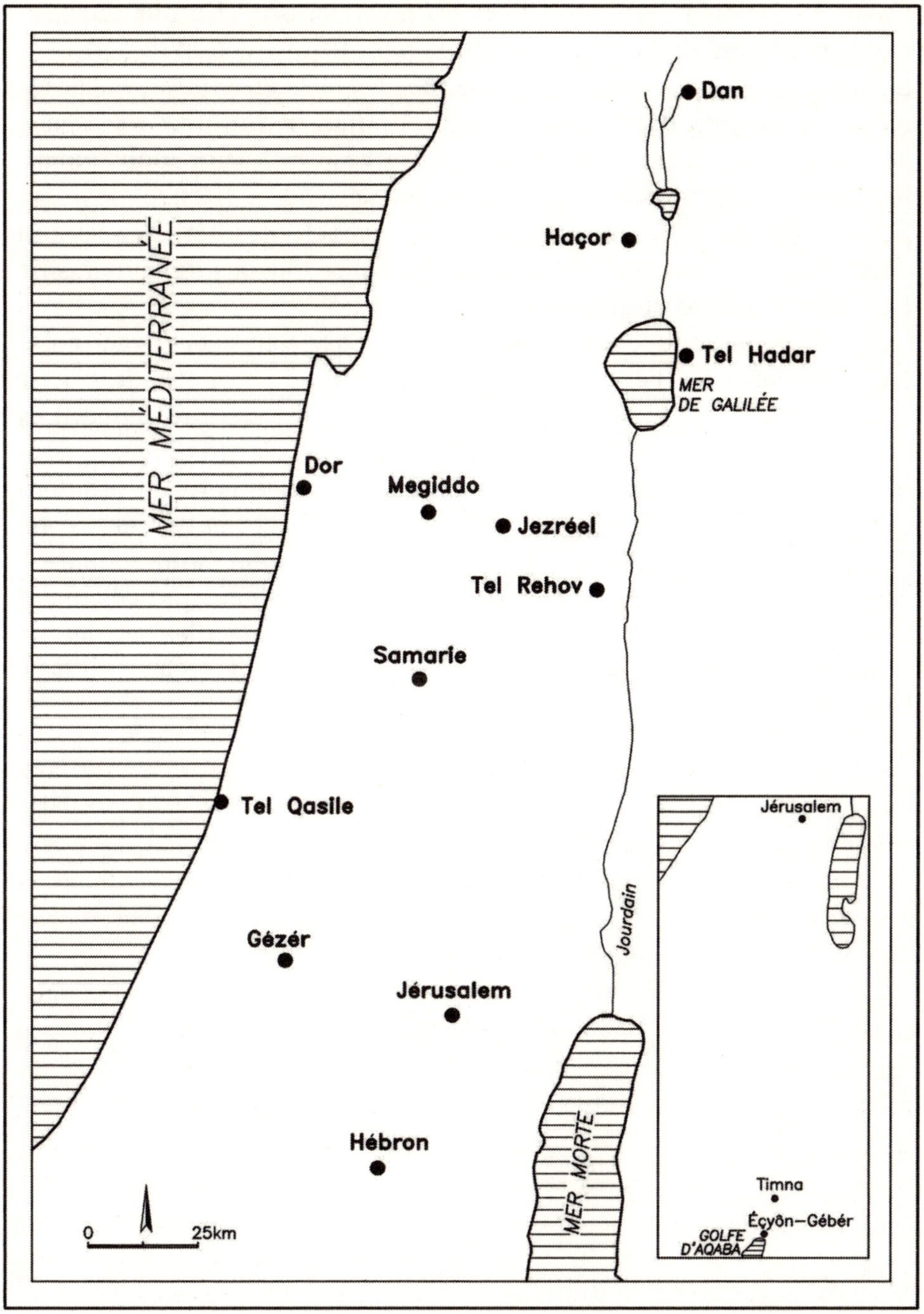

Sites liés au débat autour de l'archéologie de la monarchie unifiée.

David et Salomon, pour constater un nouvel essor et un agrandissement substantiel de la cité, concrétisés par la construction de fortifications massives et de maisons agglutinées les unes aux autres, et par les indices d'échanges commerciaux avec l'étranger. En fait, la présence de vestiges impressionnants et bien préservés des fortifications monumentales de la première et de la deuxième période – Bronze moyen et Fer tardif – contredit la suggestion que les activités hérodiennes (ou ultérieures) de construction aient pu éradiquer tous les monuments de l'époque de David et Salomon.

Sur toute la période située entre le XVIe et le VIIIe siècle avant notre ère, Jérusalem n'a livré aucun indice qui puisse permettre de penser qu'elle ait été une opulente cité, la capitale d'un vaste royaume. Les données suggèrent clairement qu'elle n'était qu'un gros village, dont les habitants, peu nombreux, vivaient sur la partie nord du promontoire, près de la source du Gihon. À en juger par le seul point de vue de l'archéologie, Jérusalem, durant tout cet intervalle multiséculaire – comprenant les règnes de David et Salomon – n'était probablement rien de plus qu'une bourgade, plutôt pauvre, non fortifiée, nichée au sommet d'un promontoire, couvrant une superficie d'environ un hectare et demi, au maximum deux.

Appendice C

Le fabuleux royaume de Salomon
Megiddo, Haçor et Gézér

L'ÉNIGME DES PORTES DE LA CITÉ

Les difficultés de fouiller à l'intérieur de Jérusalem en quête de traces archéologiques de la monarchie unifiée ont poussé les spécialistes à orienter leurs recherches vers les sites de trois importantes cités anciennes : Haçor, Megiddo et Gézér. En effet, la Bible les mentionne de façon précise en relation avec les grandioses activités de construction de Salomon (1 R 9,15).

La première de ces cités à faire l'objet de fouilles intensives fut Megiddo. Située en bordure de la plaine de Jezréel, sur la voie internationale reliant l'Égypte à la Mésopotamie et à l'Anatolie, Megiddo a joué un rôle stratégique important tout au long de son histoire. Atteindre et dégager les couches de la cité salomonique était l'un des objectifs primordiaux des fouilleurs. Dans les années 1920, les fouilles effectuées par l'Oriental Institute de l'université de Chicago ont livré un certain nombre de vestiges qui ont été datés de l'époque de Salomon.

Près de la surface du tertre, la mission archéologique de l'université de Chicago dégagea deux séries de larges bâtiments publics, édifiés d'après un plan singulier. Chacun de ces édifices était composé d'une série de longues structures rectangulaires, attachées les unes aux autres, en rangées. Chacune de ces structures comprenait trois longues travées, séparées par des rangées de piliers de pierre de taille, alternant avec des cuves en pierre (voir ill. p. 154). Philip Langstaffe Orde Guy, qui dirigeait l'expédition, a identifié ces bâtiments à des écuries et les a datés de l'époque de Salomon. Le lien qu'il voyait entre ces édifices à piliers, les références aux travaux salomoniques de construction de Megiddo (1 R 9,15), et la mention des villes de charrerie et de la cavalerie de Salomon (1 R 9,19), justifiait à ses yeux cette identification.

Au milieu des années 1950, Yigael Yadin, de l'université hébraïque, se mit à fouiller Haçor, autre cité liée au règne de Salomon. Le site est le plus vaste tertre biblique d'Israël. Situé au nord de la mer de Galilée, Haçor comporte des couches d'occupation qui remontent au Bronze ancien. Dans une aire de fouille, Yadin et son équipe ont dégagé la porte d'une cité datant du Fer. De chaque côté d'un corridor central, trois salles se succèdent, précédées d'une tour. D'emblée, Yadin nota la similitude – plan et dimensions – entre cette porte et celle qui avait été exhumée à Megiddo. Cela lui parut confirmer le verset biblique sur les activités de Salomon à « Haçor, Megiddo et Gézér ».

Comment se présentait la situation à Gézér, la troisième cité mentionnée ? Ce site important se trouve dans la vallée d'Aijalon. L'ancienne cité occupait un point stratégique, protégeant la route menant de la côte à Jérusalem. Yadin décida donc de fouiller Gézér, mais pas sur le terrain, en bibliothèque seulement. Il étudia le rapport de fouilles de l'archéologue britannique du début du siècle, R.A.S. Macalister, qui avait publié trois volumes sur ses découvertes. En feuilletant les plans de fouilles de Macalister, stupéfait, Yadin tomba sur les tracés d'un édifice incorrectement décrit par le fouilleur comme un « château maccabéen ». À l'intérieur, se trouvaient un ensemble de murs dont la disposition lui parut semblable à celle d'un des côtés des portes de Megiddo et de Haçor. Yadin était à présent intimement convaincu de la fiabilité des descriptions bibliques (1 R 9,15) sur les activités de bâtisseur de Salomon. Il émit la théorie qu'un architecte de Jérusalem, au service de la royauté, avait dessiné les plans des portes salomoniques, et que, comme le démontraient les trouvailles archéologiques, les centres provinciaux de Haçor, Megiddo et Gézér avaient été bâtis selon un même plan.

REMPARTS ET PALAIS

La théorie ingénieuse de Yadin se heurtait à un problème majeur : les portes étaient attachées à des fortifications de types différents. À l'âge du Fer, on construisait deux genres de remparts. Le premier consistait en un mur plein, de pierres ou de briques, avec des renforts intérieurs et extérieurs ; le second, communément appelé « mur à casemates », était composé d'un série de salles mitoyennes. Or, les portes en triple tenaille[1] de Haçor et de Gézér étaient reliées à un mur à casemates, tandis qu'à Megiddo, la porte était reliée à un mur plein, ce qui remettait en question la théorie du plan unique. Convaincu que les premiers fouilleurs de Megiddo avaient manqué un mur à casemates sous-jacent (le rempart d'origine de la porte), Yadin décide de se rendre à Megiddo avec une nouvelle équipe de fouilles pour vérifier la stratigraphie.

Yadin choisit d'explorer une aire à l'est des portes, où l'équipe de l'université de Chicago avait dégagé l'une des séries d'écuries connectées au mur plein de la ville, lequel était, de son côté, relié à la porte. Sous les écuries et le mur plein, il découvre un élégant palais, monté en belles pierres de taille, bordé des deux côtés par une suite de chambres. Le palais se dressait en bordure du tertre. En dépit d'une différence marquée entre les chambres jouxtant le palais et les casemates des remparts de l'âge du Fer, Yadin décida qu'il s'agissait du mur à casemates « manquant », qui avait été construit (d'après lui) avec la porte en triple tenaille.

À la suite de cette découverte, Yadin examina de plus près un palais assez semblable, construit lui aussi en blocs de pierre, bien appareillés, que l'équipe précédente de l'Oriental Institute avait dégagé du côté méridional du tertre. Cet édifice gisait lui aussi en dessous de la cité aux « écuries », ce qui incita Yadin à croire qu'il venait d'identifier l'un des magnifiques palais salomoniques de Megiddo – manifestation évidente de la grandeur de son État.

Cette ville palatiale fut ravagée par un terrible incendie, que Yadin tenta de relier à un événement historique précis : la campagne du pha-

1. En anglais, « six-chambered gate » ; l'entrée dans la cité était protégée par six salles dont les ouvertures se faisaient face, formant ainsi des redans permettant de poster des gardes, et prenant tout élément hostile « en tenaille ».

raon Shéshonq, durant la cinquième année du règne de Roboam, le fils de Salomon (peut-être 926 avant notre ère). Cette campagne (voir chap. 2) est mentionnée dans la Bible (1 R 14,25-26) et sur l'un des murs du temple d'Amon, à Karnak, en Haute-Égypte. D'ailleurs, la liste de Karnak cite Megiddo. En effet, un fragment de stèle érigée par Shéshonq à Megiddo fut découvert sur le site (malheureusement, en dehors d'un contexte stratifié ou daté).

Apparemment, l'archéologie confirmait à merveille le témoignage biblique. La Bible conte les activités salomoniques de construction à Haçor, Megiddo et Gézér : des portes similaires découvertes sur les site de ces trois villes indiquaient qu'elles avaient été construites en même temps, sur un plan identique. La Bible présente Salomon comme un grand bâtisseur et un allié du roi Hiram de Tyr : le plan et la facture des magnifiques palais de Megiddo reflètent une influence septentrionale, outre le fait qu'il s'agit des plus beaux édifices jamais découverts appartenant à l'Israël de l'âge du Fer. La Bible rapporte que Shéshonq lança une campagne contre Israël et contre Juda peu après la mort de Salomon : la cité de Salomon, à Megiddo, fut détruite par un incendie d'une rare intensité, et une stèle de Shéshonq fut découverte sur le site. À partir de là, l'entière reconstruction de l'histoire et de la culture matérielle de l'État salomonique n'avait plus qu'à reposer sur ces fondations.

Mais cette belle harmonie entre l'archéologie et l'âge d'or de la monarchie unifiée n'était pas destinée à durer. Deux décennies après la démonstration faite par Yadin d'une corrélation parfaite entre la Bible et l'archéologie, les divers éléments de sa théorie s'effondrèrent, l'un après l'autre.

UN PROBLÈME DE DATATION

Les portes furent les premières à crouler. Une étude détaillée de la porte de Megiddo, due à David Ussishkin, démontra qu'elle fut bâtie plus tard que les portes de Haçor et de Gézér. En outre, des portes identiques, datant de périodes très ultérieures, furent découvertes sur des sites non israélites, parmi lesquels celui de la cité philistine d'Ashdod. Qui plus est, le fondement de la datation des niveaux salomoniques résultaient d'un raisonnement en boucle : la poterie et les autres *artefacts* découverts au niveau de la porte avaient été datés du Xᵉ siècle *en raison de* l'association faite entre les portes et les versets bibliques contant les activités de bâtisseur de Salomon. Les ardents défenseurs de la « grandeur salomonique » s'empressèrent d'oublier ce raisonnement en boucle, affirmant que les versets bibliques (et le vaste royaume salomonique) *devaient être* historiques, puisque les portes et les autres structures imposantes avaient été découvertes sur des niveaux appartenant au Xᵉ siècle avant notre ère.

De nouvelles données issues des fouilles qui se poursuivent en Israël et de nouvelles analyses effectuées sur les anciennes trouvailles ont eu raison des théories « salomoniques » de Yadin. À une quinzaine de kilomètres à l'est de Megiddo, se trouve le site de Jezréel. Un palais de la dynastie omride s'y trouvait, décrit dans la Bible comme la scène d'un sanglant coup d'État qui mit fin à cette dynastie (2 R 9). L'existence historique des Omrides est attestée par les archives assyriennes, et par les inscriptions des stèles de Mesha et de Tel Dan. David Ussishkin et John Woodhead ont fouillé Jezréel dans les années 1990. Ils y ont dégagé une vaste enceinte fortifiée, qu'ils ont identifiée à un complexe omride, d'une conception identique à celle de l'acropole royale de Samarie, la capitale de la dynastie omride. Le complexe de Jezréel fut détruit et abandonné peu après sa construction – soit en raison de bouleversements politiques internes, soit en raison d'une attaque des Araméens, sur la frontière nord d'Israël, les deux événements ayant eu lieu, d'après les données historiques, à peu près vers le milieu du IXᵉ siècle avant notre ère.

Fait surprenant : les types céramiques ramassés dans le complexe de Jezréel sont identiques à ceux des palais en pierre de taille de Megiddo, présumés avoir été détruits par Shéshonq presque un siècle *avant* la chute des Omrides. Se pourrait-il que la cité « salomonique » de Yadin, à Megiddo, corresponde, en réalité, à une cité omride, bâtie et détruite au IXᵉ siècle, comme Jezréel, bien après le règne de Salomon ?

D'autres preuves semblent confirmer cette conclusion. Le premier indice vient de Samarie, la capitale du royaume omride, dans les hautes terres, à une trentaine de kilomètres au sud de Megiddo. Nous avons déjà mentionné la similitude entre les complexes de Jezréel et de Samarie. Il existe un autre lien architectural. Les fouilles de Samarie, menées au début du XXe siècle par une expédition de l'université de Harvard, avaient permis de dégager les fondations d'un grand palais en pierre de taille, bâti au centre de l'acropole royale. Les fouilleurs l'avaient identifié au palais royal de la dynastie omride, construit dans la première moitié du IXe siècle avant notre ère[2].

Les méthodes de construction des palais de Samarie et au moins d'un des deux palais de Megiddo sont incontestablement très proches. Les premiers fouilleurs, Clarence Fisher (Samarie et Megiddo) et John Winter Crowfoot (Samarie), avaient déjà noté ces similitudes, mais leurs observations ont vite été oubliées dans l'euphorie de l'adoption générale de la théorie salomonique de Yadin. Cependant, Norma Franklin, de l'université de Tel Aviv, armée de nouvelles preuves magistrales, vient de leur redonner vie : les blocs de pierre du palais de Samarie et du palais méridional de Megiddo portent des marques de maçons identiques, inconnues d'aucun autre site de l'âge du Fer en Israël. Ils ont donc été construits à la même époque, par la même équipe de maçons, travaillant au service de la dynastie omride, *et non* au service de Salomon.

Enfin, ces toutes dernières années, la datation au carbone 14 a enfoncé le dernier clou dans le cercueil du mirage salomonique. Des spécimens prélevés sur des sites majeurs faisant partie du débat sur la monarchie unifiée (dont Dor, sur la côte, Tel Rehov, dans la vallée du Jourdain, au sud de Beth-shéân, Tel Hadar, sur la rive orientale de la mer de Galilée, Rosh Zayit, près de Akko, Haçor, Megiddo) ont été soumis à des tests et à des analyses. Les spécimens provenaient surtout de nombreuses graines et noyaux d'olives prélevés sur des niveaux traditionnellement associés aux conquêtes davidiques et au royaume salomonique du Xe siècle avant notre ère.

Les résultats ont été renversants. Quasiment tous les spécimens ont donné des dates inférieures, autrement dit plus récentes, que les dates généralement acceptées pour les conquêtes de David et la monarchie unifiée de Salomon. Des couches de destruction datées précédemment d'environ 1000 avant notre ère, attribuées aux conquêtes de David,

2. La Bible attribue la fondation de Samarie à Omri, le père d'Achab (1 R 16,24). Des preuves extrabibliques confortent cette assertion : les Assyriens désignaient le royaume du Nord comme la « Maison d'Omri », attestant ainsi son rôle de fondateur de la capitale du royaume d'Israël.

dataient en réalité de la moitié du Xe siècle – époque supposée du règne de Salomon, voire plus tard. Quant aux couches de destruction traditionnellement datées de la fin du Xe siècle, et attribuées à l'intervention de Shéshonq, après la chute de la monarchie unifiée, elles livrèrent des dates situées à la moitié du IXe siècle, soit presque un siècle plus tard.

Par conséquent, la vision conventionnelle de l'archéologie de la monarchie unifiée se trompait de presque un siècle. En termes historiques, cela signifie que les villes que David était supposé avoir conquises étaient encore des centres de culture cananéenne durant toute la durée de son règne présumé à Jérusalem. Quant aux monuments attribués à Salomon, témoins présumés de la grandeur de son État, ils ont été en réalité construits par les rois de la dynastie omride, qui régnaient sur le royaume israélite du Nord durant la première moitié du IXe siècle. Par conséquent, l'archéologie, loin d'avoir démontré la fiabilité historique du récit biblique, nous a au contraire contraint à réévaluer radicalement la nature de la société de Juda et d'Israël au Xe siècle avant notre ère.

Appendice D

Les fonderies de bronze du roi Salomon L'archéologie et la prospérité de la monarchie unifiée

Entre les années 1930 et 1950, les références bibliques à la fonte du bronze et à la production de vases de bronze pour le Temple avaient suscité un effort important dans la quête du Salomon historique. Les archéologues qui interprétaient de façon littérale la description biblique tentèrent de localiser d'où provenait le minerai de cuivre, et le site des fonderies. La quête se concentra autour de Timna, au sud de l'Israël moderne.

Les premières explorations ont été entreprises par l'archéologue américain Nelson Glueck. Il dirigea de vastes opérations de prospections et de sondages en Transjordanie et dans le désert du Néguev. Considérant que le port maritime de Salomon, Éçyôn-Gébèr (mentionné par la Bible comme un important *emporium* de la monarchie unifiée), était situé à la pointe nord du golfe d'Aqaba, Glueck concentra sa recherche des mines de Salomon sur les alentours de Timna, à une vingtaine de kilomètres vers le nord.

Les explorations archéologiques entreprises à Timna par Glueck, puis, plus tard, par l'archéologue israélien Beno Rothenberg, prouvèrent qu'il s'agissait bien, en effet, d'une importante source de cuivre de l'Antiquité. Des mines de cuivre et des fonderies datées de différentes périodes, allant du chalcolithique (quatrième millénaire) jusqu'au début de la période islamique, ont été découvertes dans la vallée de Timna et dans les environs immédiats. Glueck était bien sûr convaincu que nombre de ces sites et installations dataient du temps de Salomon.

Glueck étudia alors la relation possible avec le site proche de Tell el-Kheleifeh, à quelques kilomètres à l'ouest du port moderne d'Aqaba, identifié dans les années 1930 à la biblique Éçyôn-Gébèr. C'est d'ailleurs l'unique possibilité dans la mesure où aucun autre site du Fer n'est connu dans la région et où des décennies d'explorations intensives autour d'Aqaba, en Jordanie, et d'Eilat, en Israël, n'ont révélé aucun vestige antérieur à l'époque romaine.

Entre 1938 et 1940, Glueck fouilla Tell el-Kheleifeh. Il dégagea le plus gros du site. Il répartit les vestiges en cinq périodes d'activités, datées d'entre les xe et ve siècles av. J.-C., en les identifiant, d'après les références bibliques, à Éçyôn-Gébèr et à Elath. Chaque monarque mentionné en relation avec des activités dans le golfe d'Aqaba se vit attribuer une strate. Glueck interpréta les vestiges de la première période – comprenant ce qu'il décrivit comme des passages de tuyaux, des cheminées, des soufflets, des creusets, des chaufferies – comme des témoignages d'une importante industrie de fonderie de bronze sous le règne de Salomon. Glueck alla jusqu'à baptiser Éçyôn-Gébèr la « Pittsburg de la Palestine », qualifiant le roi Salomon de « roi du cuivre, magnat du commerce maritime, prince des marchands, et grand bâtisseur ».

Cette vision romanesque se révéla sans fondement, un vœu pieux inspiré par le texte biblique plutôt que par de véritables données archéologiques. Dans les années 1960, Beno Rothenberg dirigea des recherches intensives dans la vallée de Timna. Elles incluaient des prospections et des fouilles des sites de fonderies. Elles n'ont révélé aucune trace d'activité au xe siècle avant notre ère. Ces sites ont connu une phase d'activité minière importante à l'époque du Nouvel Empire égyptien, jusqu'au xiie siècle avant notre ère, suivie d'une longue interruption, puis d'une reprise de l'activité à l'époque romaine. Rien n'a été découvert correspondant au règne de Salomon.

Le lien entre Tell el-Kheleifeh et l'industrie salomonique du bronze se révéla tout aussi fantaisiste. L'examen attentif des trouvailles, avant leur publication finale, dû au savant américain Garry Patrico, ainsi que les recherches d'autres savants, n'ont pas permis de trouver des preuves d'activités de fonderie sur le site. Les « creusets » se sont révélés n'être que des tessons de poteries modelées sur place à la main ; les « passages de tuyaux » n'étaient que des trous destinés à loger des poutres en bois qui s'étaient désagrégées ; les vestiges métalliques étaient en quantités infimes – en tout cas aucune trace d'une intense activité de fonderie industrielle. Mais surtout, il devint clair que le site n'avait été installé que vers la fin du VIIIe ou le début du VIIe siècle. La stratigraphie élaborée des rois du cuivre successifs et de leur centre industriel n'avait jamais existé. À l'époque du Salomon historique, au Xe siècle avant notre ère, cet endroit, proche du rivage du golfe d'Aqaba, n'était qu'une dune de sable.

Appendice E

Le démantèlement des sanctuaires
Les preuves archéologiques d'une centralisation du culte sous le roi Ézéchias

Les biblistes ont longtemps débattu de l'historicité du témoignage biblique sur la réforme du culte du Temple, sous le règne d'Ézéchias (2 R 18,3-4 ; 2 Ch 29-31). Les études littéraires des textes – portant surtout sur la relation entre les différents récits (R et Ch), ainsi que sur leur similarité avec les descriptions des réformes cultuelles de Josias et avec les préceptes deutéronomiques stipulant l'éradication des objets de culte du paganisme cananéen – n'ont pas livré de réponse définitive quant à la fiabilité historique de ces réformes religieuses présumées. Cependant, les deux sites méridionaux d'Arad et de Beersheba, ainsi que celui de Lakish, dans la vallée de la Shefelah, où l'on avait relevé des traces d'activités religieuses judéennes, ont livré nombre d'indices suggérant la possibilité d'une transformation de la pratique cultuelle. Yohanan Aharoni dirigea les fouilles de ces trois sites.

Un sanctuaire judéen, avec un autel et une cour à ciel ouvert, fut découvert à l'intérieur de la forteresse d'Arad, datant du Fer. La datation de ce sanctuaire a longtemps été disputée. Aharoni en a daté la construction du Xe siècle av. J.-C. D'après lui, l'abandon du sanctuaire se serait produit en deux étapes : le grand autel aurait été enlevé vers la fin du VIIIe siècle, au cours des réformes d'Ézéchias (stratum VIII), puis le sanctuaire aurait été désaffecté et démantelé un siècle plus tard, sous Josias (stratum VI), ce qui confirmerait la description biblique des deux plus célèbres réformes du culte dans l'histoire de Juda.

L'équipe des fouilles d'Arad revint plus tard sur cette reconstruction historique. Elle situa la construction du complexe au xe siècle, puis le démantèlement à la fois de l'autel et du sanctuaire au temps d'Ézéchias. Quant à l'historien Nadav Na'aman, il proposa une continuité d'utilisation du sanctuaire durant la totalité du règne d'Ézéchias.

Au cours de la préparation des trouvailles d'Arad en vue de leur publication, l'un des membres de l'expédition, Zeev Herzog, se livra à une nouvelle étude de la stratigraphie et de la chronologie du sanctuaire. Il en conclut qu'il n'avait pas été fondé au xe siècle et n'avait pas été utilisé durant trois siècles ; qu'il n'avait fonctionné en fait que durant une courte période du viiie siècle (strata X et IX). D'après Herzog, l'autel et le sanctuaire ont été démantelés au même moment – fin viiie siècle –, avant d'être ensevelis sous une couche de remplissage de près d'un mètre d'épaisseur. Par conséquent, la forteresse de la fin du viiie siècle (stratum VIII) – conquise par Sennachérib en 701 av. J.-C. – n'abritait déjà plus de sanctuaire ; sans doute avait-il été démoli au cours des réformes cultuelles d'Ézéchias.

Herzog avançait des arguments de poids à l'appui de son interprétation : les murs et le sol du stratum VIII, de la fin du viiie siècle, avaient été montés au-dessus du sanctuaire, après sa mise hors d'usage ; la céramique découverte sur les sols date du viiie, plutôt que du viie siècle av. J.-C., et l'élévation des sols des strata VII et VI, voisins du sanctuaire, est de deux mètres au-dessus du sol du sanctuaire. En tenant compte des problèmes méthodologiques posés par les fouilles d'Arad et des difficultés insurmontables que pose l'interprétation de la stratigraphie du site, la reconstruction de Herzog nous paraît la plus convaincante ; elle suggère qu'un changement intentionnel du rituel du culte a eu lieu sous le règne d'Ézéchias, dans les années précédant l'attaque de Sennachérib, en 701 av. J.-C.

Les trouvailles de Beersheba et de Lakish semblent appuyer cette interprétation. À Beersheba, un grand autel à cornes, monté en pierres de taille, avait été démantelé ; ses pierres avaient été enfouies dans les remparts de la cité, ou réutilisées dans les entrepôts à piliers de la fin du viiie siècle (stratum II). D'après Aharoni, à l'origine, l'autel se dressait à l'intérieur d'un sanctuaire. L'édifice n'ayant pas été découvert, Aharoni suggéra qu'il avait été complètement et intentionnellement éradiqué durant la construction de l'édifice du stratum II.

L'interprétation de ces données par Aharoni venait en support de la description biblique des réformes cultuelles d'Ézéchias dans la mesure où le sanctuaire de Beersheba était supposé avoir été détruit et les pierres de l'autel, enterrées et réutilisées, au début de son règne.

L'historien biblique Nadav Na'aman a contesté l'interprétation d'Aharoni. Son objection concernait surtout l'emplacement originel de l'autel. Cependant, et quel que soit l'endroit où se dressait le sanctuaire, les trouvailles de Beersheba offrent un parallèle avec celles d'Arad. Un autel qui fonctionnait au VIIIe siècle (stratum III) fut démantelé à la fin de ce même siècle (stratum II). Cette opération avait dû se dérouler sous Ézéchias, puisque le stratum II fut détruit par les armées de Sennachérib, en 701 avant notre ère.

Lakish aussi contenait des indices d'un changement de la pratique cultuelle vers la fin du VIIIe siècle. Aharoni avait interprété un autel en pierre et des vases sacrés comme des mobiliers d'un sanctuaire judéen du Xe siècle av. J.-C. David Ussishkin, après avoir récemment examiné les résultats des fouilles d'Aharoni, en tira des conclusions divergentes. D'après son analyse, les objets de culte attribués par Aharoni à un sanctuaire hypothétique du Xe siècle, avaient été en réalité enfouis dans une fosse obstruée par la construction d'une grande cour intérieure datant de la fin du VIIIe siècle (niveau III). Il data les récipients du IXe et du début du VIIIe siècle (niveau IV). Il suggéra également que le sanctuaire d'où ils provenaient avait été mis hors d'usage au cours du VIIIe siècle et que les structures qui recouvraient la fosse dans laquelle ils furent jetés avaient été érigées sous le règne d'Ézéchias.

Il s'ensuit que les trouvailles d'Arad, Beersheba et Lakish dépeignent un tableau identique : les trois sites contiennent des traces de la présence de sanctuaires judéens au VIIIe siècle, lesquels sanctuaires ont, tous les trois, cessé de fonctionner peu avant la fin du VIIIe siècle. Autrement dit, aucune de ces trois cités détruites en 701 par Sennachérib n'abritait de sanctuaire, ce qui tendrait à prouver qu'au temps d'Ézéchias, à Juda, une reforme du culte se serait effectivement produite.

Appendice F

Tyrans, ligues de cités, gardes du corps mercenaires Traits culturels hellénistiques additionnels, appartenant au VIIe siècle av. J.-C., dans le récit biblique consacré aux Philistins

Outre les réalités grecques du VIIe siècle tapies au sein du récit du duel entre David et Goliath, d'autres détails de la représentation des Philistins dans l'histoire deutéronomique témoignent du même contexte historique et culturel.

LE SEIGNEUR DES PHILISTINS

On trouve en premier lieu l'emploi du terme *seranim*, pour désigner les chefs philistins (par exemple 1 S 5,8.11 ; 6,4.12.16 ; 7,7). Inhabituel, ce terme se traduit par « dirigeant » ou « seigneur ». Dans certains cas, la Bible mentionne cinq *seranim ;* un passage (Jos 13,3) fait référence à une ligue de cinq cités philistines, appelées par les savants la « Pentapole philistine ». Le terme *seren/seranim* ne dérive pas des langues sémitiques ; on en a déduit qu'il s'agissait peut-être d'un terme philistin adopté par l'hébreu. Les linguistes ont connecté son étymologie au grec *tyrannos*, signifiant « tyran », dont la première apparition date du VIIe siècle av. J.-C. *Tyrannos* dérive probablement de l'anatolien *tarwanis*, qui signifiait « gouverneur », adopté ensuite par le grec.

Cependant, cette chaîne présumée de transmission pose un problème dans la mesure où le terme biblique *seren* daterait, d'après la tradition, du Fer I, autrement dit, de plusieurs siècles *avant* l'apparition du *tyrannos* grec. Mais si l'on date l'usage biblique de *seren* du VIIe siècle, époque de la compilation de l'histoire deutéronomique, le problème disparaît : le titre *tyrannos* était répandu en Asie Mineure occidentale au VIIe siècle av. J.-C. ; la forme hébraïque *seren* en découle, adoptée ensuite par le deutéronomiste. Peut-être n'est-ce point une coïncidence si le premier dirigeant qualifié de *tyrannos* par la littérature grecque était Gygès, le roi de Lydie, lequel, d'après les textes assyriens, fournissait l'Égypte en mercenaires.

La ligue des cités philistines pose elle aussi un problème. « Les premiers » témoignages bibliques sur les Philistins (par exemple Jos 13,3 ; 1 S 6,17) font référence à une organisation politique de cinq cités philistines : Ashdod, Gaza, Ashquelôn, Gat et Eqrôn. Ce type d'organisation n'était pas typique de l'ancien Proche-Orient ; en revanche, dans le monde égéen, à partir de la période archaïque (700-480 av. J.-C.), on trouvait fréquemment des fédérations – ou des ligues de tribus ou de cités. Au VIIe siècle av. J.-C., ce phénomène était largement répandu en Grèce et en Asie Mineure occidentale.

KÉRÉTITES ET PÉLÉTITES

La Bible mentionne les Kérétites et les Pélétites. Ces termes désignaient des forces spéciales de mercenaires au service de David – leurs bataillons ne faisaient pas partie des corps de l'armée régulière et leur loyauté envers le roi était indéfectible, même (surtout) en période de crise (1 S 30,14 ; 2 S 8,18 ; 2 S 15,18). Certains savants ont considéré les Kérétites comme un groupe de Peuples de la Mer, associés à la Crète, car, d'après un verset du prophète Amos (9,7), les Philistins étaient originaires de Kaftor, ou Crète. Quant aux Pélétites, on les identifie généralement aux Philistins, l'hébreu *peleti* paraissant être une déformation de *pelisti*, ou Philistin.

Cependant, les Kérétites et les Pélétites n'apparaissent pas parmi les groupes de Peuples de la Mer mentionnés par les sources égyptiennes ; en outre, vu la modestie des moyens dont disposait la politique judéenne au Xe siècle, les histoires de troupes de mercenaires égéens au service de David forment un témoignage historique peu vraisemblable.

En revanche, par contraste avec la situation au temps de David, au VIIe siècle avant J.-C., le phénomène de mercenaires grecs était déjà bien connu dans la région, surtout en Philistie, mais aussi dans le Néguev judéen. La Crète – terre d'origine probable des Kérétites – était une source majeure de mercenaires dans le monde hellénistique. Les conditions économiques et démographiques derrière ce phénomène devaient prévaloir également lors de la période archaïque. Par conséquent, l'introduction biblique de Kérétites comme troupes mercenaires au temps de David devait être un anachronisme inspiré par l'expérience directe de la présence de mercenaires crétois au VIIe siècle avant notre ère.

Quant au Pélétites, nous devrions peut-être considérer la suggestion du savant américain William Foxwell Albright, qui remarqua une similitude entre ce mot et le terme grec plus tardif de *peltê*, qui signifie « bouclier léger ». Ce terme ne correspond pas au contexte du Fer I, mais aux réalités du VIIe siècle. Le mot pourrait en effet provenir du grec *peltê*, ou bien du terme grec désignant les soldats légèrement armés, *peltastai*. L'historien grec Thucydide a le premier mentionné les peltastes, au Ve siècle, mais les vases grecs les ont représentés dès le VIe siècle av. J.-C. Ils avaient peut-être fait leur apparition quelque temps auparavant.

Comment expliquer l'apparition d'éléments grecs archaïques dans le récit de David ? Comme nous l'avons dit (voir chap. 6), le deutéronomiste devait avoir un motif idéologique particulier pour représenter Goliath comme un hoplite grec, lourdement armé. La motivation était peut-être la même pour ce qui concerne les Kérétites et les Pélétites. Dans leur cas, l'auteur biblique souhaitait peut-être glorifier l'image de David en lui accordant – comme à tous les grands rois contemporains (VIIe siècle av. J.-C.) – des bataillons de mercenaires grecs à son service. Cela pouvait servir aussi à justifier la coopération politique et économique de Juda avec l'Égypte de la XXVIe dynastie et ses régiments de mercenaires grecs. Il s'agissait alors de « rappeler » au peuple judéen que les mercenaires étrangers avaient été les plus fidèles alliés militaires du pieux David, le fondateur de la dynastie régnante.

Appendice G

Déportation, rapatriement, frontières de Yehoud
Archéologie des périodes exiliques et postexiliques

Au tout début des recherches historiques, la notion était communément partagée par les savants que l'exil à Babylone avait été intégral, englobant la quasi-totalité de la population de Juda. D'après cette thèse, Juda avait été vidé de ses habitants et les campagnes, laissées à l'abandon tout au long de la période exilique (586-538 av. J.-C.). En outre, un grand nombre de savants acceptaient la version biblique qui voulait que toute l'aristocratie de Juda – la famille royale, les prêtres du Temple, les ministres et les marchands les plus importants – avait été exilée, les rares habitants laissés sur place étant de pauvres paysans. Il apparaît aujourd'hui que ce ne fut pas le cas.

L'exposé biblique du nombre d'exilés est franchement contradictoire. Le second livre des Rois (24,14) donne un montant de dix mille exilés au temps du roi Joiakîn (à l'issue de la première campagne babylonienne, en 597 av. J.-C.), alors que le verset 16 réduit le montant à huit mille. Le second livre des Rois ne nous indique pas le nombre d'exilés après la destruction de Jérusalem, en 586 av. J.-C. Le texte affirme simplement que, à la suite du meurtre de Godolias et du massacre de la garnison babylonienne de Miçpa, « tout le peuple » s'enfuit en Égypte (2 R 25,26). Le livre de Jérémie (52,28-30) décrit une suite de trois opérations de déportation, concernant quatre mille six cents personnes. Les savants ont tendance à préférer ces chiffres dans la mesure où, moins arrondis, ils paraissent plus précis. Nous ignorons s'ils représentent la totalité des déportés ou simplement le nombre de chefs de famille (dans le dernier cas, le total se monterait à environ vingt mille personnes). Il n'existe aucun moyen permettant de déterminer un nombre exact. La probabilité se situe dans une fourchette de quelques milliers à quinze mille ou vingt mille personnes. Ces chiffres représentent entre cinq et vingt pour cent de la population totale de l'État judéen avant la destruction et concernent surtout les habitants de Jérusalem et des alentours, en particulier l'aristocratie. Le plus gros de la population, surtout dans les campagnes, ne fut donc pas exilé. La communauté de ceux qui restèrent sur place n'était pas composée seulement de pauvres paysans, mais aussi d'artisans, de scribes, de prêtres, de prophètes. Notons qu'une portion importante des œuvres prophétiques de l'époque – notamment Aggée et Zacharie – fut compilée à Juda.

Combien de gens sont-ils revenus de Babylone pour s'installer à Jérusalem et dans d'autres régions de Yehoud ? Quelle était la population totale de la province de Yehoud lors de la composition des Chroniques ? Les listes des rapatriés données par Esdras (2,1-67) et Néhémie (7,6-63), qui indiquent un total de presque cinquante mille personnes, ne paraissent pas fiables sur le plan historique. Certains savants pensent qu'elles représentent les vagues successives d'exilés qui revinrent à Yehoud durant la totalité de la période perse. D'autres affirment qu'elles reflètent la population totale de la région, plutôt que le nombre de rapatriés. Même si c'était le cas, ces chiffres paraissent excessifs.

Où les rapatriés se sont-ils installés ? Les données territoriales les plus détaillées de la province de Yehoud proviennent des listes de rapatriés (Esd 2 ; Ne 7) et de la liste des bâtisseurs des murailles de Jérusalem (Ne 3). La frontière méridionale de Yehoud passait au sud de Bet-Çur, laissant Hébron – qui était pourtant, après Jérusalem, la ville la plus importante des hautes terres à l'époque monarchique, le lieu supposé du couronnement de David, du tombeau des Patriarches – à l'extérieur du territoire de la province de Yehoud. Au nord, la frontière, identique à celle du Juda monarchique du VIIe siècle, passait au nord de Miçpa et de Béthel. À l'est, Jéricho faisait partie de Yehoud. À l'ouest, Yehoud incluait peut-être la Shefelah septentrionale. Yehoud était par conséquent une modeste province, comprenant principalement les monts judéens, sur une distance d'environ vingt-quatre kilomètres au nord et au sud de Jérusalem, la superficie totale couvrant moins de deux mille kilomètres carrés. Ce territoire était infiniment plus petit que celui du royaume de Juda, vers la fin du VIIe siècle, qui contrôlait également les collines au sud d'Hébron, la vallée de Beersheba et la Shefelah.

L'archéologie confirme donc la véracité de cette reconstruction des frontières de la province de Yehoud à partir des données bibliques. En particulier, des impressions de sceaux, d'un type particulier, ont été découvertes sur des récipients céramiques de la période perse ; écrit en araméen ou en hébreu, le nom de la province, Yehoud, apparaît. Les fouilles et le hasard ont permis de retrouver plusieurs centaines de ces anses imprimées[1]. En fait, quasiment toutes les impressions ont été trouvées à Jérusalem et dans les sites voisins, immédiatement au nord et au sud. Cette distribution géographique correspond bien aux frontières de la province de Yehoud décrites plus haut : de la région de Miçpa, au nord, à celle de Bet-Çur, au sud ; de Jéricho, à l'est, à Gézér, à l'ouest.

1. L'un des types d'impressions ajoute, au nom de la province, un nom propre de personne portant le titre de « gouverneur ». La plupart des savants identifient les noms propres aux gouverneurs qui administraient la province de Yehoud au nom de l'Empire perse.

Bibliographie

Ouvrages de référence généralistes

Encyclopédies

— Principaux sites archéologiques en Israël et Jordanie
STERN, E. editor. *The New Encyclopedia of Archaeological Excavations in the Holy Land.* New York, Simon & Schuster, 1993.

— Le monde de la Bible
ABADIE, P., Romer, T., Macchi, J.-D. et Nihan, C. editors. *Introduction à l'Ancien Testament*. Genève, 2005.
FRIEDMAN, R.E. *Qui a écrit la Bible ?* Paris, 1997.
LEMAIRE, A. editor. *Prophètes et rois : Bible et Proche-Orient*. Paris, 2001.
RENDTDORFF, R. *Introduction à l'Ancient Testament*. Paris, 1989.

Articles divers :
« Qui a écrit la Bible ? » *Le Monde de la Bible* 137, 2001. 12-49.
« Bible et archeologie. » *Le Monde de la Bible* 146, 2002. 14-45.
« Les peuples de la Bible. » *Les Cahiers de Science & Vie* 89, 2005.

— Sur la Bible
GERARD, A.-M., Nordon-Gerard, A. et Tollu, F. editors. *Dictionnaire de la Bible*. Paris, 2000.
PIROT, L. *et al. Supplément au Dictionnaire de la Bible*. Paris, 1928.
FREEDMAN, D.N., editor. *The Anchor Bible Dictionary*. New York, 1992.

— Sur le Proche-Orient ancien
MEYERS, E.M., editor. *The Oxford Encyclopedia of Archaeology in the Near East*. New York, 1997.
SASSON, J.M., editor. *Civilisations of the Ancient Near East*. Londres, 1995.

Méthode archéologique

RENFREW, C. et BAHN P. *Archaeology : Theories, Methods and Practice.* Londres, 1991.

Histoire de la recherche archéologique en Palestine

SILBERMAN, N.A. *Digging for God and Country : Exploration in the Holy Land 1799-1917.* New York, 1982.

Ouvrages d'introduction à l'archéologie dans le Levant

BEN-TOR, A., editor. *The Archaeology of Ancient Israel.* New Haven, 1992.

LEVY, T.E., editor. *The Archaeology of Society in the Holy Land.* Londres, 1995.

MAZAR, A. *Archaeology of the Land of the Bible 10,000-586 B.C.E.* New York, 1990.

STERN, E. *Archaeology of the Land of the Bible. Vol. II, the Assyrian, Babylonian, and Persian Periods 732-332 B.C.E.* New York, 2001.

Sur la géographie historique de la terre d'Israël

ABEL, F.-M. *Géographie de la Palestine.* Paris, 1933.

AHARONI, Y. *The Land of the Bible : A Historical Geography.* Philadelphia, 1979.

Traduction de textes du Proche-Orient ancien

PRITCHARD, J.B. *Ancient Near Eastern Texts Relating to the Old Testament.* Princeton, 1969.

Histoire de l'ancien Israël

BRIQUEL-CHATONNET, F. *Les Relations entre les cités de la côte phénicienne et lesroyaumes d'Israël et de Juda.* Louvain, 1992.

BORDREUIL, P. et BRIQUEL-CHATONNET, F. *Le temps de la Bible.* 2000.

DE VAUX, R. *Histoire ancienne d'Israël.* Paris, 1971.

ALT, A. *Essays on Old Testament History and Religion.* Oxford, 1966.

FINKELSTEIN, I. et N.A. Silberman. *The Bible Unearthed : Archaeology's New Vision of Ancient Israel and the Origin of Its Sacred Texts.* New York, 2001. *La Bible dévoilée, les nouvelles révélations de l'archéologie.* Paris, 2002.

LIVERANI, M. *Israel's History and the History of Israel.* 2005 (à paraître).

MILLER, M.J. et HAYES J.H. *A History of Ancient Israel and Judah.* Londres, 1986.

Historiographie biblique

HALPERN, B. *The First Historians : The Hebrew Bible and History.* San Francisco, 1988.

LONG, V.P., editor. *Israel Past in Present Research : Essays on Ancient Israelite Historiography.* Winona Lake, 1999.

Van Seters, J. *In Search of History : Historiography in the Ancient World and the Origins of Biblical History.* New Haven, 1983.

Commentaires sur 1 et 2 Samuel

CAQUOT, A. et de ROBERT, Ph. *Les Livres de Samuel.* Genève, 1994.

MCCARTER, K.P. *I Samuel.* Garden City, 1980.

MCCARTER, K.P. *II Samuel.* Garden City, 1984.

Commentaires sur 1 et 2 Rois

BRUEGGEMANN, W. *1 & 2 Kings.* Macon, 2000.

COGAN, M. and Tadmor H. *Kings.* Garden City, 1988–2001.

GRAY, J. *I & II Kings : A Commentary.* Londres, 1970.

Commentaires sur 1 et 2 Chroniques

JAPHET, S. *I & II Chronicles : A Commentary.* Louisville, 1993.

WILLIAMSON, H.G.M. *1 and 2 Chronicles.* Londres, 1982.

Ouvrages de généralisation sur David

ALTER, R. *The David Story : A Translation with Commentary of 1 and 2 Samuel.* New York, 1999.

ASH, P.S. *David, Solomon and Egypt : A Reassesment.* Sheffield, 1999.

AULD, G. *Kings Without Privilege : David and Moses in the Story of the Bible's Kings.* Edinburgh. 1994.

BRUEGGEMANN, W. *David's Truth in Israel's Imagination and Memory.* Philadelphia, 1985.

FLEMINGER, J. *Behind the Eyes of David.* Sussex, 2002.

FRONTAIN, R.-J. et Wojcik J., editors. *The David Myth in Western Literature.* West Lafayette, 1981.

HALPERN, B. *David's Secret Demons : Messiah, Murderer, Traitor, King.* Grand Rapids, 2001.

KIRSH, J. *King David : The Real Life of the Man who Ruled Israel.* New York, 2000.

ISSER, S. *The Sword of Goliath : David in Heroic Literature.* Atlanta, 2003.

MCKENZIE, S. *King David : A Biography.* Oxford, 2000.

METTINGER, T.N.D. *King and Messiah : The Civil and Sacral Legitimation of the Israelite King.* Lund, 1976.

NOLL, K.L. *The Faces of David.* Sheffield, 1997.

SCHNIEDEWIND, W.M. *Society and the Promise to David : The Reception History of 2 Samuel 7:1-17.* Oxford, 1999.

Articles choisis sur David

Divers articles :

« David : roi de Juda et d'Israël. » *Le Monde de la Bible* 148, 2003. 12-47.

DIETRICH, W. et NAUMANN W. « The David-Saul Narrative. » In G.N. Knoppers and J.G. McConville, editors. *Reconsidering Israel and Judah : Recent Studies on the Deuteronomistic History*, Winona Lake, 2000. 276-318.

EDELMAN, D. « The Deuteronomistic David and the Chronicler's David : Competing and Contrasting Ideologies ? » In T. Römer, editor, *The Future of the Deuteronomistic History*, Leuven, 2000. 67-83.

KNOPPERS, G. N. « David's Relation to Moses : The Contexts, Content and Conditions of the Davidic Promises. » In J. Day, editor. *King and Messiah in Israel and the Ancient Near East*, Sheffield, 1998. 91–118.

LANGLAMET, F. « David et la maison de Saul. » *Revue Biblique* 87, 1980. 161-210 ; 88. 321-332.

LANGLAMET, F. « David, fils de Jessé. Une édition prédeutéronomiste de l'histoire de la succession. » *Revue Biblique* 89, 1982. 5-47.

LOHFINK, N. « Which Oracle Granted Perdurability to the Davidides ? A Textual Problem in 2 Kings 8:19 and the Function of the Dynastic Oracle in the Deuteronomistic Work. » In G. N. Knoppers and J. G. McConville, editors, *Reconsidering Israel and Judah : Recent Studies on the Deuteronomistic History*, Winona Lake, 2000. 421-443.

MCKENZIE, S.L. « Why Didn't David Build the Temple ? The History of a Biblical Tradition. » In M.P. Graham, R.R. Marrs et S.L. McKenzie, editors, *Worship and the Hebrew Bible*, Sheffield, 1999. 204-224.

MCKENZIE, S.L. « The Typology of the Davidic Covenant. » In A.J. Dearman and P.M. Graham, editors, *The Land That I Will Show You : Essays in History and Archaeology of the Ancient Near East in Honour of J. Maxwell Miller*, Sheffield, 2001. 152-178.

NA'AMAN, N. « Sources and Composition in the History of David. » In V. Fritz and Ph. Davies, editors, *The Origin of the Ancient Israelite States*, Sheffield, 1996. 170-186.

PECKHAM, B. « The Deuteronomistic History of Saul and David. » *Zeitschrift für die alttestamentliche Wissenschaft* 97, 1985. 190-209.

RUDMAN, D. « The Commissioning Stories of Saul and David as Theological Allegory. » *Vetus Testamentum* 50, 2000. 519-530.

VAN DER TOORN, K. et Houtman C. « David and the Ark. » *Journal of Biblical Literature* 113, 1994. 209-231.

VERMEYLEN, J. « David a-t-il été assassin ? » *Revue Biblique* 107, 2000. 481-494.

Ouvrages de généralisation sur Salomon

HANDY, L. K., editor. *The Age of Solomon : Scholarship at the Turn of the Millennium.* Leyde, 1997.

TORIJANO, P.A. *Solomon the Esoteric King : From King to Magus, Development of a Tradition.* Leyde, 2002.

Articles choisis sur Salomon

BRETTLER, M. « The Structure of 1 Kings 1–11. » *Journal for the Study of the Old Testament* 49, 1991. 87-97.

FRISCH, A. « Structure and Its Significance : The Narrative of Solomon's Reign (1 Kings 1–12:24). » *Journal for the Study of the Old Testament* 51, 1991. 3-14.

FRISCH, A. « A Literary and Theological Analysis of the Account of Solomon's Sins (1 Kings 11:1–8). » *Shnaton* 11, 1997. 167-179.

GOSSE, B. « Salomon et le Pharaon de la sortie d'Égypte. » *Biblische Zeitschrift* 49, 2005. 81-85,

KNOPPERS, G.N. « Prayer and Propaganda : Solomon's Dedication of the Temple and the Deuteronomistic Program. » *Catholic Biblical Quarterly* 57, 1995. 229-254.

NA'AMAN, N. « Sources and Composition in the History of Solomon. » In L.K. Handy, editor, *The Age of Solomon : Scholarship in the Turn of the Millennium.* Leyde, 1997. 57-80.

SWEENEY, M.A. « The Critique of Solomon in the Josianic Edition of the Deuteronomistic History. » *Journal of Biblical Literature* 114, 1995. 607-622.

VAN SETERS, J. « Solomon's Temple : Fact and Ideology in Biblical and Near Eastern Historiography. » *Catholic Biblical Quarterly* 59, 1997. 45-57.

VEIJOLA, T. « Solomon : Bathsheba's Firstborn. » In G.N. Knoppers and J.G. McConville, editors, *Reconsidering Israel and Judah : Recent Studies on the Deuteronomistic History*, Winona Lake, 2000. 340-357.

Ouvrages traditionnels sur l'archéologie de la monarchie unifiée

DEVER, W.G. « Archaeology and the "Age of Solomon" : A Case Study in Archaeology and Historiography. » In L.K. Handy, editor, *The Age of Solomon : Scholarship at the Turn of the Millennium*, Leyde, 1997. 217-251.

STAGER, L.E. « The Patrimonial Kingdom of Solomon. » In W. G. Dever and S. Gitin, editors, *Symbiosis, Symbolism, and the Power of the Past : Canaan, Ancient Israel, and Their Neighbors from the Late Bronze Age Through Roman* Palestine. Winona Lake, 2003. 63-74.

YADIN, Y. « Megiddo of the Kings of Israel. » *Biblical Archaeologist* 33, 1970. 66-96.

Problèmes posés par le point de vue traditionnel sur l'archéologie de la monarchie unifiée

FINKELSTEIN, I. « The Archaeology of the United Monarchy : An Alternative View. » *Levant* 28, 1996. 177-187.

FINKELSTEIN, I. « Hazor and the North in the Iron Age : A Low Chronology Perspective. » *Bulletin of the American Schools of Oriental Research* 314, 1999. 55-70.

FINKELSTEIN, I. and E. Piasetzky. « Recent Radiocarbon Results and King Solomon. » *Antiquity* 77, 2003. 771-779.

SASS, B. *The Alphabet at the Turn of the Millennium*, Tel Aviv. 2005.

Problèmes posés par la reconstruction historique de la monarchie unifiée

KNAUF, E.A. « Le roi est mort, vive le roi ! A Biblical Argument for the Historicity of Solomon. » In L.K. Handy, editor. *The Age of Solomon : Scholarship at the Turn of the Millennium*, Leyde, 1997. 81-95.

MILLER, M.J. « Solomon : International Potentate or Local King. » *Palestine Exploration Quarterly* 123, 1991. 28-31.

MILLER, M.J. « Separating the Solomon of History from the Solomon of Legend. » In L. K. Handy, editor. *The Age of Solomon : Scholarship at the Turn of the Millennium*, 1-24. Leyde, 1997.

NIEMANN, H.M. « The Socio-Political Shadow Cast by the Biblical Solomon. » In L.K. Handy, editor. *The Age of Solomon : Scholarship at the Turn of the Millennium*, Leyde, 1997. 252-299.

NIEMANN, H.M. « Megiddo and Solomon – A Biblical Investigation in Relation to Archaeology. » *Tel Aviv* 27, 2000. 59-72.

SILBERMAN, N.A. « Archaeology, Ideology, and the Search for David and Solomon. » In A.G. Vaughn and A.E. Killebrew, editors. *Jerusalem in the Bible and Archaeology : The First Temple Period*, Atlanta, 2003. 395-405.

L'approche minimaliste

DAVIES, P. *In Search of « Ancient Israel. »* Sheffield, 1992.

GARBINI, G. *Myth and History in the Bible*. Londres, 2003.

LEMCHE, N.P. *The Israelites in History and Tradition*. Londres, 1998.

THOMPSON, T.L. *Early History of the Israelite People*. Leyde, 1992.

THOMPSON, T.L. *The Bible in History : How Writers Create a Past*. Londres, 1999.

Contre l'approche minimaliste

ALBERTZ, R. « An End to the Confusion ? Why the Old Testament Cannot Be a Hellenistic Book ! » In L.L. Grabbe, editor. *Did Moses Speak Attic ?*, Sheffield, 2001. 30-46.

DEVER, W.G. *What Did the Biblical Writers Know and When Did They Know It ? What Archaeology Can Tell Us About the Reality of Ancient Israel*. Grand Rapids, 2001.

HALPERN, B. « Erasing History. » *Bible Review* 47, 1995. 26-35.

SCHNIEDEWIND, W. « Jerusalem, the Late Judaean Monarchy and the Composition of the Biblical Texts. » In A.G. Vaughn and A.E. Killebrew, editors. *Jerusalem in the Bible and Archaeology : The First Temple Period*, Atlanta, 2003. 375-394.

HURWITZ, A. « The Historical Quest for "Ancient Israel" and the Linguistic Evidence of the Hebrew Bible : Some Methodological Observations. » *Vetus Testamentum* 47, 1997. 301-315.

Chapitre 1 – Le bandit

Prospections archéologiques dans les hautes terres de Juda

FINKELSTEIN, I. « The Great Transformation : The "Conquest" of the Highlands Frontiers and the Rise of the Territorial States. » In T.E. Levy, editor. *The Archaeology of Society in the Holy Land*, Londres, 1995. 349-365.

LEHMANN, G. « The United Monarchy in the Countryside : Jerusalem, Judah, and the Shephelah During the Tenth Century. » In A.G. Vaughn and A.E. Killebrew, editors. *Jerusalem in the Bible and Archaeology : The First Temple Period*, Atlanta, 2003. 117-162.

OFER, A. « "All the Hill Country of Judah" : From Settlement Fringe to a Prosperous Monarchy. » In I. Finkelstein and N. Na'aman, editors. *From Nomadism to Monarchy :*
Archaeological and Historical Aspects of Early Israel, Jérusalem, 1994. 92-121.

Historique de l'habitat dans la vallée de Beersheba

HERZOG, Z. « The Beer-Sheba Valley : From Nomadism to Monarchy. » In I. Finkelstein and N. Na'aman, editors. *From Nomadism to Monarchy : Archaeological and Historical Aspects of Early Israel*, Jérusalem, 1994. 122-149.

HERZOG, Z. « The Fortress Mound at Tel Arad : An Interim Report. » *Tel Aviv* 29, 2002. 3-109 (plus particulièrement 84-102).

Schémas du peuplement dans la Shefelah

DAGAN, Y. « Results of the Survey : Settlement Patterns in the Lachish Region. » In D. Ussishkin, *The Renewed Archaeological Excavations at Lachish (1973–1994)*, vol. V, Tel Aviv, 2004. 267-290.

Canaan durant la période amarnienne

BUNIMOVITZ, S. « The Problem of Human Resources in Late Bronze Age Palestine and Its Socioeconomic Implications. » *Ugarit-Forschungen* 26, 1994. 1-20.

FINKELSTEIN, I. « The Territorio-Political System of Canaan in the Late Bronze Age. » *Ugarit-Forschungen* 28, 1996. 221-255.

NA'AMAN, N. « The Network of Canaanite Late Bronze Kingdoms and the City of Ashdod. » *Ugarit-Forschungen* 29, 1997. 599-626.

La Jérusalem du Bronze récent

NA'AMAN, N. « The Contribution of the Amarna Letters to the Debate on Jerusalem's Political Position in the Tenth Century b.c.e. » *Bulletin of the American Schools of Oriental Research* 304, 1996. 17-27.

Les Shosou et les Apirou

GIVEON, R. *Les bédouin Shosou des documents égyptiens*. Leyde, 1971.

NA'AMAN, N. « Habiru and Hebrews : The Transfer of a Social Term to the Literary Sphere. » *Journal of Near Eastern Studies* 45, 1986. 271-288.

RAINEY, A.F. « Unruly Elements in Late Bronze Canaanite Society. » In D.P. Wright, D. N. Freedman and A. Hurvitz, editors. *Pomegranates and Golden Bells*, Winona Lake, 1995. 481-496.

ROWTON, M.B. « Dimorphic Structure and the Problem of the Apiru-Ibrim. » *Journal of Near Eastern Studies* 35, 1976. 13-20.

WARD, W.A. « The Shasu "Bedouin" : Notes on a Recent Publication. » *Journal of the Economy and Social History of the Orient* 15, 1972. 35-60.

Banditisme

HOBSBAWM, E.J. *Bandits*. Harmondsworth, 1985.

Légendes héroïques dans le second livre de Samuel

ISSER, S. *The Sword of Goliath.* Atlanta, 2003.

Chapitre 2 – La démence de Saül

Saül dans les études bibliques et historiques

EDELMAN, D. « "Saul's Journey Through Mt. Ephraim and Samuel's Ramah (1 Sam. 9:4–5, 10:2–5). » *Zeitschrift des Deutschen Palästina-Vereins* 104, 1988. 44-58.

EDELMAN, D. « The Deuteronomist's Story of King Saul : Narrative Art or Editorial Product ? » In C. Brekelmans and J. Lust, editors. *Pentateuchal and Deuteronomistic Studies*, Leuven, 1990. 207-220.

EDELMAN, D. *King Saul in the Historiography of Judah*. Sheffield, 1991.

EDELMAN, D. « Saul ben Kish in History and Tradition. » In V. Fritz and Ph. R. Davies, editors. *The Origin of the Ancient Israelite States*, Sheffield, 1996. 142-159.

GUNN, D. « A Man Given Over to Trouble : The Story of King Saul. » In B.O. Long, editor. *Images of Man and God : Old Testament Short Stories in Literary Focus*, Sheffield, 1981. 89-112.

HUMPHREYS, W.L. « The Rise and Fall of King Saul : A Study of an Ancient Narrative Stratum in 1 Samuel. » *Journal for the Study of the Old Testament* 18, 1980. 74-90.

LONG, V.P. *The Reign and Rejection of King Saul : A Case for Literary and Theological Coherence*. Atlanta, 1989.

LONG, V.P. « How Did Saul Become King ? Literary Reading and Historical Reconstruction. » In A.R. Millard, J.K. Hoffmeier, and D.W. Baker, editors. *Faith, Tradition, and History*, Winona Lake, 1994. 271-284.

NA'AMAN, N. « The Pre-Deuteronomistic Story of King Saul and Its Historical Significance. » *Catholic Biblical Quarterly* 54, 1992. 638-658.

PECKHAM, B. « The Deuteronomistic History of Saul and David. » *Zeitschrift für die alttestamentliche Wissenschaft* 97, 1985. 190-209.

SCHEFFLER, E. « Saving Saul from the Deuteronomist. » In J.-C. de Moor and H.F. Van Rooy, editors. *Past, Present, Future : The Deuteronomistic History and the Prophets*, Leyde, 2000. 263-271.

VAN DER TOORN, K. « Saul and the Rise of Israelite State Religion. » *Vetus Testamentum* 43, 1993. 519-542.

WHITE, M. « "The History of Saul's Rise" : Saulide State Propaganda in 1 Samuel 1–14. » In S.M. Olyan and R. C. Culley, editors. *« A Wise and Discerning Mind » : Essays in Honor of Burke O. Long*, Providence, 2000. 271-292.

WHITE, M. « Searching for Saul. What We Really Know About Israel's First King. » *Biblical Research* 17, 2001. 22–29, 52-53.

Le territoire de Saül

EDELMAN, D. « The "Ashurites" of Eshbaal's State (2 Sam. 2.9). » *Palestine Exploration Quarterly* 117,1985. 85-91.

NA'AMAN, N. « The Kingdom of Ishbaal. » *Biblische Notizen* 54, 1990. 33-37.

Prospections archéologiques dans les hautes terres septentrionales

FINKELSTEIN, I. « The Great Transformation : The "Conquest" of the Highlands Frontiers and the Rise of the Territorial States. » In T. E. Levy, editor. *The Archaeology of Society in the Holy Land*, Londres, 1995. 349-365.

ZERTAL, A. « "To the Land of the Perizzites and the Giants" : On the Israelite Settlement in the Hill Country of Manasseh. » In I. Finkelstein and N. Na'aman, editors. *From Nomadism to Monarchy : Archaeological and Historical Aspects of Early Israel*, Jérusalem, 1994. 47-69.

Schémas du peuplement en Jordanie

FINKELSTEIN, I. « From Sherds to History : Review Article. » *Israel Exploration Journal* 48, 1998. 120-131.

Shiloh

FINKELSTEIN, I., editor. *Shiloh : The Archaeology of a Biblical Site*. Tel Aviv, 1993.

Khirbet et-Tell et Khirbet Raddana

CALLAWAY, J.A. « Excavating Ai (et-Tell) : 1964–1972. » *Biblical Archaeologist* 39, 1976. 18-30.

CALLAWAY, J.A. and COOLEY R.E. « A Salvage Excavation at Raddana, in Bireh. » *Bulletin of the American Schools of Oriental Research* 201, 1971. 9-19.

LEDERMAN, Z. *An Early Iron Age Village at Khirbet Raddana : The Excavations of Joseph A. Callaway*. Ann Arbor, 1999.

La campagne de Shéshonq Ier

AHLSTROM, G.W. « Pharaoh Sheshonq's Campaign to Palestine. » In A. Lemaire and B. Otzen, editors. *History and Traditions of Early Israel*, Leyde, 1993. 1-16.

KITCHEN, K.A. *The Third Intermediate Period in Egypt (1100–650 b.c.)*, Warminster, 1986. 432-447.

MAZAR, B. « The Campaign of Pharaoh Shishak to Palestine. » *Vetus Testamentum Supplement* 4, 1957. 57-66.

REDFORD, D.B. *Egypt, Canaan and Israel in Ancient Times*, Princeton, 1992. 312-315.

Nouveau point de vue sur Shéshonq et l'archéologie au Xe siècle av. J.-C.

FINKELSTEIN, I. « The Campaign of Sheshonq I to Palestine : A Guide to the 10th Century bce Polity. » *Zeitschrift des Deutschen Palästina-Verein*s 118, 2002. 109-135.

Gibéa comme berceau familial de Saül

BLENKINSOPP, J. « Did Saul Make Gibeon His Capital ? » *Vetus Testamentum* 24, 1974. 1-7.

WALTERS, S.D. « Saul of Gibeon. » *Journal for the Study of the Old Testament* 52, 1991. 61-76.

Apologie de David

DICK, M.B. « The "History of David's Rise to Power" and the Neo-Babylonian Succession Apologies. » In B.F. Batto and K.L. Roberts, editors. *David and Zion : Biblical Studies in Honor of J. J. M. Roberts*, Winona Lake, 2004. 3-19.

HALPERN, B. *David's Secret Demons : Messiah, Murderer, Traitor, King*, Grand Rapids, 2001. 73-103.

ISHIDA, T. « The Succession Narrative and Esarhaddon's Apology. » In M. Cogan and I. Ephal, editors. *Ah, Assyria... Studies in Assyrian History and Ancient Near Eastern Historiography Presented to Hayim Tadmor*, Jérusalem, 1991. 166-173.

MCCARTER, K.P. « The Apology of David. » *Journal of Biblical Literature* 99, 1980. 489-504.

Chapitre 3 – Meurtre, sexe et trahison

« L'histoire de la montée au pouvoir de David »
et « l'histoire de la Succession »

DE PURY, A. and RÖMER T., editors. *Die sogenannte Thronfolgegeschichte Davids : Neue Einsichten und Anfragen*. Freiburg, 2000.

KEYS, G. « The Wages of Sin : A Reappraisal of the "Succession Narrative". » Sheffield, 1996.

MCKENZIE, S.L. « The So-Called Succession Narrative in the Deuteronomistic History. » In A. de Pury and T. Römer, editors. *Die sogenannte Thronfolgegeschichte Davids : Neue Einsichten und Anfragen*, Freiburg, 2000. 123-135.

ROST, L. *The Succession to the Throne of David*. Sheffield, 1982.

Jérusalem au Xe siècle av. J.-C.

CAHILL, J.M. « Jerusalem in the Time of the United Monarchy : The Archaeological Evidence. » In A.G. Vaughn and A.E. Killebrew, editors. *Jerusalem in the Bible and Archaeology : The First Temple Period*, Atlanta, 2003. 13-80.

FINKELSTEIN, I. « The Rise of Jerusalem and Judah : The Missing Link. » In A.G. Vaughn and A.E. Killebrew, editors. *Jerusalem in the Bible and Archaeology : The First Temple Period*, Atlanta, 2003. 81-101.

STEINER, M. « The Evidence from Kenyon's Excavations in Jerusalem : A Response Essay. » In A.G. Vaughn and A.E. Killebrew, editors. *Jerusa-*

lem in the Bible and Archaeology : The First Temple Period, Atlanta, 2003. 347-363.

USSISHKIN, D. « Solomon's Jerusalem : The Text and the Facts on the Ground » In A.G. Vaughn and A.E. Killebrew, editors. *Jerusalem in the Bible and Archaeology : The First Temple Period*, Atlanta, 2003. 103-115.

La formation d'un État en Israël

FINKELSTEIN, I. « State Formation in Israel and Judah : A Contrast in Context, a Contrast in Trajectory. » *Near Eastern Archaeology* 62, 1999. 35-52.

Samarie, Jezréel et autres cités omrides

FINKELSTEIN, I. « Omride Architecture. » *Zeitschrift des Deutschen Palästina-Vere*ins 116, 2000. 114-138.

FRANKLIN, N. « The Tombs of the Kings of Israel ; Two Recently Identified 9th-Century Tombs from Omride Samaria. » *Zeitschrift des Deutschen Palästina-Vereins* 119, 2003. 1-11.

FRANKLIN, N. « Samaria : From the Bedrock to the Omride Palace. » *Levant* 36, 2004. 89-202.

FRANKLIN, N. (à paraître) « Correlation and Chronology : Samaria and Megiddo Redux. » In T. Levy and T. Higham, editors. *Radiocarbon Dating and the Iron Age of the Southern Levant : The Bible and Archaeology Today*. Londres.

KENYON, K. *Royal Cities of the Old Testament*, New York, 1973. 71-89.

USSISHKIN, D. « Jezreel, Samaria and Megiddo ; Royal Centres of Omri and Ahab. » *Vetus Testamentum Supplement* 66, 1997. 351-364.

WILLIAMSON, H.G.M. « Tel Jezreel and the Dynasty of Omri. » *Palestine Exploration Quarterly* 128, 1996. 41-51.

Histoire du royaume omride

TIMM, S. *Die Dynastie Omri*. Göttingen, 1982.

L'essor des centres urbains de Juda au IXe siècle av. J.-C.

BUNIMOVITZ, S. and LEDERMAN Z. « Iron Age Fortifications of Tel Beth Shemesh : A 1990-2000 Perspective. » *Israel Exploration Journal* 51, 2001. 121-147.

FINKELSTEIN, I. « The Rise of Jerusalem and Judah : The Missing Link. » *Levant* 33, 2001. 105-115.

HERZOG, Z. and SINGER-AVITZ L. « Redefining the Centre : The Emergence of State in Judah. » *Tel Aviv* 31, 2004. 209-244.

USSISHKIN, D. *The Renewed Archaeological Excavations at Lachish (1973-1994)*, vol. I, Tel Aviv, 2004. 78-83.

Le rôle de la reine mère

KNAUF, E.A. « The Queens'Story : Bathsheba, Maacah, Athaliah and the "Historia of Early Kings." » *Lectio Difficilior : European Electronic Journal for Feminist Exegesis* 2, 2002. (http://www.lectio.unibe.ch/02 2/axel. htm).

Les Araméens et le royaume de Damas

DION, P.-E. *Les Araméens à l'âge du fer*. Paris, 1997.

LEMAIRE, A. « Hazaël de Damas, roi d'Aram. » In D. Charpin and F. Joannès, editors. *Marchands, diplomates et empereurs*, Paris, 1991. 91-108.

LIPINSKI, E. *The Aramaeans : Their Ancient History, Culture, Religion*. Leuven, 2000.

SADER, H. *Les États araméens de Syrie depuis leur fondation jusqu'à leur transformation en provinces assyriennes*. Tübingen, 1984.

L'inscription de Tel Dan

BIRAN, A. and NAVEH J. « The Tel Dan Inscription : A New Fragment. » *Israel Exploration Journal* 45, 1995. 1-18.

HALPERN, B. « The Stela from Dan : Epigraphic and Historical Considerations. » *Bulletin of the American Schools of Oriental Research* 296, 1994. 63-80.

LEMAIRE, A. « La dynastie davidique (byt dwd) dans deux inscriptions ouest-sémitiques du IXe s. av. J.-C. » *Studi epigrafici e linguistici sur Vicino Oriente antico* 11, 1994. 17-19.

LEMAIRE, A. « The Tel Dan Stela as a Piece of Royal Historiography. » *Journal for the Study of the Old Testament* 81, 1998. 3-14.

SCHNIEDEWIND, W.M. « Tel Dan Stela : New Light on Aramaic and Jehu's Revolt. » *Bulletin of the American Schools of Oriental Research* 302, 1996. 75-90.

Un nouveau regard sur les sources littéraires des conquêtes de David

NA'AMAN, N. « In Search of Reality Behind the Account of David's Wars with Israel's Neighbours. » *Israel Exploration Journal* 52, 2002. 200-224.

Histoire et archéologie de Gat

MAEIR, A. and EHRLICH C.S. « Excavating Philistine Gath : Have We Found Goliath's Hometown ? » *Biblical Archaeology Review* 27 (6), 2001. 22-31.

SCHNIEDEWIND, W.M. « The Geopolitical History of Philistine Gath. » *Bulletin of the American Schools of Oriental Research* 309, 1998. 69-77.

Chapitre 4 – Temple et dynastie

L'activité militaire et économique assyrienne

FINKELSTEIN, I. « Horvat Qitmit and the Southern Trade in the Late Iron Age II. » *Zeitschrift des Deutschen Palästina-Vereins* 108, 1992. 156-170.

TADMOR, H. « Philistia Under Assyrian Rule. » *Biblical Archaeologist* 29, 1966. 86-102.

L'attaque contre Juda lancée par Israël et Damas

CAZELLES, H. « La guerre syro-éphraïmite dans le contexte de la politique internationale. » In D. Garrone, editor. *Storia e tradizioni di Israele*, Brescia, 1991. 31-48.

La recherche archéologique moderne à Jérusalem

AVIGAD, N. *Discovering Jerusalem*, Oxford, 1984. 31-60.

GEVA, H., editor. *Ancient Jerusalem Revealed*. Jérusalem, 2000.

VAUGHN, A.G. and KILLEBREW A.E., editors. *Jerusalem in the Bible and Archaeology : The First Temple Period*. Atlanta.

L'expansion de Jérusalem

BROSHI, M. « The Expansion of Jerusalem in the Reigns of Hezekiah and Manasseh. » *Israel Exploration Journal* 24, 1974. 21-26.

GEVA, H. « Western Jerusalem at the End of the First Temple Period in Light of the Excavations in the Jewish Quarter. » In A.G. Vaughn and A.E. Killebrew, editors. *Jerusalem in the Bible and Archaeology : The First Temple Period*, Atlanta. 2003. 183-208.

REICH, R. and SHUKRON E. « The Urban Development of Jerusalem in the Late Eight Century b.c.e. » In A.G. Vaughn and A.E. Killebrew, editors. *Jerusalem in the Bible and Archaeology : The First Temple Period*, Atlanta. 2003. 209-218.

Cimetières de l'âge du Fer à Jérusalem

BARKAY, G., KLONER A. et MAZAR A. « The Northern Necropolis of Jerusalem During the First Temple Period. » In H. Geva, editor. *Ancient Jerusalem Revealed*, Jérusalem, 1994. 119-127.

USSISHKIN, D. *The Village of Silwan : The Necropolis from the Period of the Judean Kingdom*. Jérusalem, 1993.

Production d'huile d'olive dans Juda

FINKELSTEIN, I. et NA'AMAN N. « The Judahite Shephelah in the Late 8th and Early 7th Centuries bce. » *Tel Aviv* 31, 2004. 60-79.

Les jarres d'entreposage Lmlk

NA'AMAN, N. « Hezekiah's Fortified Cities and the LMLK Stamps. » *Bulletin of the American Schools of Oriental Research* 261,1986. 5-21.

VAUGHN, A.G. *Theology, History, and Archaeology in the Chronicler's Account of Hezekiah.* Atlanta. 1999.

Expansion de l'écrit et de l'alphabétisme dans Juda

JAMIESON-DRAKE, D.W. *Scribes and Schools in Monarchic Judah : A Socio-Archaeological Approach.* Sheffield, 1991.

SCHNIEDEWIND, W. « Jerusalem, the Late Judaean Monarchy and the Composition of the Biblical Texts. » In A.G. Vaughn and A.E. Killebrew, editors. *Jerusalem in the Bible and Archaeology : The First Temple Period*, Atlanta, 2003. 375-394.

SCHNIEDEWIND, W. *How the Bible Became a Book : The Textualization of Ancient Israel.* Cambridge, 2004.

Données sur les variations du peuplement dans les hautes terres du Nord (du Fer II à la période perse)

FINKELSTEIN, I., LEDERMAN Z. et BUNIMOVITZ S. *Highlands of Many Cultures : The Southern Samaria Survey : The Sites*, Tel Aviv, 1997. 898-906.

ZERTAL, A. « The Pahwah of Samaria (Northern Israel) During the Persian Period. Types of Settlement, Economy, History and New Discoveries. » *Transeuphratène* 2, 1989. 9-30.

Les déportés installés dans les territoires du royaume du Nord

NA'AMAN, N. et ZADOK R. « Sargon II's Deportations to Israel and Philistia. » *Journal of Cuneiform Studies* 40, 1988. 36-46.

NA'AMAN, N. et ZADOK R. « Assyrian Deportations to the Province of Samaria in the Light of the Two Cuneiform Tablets from Tel Hadid. » *Tel Aviv* 27, 2000. 159-188.

La réforme du culte d'Ézéchias

— Acceptation de son historicité :

HARAN, M. *Temples and Temple-Service in Ancient Israel – An Inquiry into the Character of Cult Phenomena and the Historical Setting of the Priestly School.* Oxford, 1978.

LOWERY, R.H. *The Reforming Kings : Cults and Society in First Temple Judah.* Sheffield, 1991.

WEINFELD, M. « Cult Centralization in Israel in the Light of a Neo-Babylonian Analogy. » *Journal of Near Eastern Studies* 23, 1964. 202-212.

— Rejet de son historicité :

FRIED, L. « The High Places (Bamôt) and the Reforms of Hezekiah and Josiah : An Archaeological Investigation. » *Journal of the American Oriental Society* 122, 2002. 1-29.

HANDY, L. « Hezekiah's Unlikely Reform. » *Zeitschrift für die altestamentliche Wissenschaft* 100, 1988. 111-115.

NA'AMAN, N. « The Debated Historicity of Hezekiah's Reform in the Light of Historical and Archaeological Research. » *Zeitschrift für die altestamentliche Wissenschaft* 107, 1995. 179-195.

Preuves archéologiques de l'abandon des lieux de culte à la fin du VIIIe siècle av. J.-C.

AHARONI, Y. « The Horned Altar at Beersheba. » *Biblical Archaeologist* 37, 1974. 2-23.

HERZOG, Z. « The Date of the Temple at Arad : Reassessment of the Stratigraphy and the Implications for the History of Religion in Judah. » In A. Mazar, editor. *Studies in the Archaeology of the Iron Age in Israel and Jordan*, Sheffield, 2001. 156-78.

USSISHKIN, D. « The Level V "Sanctuary" and "High Place" at Lachish. » In C.G. den Hertog, Hübner U. et Münger S., editors. *Saxa Loquentur : Studien zur Archäologie Palästinas/Israels, Festschrift für Volkmar Fritz*, Münster, 2003. 205-211.

Influence des chroniques assyriennes sur les écrits historiques de la Bible

VAN SETERS, J. « Joshua's Campaign of Canaan and Near Eastern Historiography. » *Scandinavian Journal of the Old Testament* 4, 1990. 1-12.

VAN SETERS, J. « Solomon's Temple : Facts and Ideology in Biblical and Near Eastern Historiography. » *Catholic Biblical Quarterly* 59, 1997. 45-57.

La révolte d'Ézéchias

GONCALVÈS, F. *L'expédition de Sennachérib en Palestine dans la littérature hébraïque ancienne*. Paris, 1986.

GRABBE, L.L., editor. *"Like a bird in a cage" : The Invasion of Sennacherib in 701 bce*. Sheffield, 2003.

HALPERN, B. « Jerusalem and the Lineages in the Seventh Century bce : Kinship and the Rise of Individual Moral Liability. » In B. Halpern and D.W. Hobson, editors. *Law and Ideology in Monarchic Israel*, Sheffield, 1991. 11-107.

La conquête de Lakish par Sennachérib

USSISHKIN, D. *The Conquest of Lachish by Sennacherib*. Tel Aviv, 1982.

Chapitre 5 – La sagesse de Salomon

L'archéologie au temps de Manassé

FINKELSTEIN, I. « The Archaeology of the Days of Manasseh. » In M.D. Coogan, J.-C. Exum and L.E. Stager, editors. *Scripture and Other Artifacts : Essays on the Bible and Archaeology in Honor of Philip J. King*, Louisville, 1994. 169-187.

Activité du peuplement dans le désert judéen

CROSS, F.M. and J.T. Milik. « Explorations in the Judean Buqeah. » *Bulletin of the American Schools of Oriental Research* 142, 1956. 5-17.

STAGER, L.E. « Farming in the Judean Desert. » *Bulletin of the American Schools of Oriental Research* 221, 1976. 145-158.

Les portes « salomoniques » en triple tenaille

YADIN, Y. « Megiddo of the Kings of Israel. » *Biblical Archaeologist* 33, 1970. 66-96.

Preuves à l'encontre de la théorie des portes en triple tenaille

USSISHKIN, D. « Was the "Solomonic" City Gate at Megiddo Built by King Solomon ? » *Bulletin of the American Schools of Oriental Research* 239, 1980. 1-18.

USSISHKIN, D. « Notes on Megiddo, Gezer, Ashdod, and Tel Batash in the Tenth to Ninth Centuries b.c. » *Bulletin of the American Schools of Oriental Research* 277/278, 1990. 71-91.

Haçor aux IXe et VIIIe siècles av. J.-C.

FINKELSTEIN, I. « Hazor and the North in the Iron Age : A Low Chronology Perspective. » *Bulletin of the American Schools of Oriental Research* 314, 1999. 55-70.

Le débat sur la datation des strates de l'âge du Fer

BEN-TOR, A. « Hazor and Chronology of Northern Israel : A Reply to Israel Finkelstein. » *Bulletin of the American Schools of Oriental Research* 317. 2000. 9-15.

BOARETTO, E., JULL A.J.T., Gilboa A. et Sharon I. « Dating the Iron Age I/II Transition in Israel : First Intercomparison Results. » *Radiocarbon* 47, 2005. 39-55.

BRUINS, H.J., van der Plicht J. et Mazar A. « 14C Dates from Tel Rehov : Iron Age Chronology, Pharaohs, and Hebrew Kings. » *Science* 300, 2003. 315-318.

FINKELSTEIN, I. et PIASETZKY E. « Recent Radiocarbon Results and King Solomon. » *Antiquity* 77, 2003. 771-779.

FINKELSTEIN, I. et PIASETZKY E.. « Wrong and Right ; High and Low – 14C Dates from Tel Rehov and Iron Age Chronology. » *Tel Aviv* 30, 2003. 283-295.

FINKELSTEIN, I. et PIASETZKY E.. « Comment on "14C Dates from Tel Rehov : Iron-Age Chronology, Pharaohs, and Hebrew Kings." » *Science* 302, 2003. 568b.

GILBOA, A. et SHARON I. « An Archaeological Contribution to the Early Iron Age Chronological Debate : Alternative Chronologies for Phoenicia and Their Effects on the Levant, Cyprus, and Greece. » *Bulletin of the American Schools of Oriental Research* 332, 2003. 7-80.

LEVY, T. et HIGHAM T., editors. *Radiocarbon Dating and the Iron Age of the Southern Levant : The Bible and Archaeology Today*. Londres, 2005.

MAZAR, A. « Iron Age Chronology : A Reply to I. Finkelstein. » *Levant* 29, 1997. 155-165.

Les préfectures de Salomon

NA'AMAN, N. « Solomon's District List (1 Kings 4:7–19) and the Assyrian Province System in Palestine. » *Ugarit-Forschungen* 33, 2002. 419-436.

Réalités de la fin de la monarchie derrière le récit consacré à Salomon

KNAUF, E.A. « King Solomon's Copper Supply. » In E. Lipinski, editor. *Phoenicia and the Bible*, Leuven, 1991. 167-186.

Les écuries de Megiddo

CANTRELL, D. « Stable Issues. » In I. Finkelstein, D. Ussishkin and B. Halpern, editors. *Megiddo IV : The 1998–2002 Seasons*. Tel Aviv, 2005.

CANTRELL, D. et Finkelstein I. « A Kingdom for a Horse : The Megiddo Stables and Eighth Century Israel. » In I. Finkelstein, D. Ussishkin, and B. Halpern, editors. *Megiddo IV : The 1998–2002 Seasons*. Tel Aviv, 2005.

PRITCHARD, J.B. « The Megiddo Stables : A Reassessment. » In J.A. Sanders, editor. *Near Eastern Archaeology in the Twentieth Century*. Garden City, 1970. 268-75.

YADIN, Y. « The Megiddo Stables. » In F.M. Cross, W.E. Lemke et P.D. Miller, editors. *Magnalia Dei : The Mighty Acts of God. Essays on the Bible and Archaeology in Memory of G. E. Wright*, Garden City, 1976. 249-252.

Les chevaux en Assyrie et en Israël

DALLEY, S. « Foreign Chariotry and Cavalry in the Armies of Tiglath-pileser III and Sargon II. » *Iraq* 47, 1985. 31-48.

HEIDORN, L.A. « The Horses of Kush. » *Journal of Near Eastern Studies* 56, 1997. 105-114.

Les anciens Arabes

EPHAL, I. *The Ancient Arabs*. Jérusalem, 1982.

L'essor d'Édom

BIENKOWSKI, P., editor. *Early Edom and Moab : The Beginning of the Iron Age in Southern Jordan*. Sheffield, 1992.
BIENKOWSKI, P., editor. « The Origin and Development of Edom. » In S. Mazzoni, editor. *Nuove fondazioni nel vicino oriente antico : Realtà e ideologia*, Pisa, 1994. 263-268.

Chameaux à Tell Jemmeh

WAPNISH, P. « The Dromedary and Bactrian Camel in Levantine Historical Settings : The Evidence from Tell Jemmeh. » In J. Clutton-Brock and C. Grigson, editors. *Animals and Archaeology 3 : Early Herders and their Flocks*, BAR International Series 202. Oxford, 1984. 171-200.

Le royaume de Saba

ROBIN, C.J. et Vogt, B. editors. *Yémen. Au pays de la reine de Saba*. Paris, 1996.
ROBIN, C. « Sheba II. Dans les inscriptions d'Arabie du sud. » *Supplément au Dictionnaire de la Bible* 12, 1997. 1047-1254.

Hiram roi de Tyr

GREEN, A.R. « David's Relations with Hiram : Biblical and Josephan Evidence for Tyrian Chronology. » In C.L. Meyers and M. O'Connor, editors. *The Word of the Lord Shall Go Forth*. Winona Lake, 1983. 373-397.
MENDELS, D. « Hellenistic Writers of the Second Century bce on the Hiram-Solomon Relationship. » In *Identity, Religion and Historiography : Studies in Hellenistic History*. Sheffield, 1998. 379-393.

Glueck sur les mines de cuivre de Salomon à Éçyôn-Gébèr

GLUECK, N. « The Third Season of Excavation at Tell el-Kheleifeh. » *Bulletin of the American Schools of Oriental Research* 79, 1940. 2-18.
GLUECK, N. « Ezion-geber. » *Biblical Archaeologist* 28, 1965. 70-87.

Réévaluation des trouvailles de Tell el-Kheleifeh

PRATICO, G.D. *Nelson Glueck's 1938–1940 Excavations at Tell el-Kheleifeh : A Reappraisal*. Atlanta, 1993.

Les mines de Timna : opinion courante

ROTHENBERG, B. *Timna : Valley of the Biblical Copper Mines.* Aylesbury, 1972.

Les mines de cuivre de Wadi Feinan

HAUPTMANN, A. et WEISGERBER G. « Periods of Ore Exploitation and Metal Production in the Area of Feinan, Wadi Arabah, Jordan. » *Studies in the History and*
Archaeology of Jordan 4, 1992. 61-66.

KNAUF, E. A. and C. J. LENZEN. « Edomite Copper Industry. » *Studies in the History and Archaeology of Jordan* 3, 1987. 83-88.

Chapitre 6 – Le défi de Goliath

Manassé dans l'histoire deutéronomique

EYNIKEL, E. « The Portrait of Manasseh and the Deuteronomistic History. » In M. Vervene and J. Lust, editors. *Deuteronomy and Deuteronomic Literature*, Leuven, 1997. 233-261.

HALPERN, B. « Why Manasseh Was Blamed for the Babylonian Exile : The Revolution of a Biblical Tradition. » *Vetus Testamentum* 48, 1998. 473-514.

SCHNIEDEWIND, W.M. « The Source Citations of Manasseh : King Manasseh in History and Homily. » *Vetus Testamentum* 41, 1991. 450-461.

VAN KEULEN, P. *Manasseh Through the Eyes of the Deuteronomists.* Leyde, 1996.

L'histoire deutéronomique

CROSS, F.M. 1973. *Canaanite Myth and Hebrew Epic*, Cambridge. 274-288.

de Pury, A., Römer, T. et Macchi, J.-D., editors. *Israël construit son histoire. L'historiographie deutéronomiste à la lumière des recherches récentes*. Genève, 1996.

KNOPPERS, G.N. and J.G. McConville, editors. *Reconsidering Israel and Judah : Recent Studies on the Deuteronomistic History.* Winona Lake, 2000.

MCKENZIE, S.L. and M.P. Graham, editors. *The History of Israel's Traditions : The Heritage of Martin Noth*. Sheffield, 1994.

RÖMER, T., editor. *The Future of the Deuteronomistic History*. Leuven, 2000.

NA'AMAN, N. *The Past That Shapes the Present* (à paraître).

NOTH, M. *The Deuteronomistic History*. Sheffield, 1981.

Le roi Josias : le récit biblique, l'histoire, l'espérance messianique

EYNIKEL, E. *The Reform of King Josiah and the Composition of the Deuteronomistic History*. Leyde, 1996.

LAATO, A. *Josiah and David Redivivus : The Historical Josiah and the Messianic Expectations of Exilic and Postexilic Times*. Stockholm, 1992.

NA'AMAN, N. « The Kingdom of Judah Under Josiah. » *Tel Aviv* 18, 1991. 3-71.

SWEENEY, M. *King Josiah of Judah : The Lost Messiah of Israel*. Oxford, 2002.

La situation géopolitique à la fin du VIIe siècle av. J.-C.

MALAMAT, A. « The Kingdom of Judah Between Egypt and Babylon : A Small State Within a Great Power Confrontation. » In W. Classen, editor. *Text and Context*, Sheffield, 1988. 117-129.

REDFORD, D.B. *Egypt, Canaan and Israel in Ancient Times*, Princeton, 1992. 430-469.

La distribution spatiale des découvertes archéologiques judéennes datées de la fin du VIIe siècle av. J.-C. et les frontières de Juda

KLETTER, R. « Pots and Polities : Material Remains of Late Iron Age Judah in Relation to Its Political Borders. » *Bulletin of the American Schools of Oriental Research* 314, 1999. 19-54.

Éqrôn : les fouilles, l'histoire, l'inscription, la production d'huile

EITAM, D. « The Olive Oil Industry at Tel Miqne-Ekron in the Late Iron Age. » In D. Eitam and M. Heltzer, editors. *Olive Oil in Antiquity*, Padova, 1996. 167-196.

GITIN, S. « Tel Miqne-Ekron in the 7th Century b.c.e. : The Impact of Economic Innovation and Foreign Cultural Influences on a Neo-Assyrian Vassal City-State. » In S. Gitin, editor. *Recent Excavations in Israel : A View to the West*, Dubuque, 1995. 61-79.

GITIN, S. « Tel Miqne-Ekron in the 7th century b.c. : City Plan Development and the Oil Industry. » In D. Eitam and M. Heltzer, editors. *Olive Oil in Antiquity*, Padova, 1996. 219-242.

GITIN, S., DOTHAN T. and NAVEH J. « A Royal Dedicatory Inscription from Ekron. » *Israel Exploration Journal* 47, 1997. 1-16.

NA'AMAN, N. « Ekron Under the Assyrian and Egyptian Empires. » *Bulletin of the American Schools of Oriental Research* 332, 2003. 81-91.

NAVEH, J. « Achish-Ikausu in the Light of the Ekron Dedication. » *Bulletin of the American Schools of Oriental Research* 310, 1998. 35-37.

Les Philistins dans la Bible

EHRLICH, C.S. « The Philistines in Transition. » *A History from ca. 1000–730 b.c.e.* Leyde, 1996.

MACHINIST, P. « Biblical Traditions : The Philistines and Israelite History. » In E. Oren, editor. *The Sea Peoples and Their World : A Reassessment*, Philadelphia, 2000. 53-83.

Les Philistins bibliques et les traditions grecques ultérieures

FINKELSTEIN, I. « The Philistine in the Bible : A Late-Monarchic Perspective. » *Journal for the Study of the Old Testament* 27, 2002. 131-167.

YADIN, A. « Goliath's Armor and Israelite Collective Memory. » *Vetus Testamentum* 54, 2004. 373-395.

L'expression biblique « jusqu'à ce jour »

GEOGHEGAN, J.-C. « "Until this Day" and the Preexilic Redaction of the Deuteronomistic History. » *Journal of Biblical Literature* 122, 2003. 201-227.

L'armement et les méthodes de combat des Grecs

HANSEN, V.D., editor. *Hoplites : The Classical Greek Battle Experience*. Londres, 1991.

SNODGRASS, A.M. *Early Greek Armour and Weapons from the End of the Bronze Age to 600 b.c*. Edinburgh, 1964.

SNODGRASS, A.M. *Arms and Armour of the Greeks*. Londres. 1967.

Mesad Hashavyahu

FANTALKIN, A. « Mezad Hashavyahu : Its Material Culture and Historical Background. » *Tel Aviv* 28, 2001. 3-165.

Les Kittim

AHARONI, Y. *Arad Inscriptions*, Jérusalem, 1981. 12-13.

DION, P.-E. « Les KTYM de Tel Arad : Grecs ou Phéniciens ? » *Revue Biblique* 99, 1992. 70-97.

HELTZER, M. « Kition According to the Biblical Prophets and Hebrew Ostraca from Arad. » *Report of the Department of Antiquities, Cyprus*, Nicosia, 1988. 167-171.

Chapitre 7 – Les saints patrons du Temple

La période néobabylonienne

LIPSCHITS, O. *The Fall and Rise of Jerusalem – Judah Under Babylonian Rule*. Winona Lake (à paraître).

LIPSCHITS, O. et BLENKINSOPP J., editors. *Judah and the Judeans in the Neo-Babylonian Period*. Winona Lake, 2003.

VANDERHOOFT, D.S. *The Neo-Babylonian Empire and Babylon in the Latter Prophets*. Atlanta, 1999.

La période perse : archéologie et histoire de Yehoud

BERQUIST, J.L. *Judaism in Persia's Shadow*. Minneapolis, 1995.

CARTER, C.E. *The Emergence of Yehud in the Persian Period*. Sheffield, 1999.

DAVIES, P.R., editor. *Second Temple Studies 1 : The Persian Period*. Sheffield, 1991.

ESKENAZI, T.C. et RICHARDS K.H., editors. *Second Temple Studies 2 : Temple and Community in the Persian Period*. Sheffield, 1994.

STERN, E. *Material Culture of the Land of the Bible in the Persian Period, 538–332 b.c.* Warminster, 1982.

Les Samaritains

CROWN, A.D., editor. *The Samaritans*. Tübingen, 1989.

PUMMER, R. *The Samaritans*. Leyde, 1987.

PURVIS, J. *The Samaritan Pentateuch and the Origin of the Samaritan Sect*. Cambridge, Mass., 1968.

Le temple samaritain du mont Garizim

STERN, E. et MAGEN Y. « Archaeological Evidence for the First Stage of the Samaritan Temple on Mount Garizim. » *Israel Exploration Journal* 52, 2002. 49-57.

Espérances messianiques dans la période exilique

COLLINS, J.J. « The Eschatology of Zechariah. » In L. Ł. Grabbe and R. D. Haak, editors. *Knowing the End from the Beginning : The Prophetic, the Apocalyptic and Their Relationships*. Londres, 2003. 74-84.

MEYERS, E.M. « Messianism in First and Second Zechariah and the "End" of Biblical Prophecy. » In J.E. Coleson and V.H. Matthews, editors. *"Go to the Land I Will Show You" : Studies in Honor of Dwight W. Young*. Winona Lake, 1996. 127-42.

ROSE, W.H. 2000. Zemah and Zerubbabel. Sheffield.

Les Chroniques

GRAHAM, M.P., HOGLUND K.G. et MCKENZIE S.L., editors. *The Chronicler as Historian.* Sheffield, 1997.

GRAHAM, M.P. et McKenzie S.L., editors. *The Chronicler as Author : Studies in Text and Texture.* Sheffield, 1999.

GRAHAM, M.P., MCKENZIE S.L. et KNOPPERS G.N., editors. *The Chronicler as Theologian : Essays in Honor of Ralph W. Klein.* Sheffield, 2003.

JAPHET, S. *The Ideology of the Book of Chronicles and Its Place in Biblical Thought.* Frankfurt, 1997.

Noth, M. *The Chronicler's History.* Sheffield, 1987.

David et Salomon dans les Chroniques

ABADIE, P. « Le fonctionnement symbolique de la figure de David dans l'oeuvre du Chroniste. » *Transeuphratène* 7, 1994. 143-151.

DILLARD, R.B. « The Literary Structure of the Chronicler's Solomon. » *Journal for the Study of the Old Testament* 30, 1984. 85-93.

EDELMAN, D. « Did Saulide-Davidic Rivalry Resurface in Early Persian Yehud ? » In A. J. Dearman and P.M. Graham, editors. *The Land That I Will Show You : Essays in History and Archaeology of the Ancient Near East in Honour of J. Maxwell Miller.* Sheffield, 2001. 69-91.

KNOPPERS, G.N. « Images of David in Early Judaism : David as Repentant Sinner in Chronicles. » *Biblica* 76, 1995. 449-470.

KNOPPERS, G.N. « "The City Yhwh Has Chosen" : The Chronicler's Promotion of Jerusalem in the Light of Recent Archaeology. » In A.G. Vaughn and A.E. Killebrew, editors. *Jerusalem in Bible and Archaeology : The First Temple Period.* Atlanta. 2003. 307-326.

THRONTVEIT, M.A. « The Idealization of Solomon as the Glorification of God in the Chronicler's Royal Speeches and Royal Prayers. » In L.K. Handy, editor. *The Age of Solomon : Scholarship at the Turn of the Millennium.* Leyde, 1997. 411–427.

VAN SETERS, J. « The Chronicler's Account of Solomon's Temple-Building : A Continuity Theme. » In P.M. Graham, K.G. Hoglund et S. L. McKenzie, editors. *The Chronicler as Historian.* Sheffield, 1997. 283-300.

WILLIAMSON, H.G.M. « The Temple in the Books of Chronicles. » In W. Horbury, editor. *Templum Amicitiae : Essays on the Second Temple Presented to Ernst Bammel.* Sheffield, 1991. 15-31.

WRIGHT, J.W. « The Founding Father : The Structure of the Chronicler's David Narrative. » *Journal of Biblical Literature* 117, 1998. 45-59.

David dans les Psaumes

AUWERS, J.-M. « Le David des psaumes et les psaumes de David. » In L. Desrousseaux et J. Vermeylen, editors. *Figures de David a travers la Bible.* Paris, 1999. 187-225.

COOPER, A.M. « The Life and Times of King David According to the Book of Psalms. » In R. E. Friedman, editor. *The Poet and the Historian : Essays in Literary and Historical Biblical Criticism.* Chico, 1983. 117-131.

MAYS, J.L. « The David of the Psalms. » *Interpretation* 40, 1986. 143-155.

Chapitre 8 – Visions messianiques

Espérances messianiques dans la Bible, le judaïsme du Second Temple et le christianisme

CHARLESWORTH, J.H., LICHTENBERGER H. et OEGEMA G.S., editors. *Qumran-Messianism.* Tübingen, 1998.

COLLINS, J.J. *The Scepter and the Star : The Messiahs of the Dead Sea Scrolls and Other Ancient Literature*. New York, 1995.

EVANS, C.A. et FLINT P.W. *Eschatology, Messianism and the Dead Sea Scrolls*. Grand Rapids, 1997.

GREEN, D.E. *Messianic Expectations in the Old Testament*. Philadelphia, 1980.

HESS, R.S. and CARROLL, M.D., editors. *Israel's Messiah in the Bible and the Dead Sea Scrolls*. Grand Rapids, 2003.

NEUSNER, J., GREEN W.S. et FRERICHS E. S., editors. *Judaism and Their Messiah at the Turn of the Christian Era*. New York, 1987.

OEGEMA, G.S. *The Anointed and His People : Messianic Expectations from the Maccabees to Bar Kochba*. Sheffield, 1998.

POMPYKALA, K.E. *The Davidic Dynasty Tradition in Early Judaism : Its History and Significance for Messianism.* Atlanta, 1995.

REVENTHROW, H.G., editor. *Eschatology in the Bible and in Jewish and Christian Tradition*. Sheffield, 1997.

La Sagesse de Salomon

GRABBE, L.L. *Wisdom of Solomon*. Sheffield, 1997.

Les Psaumes de Salomon

ATKINSON, K. *I Cried to the Lord : A Study of the Psalms of Solomon's Historical Background and Social Setting*. Leyde, 2004.

FRANKLYN, P.N. « The Cultic and Pious Climax of Eschatology in the Psalms of Solomon. » *Journal for the Study of Judaism in the Persian, Hellenistic and Roman Periods* 18, 1987. 1-17.

DE JONGE, M. « The Expectation of the Future in the Psalms of Solomon. » In *Jewish Eschatology, Early Christian Christology and the Testaments of the Twelve Patriarch s : Collected Essays*, Leyde. 1991. 3-27.

PRIGENT, P. « Psaumes de Salomon. » In Dupont-Sommer, A. et Philonenko, M. editors. *La Bible. Écrits intertestamentaires*. Paris, 1987. 945-992.

David dans les manuscrits de la mer Morte

ATKINSON, K. « On the Herodian Origin of Militant Davidic Messianism at Qumran : New Light from Psalm of Solomon 17. » *Journal of Biblical Literature* 118, 1998. 435-460.

DE ROO, J.-C.R. « David's Deeds in the Dead Sea Scrolls. » *Dead Sea Discoveries* 6, 1999. 44-65.

EVANS, C.A. « David in the Dead Sea Scrolls. » In S.E. Porter and C.A. Evans, editors. *The Scrolls and the Scriptures : Qumran Fifty Years After*. Sheffield, 1997. 183-97.

Personnalités messianiques en Judée romaine

HENGEL, M. *The Zealots : Investigations into the Jewish Freedom Movement in the Period from Herod I until 70 a.d.* Édimbourg, 1989.

HORSLEY, R.A. et Hanson P.S. *Bandits, Prophets, and Messiahs : Popular Movements in the Time of Jesus.* Minneapolis, 1985.

Salomon le magicien

TORIJANO, P.A. *Solomon the Esoteric King : From King to Magus, Development of a Tradition.* Leyde, 2002.

Le Testament de Salomon

DULING, D.C. « The Testament of Solomon : Retrospect and Prospect. » *Journal for the Study of the Pseudepigrapha* 2, 1988. 87-112.

David et Salomon dans l'œuvre de Flavius Josèphe

FELDMAN, L.H. « Josephus'Portrait of David. » *Hebrew Union College Annual* 60, 1989. 129-174.

FELDMAN, L.H. « Josephus'Portrait of Solomon. » *Hebrew Union College Annual* 66, 1995. 103-167.

Jésus, David et Salomon

BOWMAN, J. « Solomon and Jesus. » *Abr-Nahrain* 23, 1984-1985. 1-13.

CHARLESWORTH, J.H. « The Son of David : Solomon and Jesus (Mark 10:47). » In P. Borgen and S. Giversen, editors. *The New Testament and Hellenistic Judaism*, Peabody, 1997. 72-87.

CHILTON, B. « Jesus ben David : Reflections on the Davidssohnfrage. » *Journal for the Study of the New Testament* 14, 1982. 88-112.

PAFFENROTH, K. « Jesus as Anointed and Healing Son of David in the Gospel of Matthew. » *Biblica* 80, 1999. 547-554.

SMITH, S.H. « The Function of the Son of David Tradition in Mark's Gospel. » *New Testament Studies* 42, 1996. 523-539.

David et Salomon dans la littérature rabbinique

BASSLER, J.M. « A Man for All Seasons. David in Rabbinic and New Testament Literature. » *Interpretation* 40, 1986. 156-169.

GOETSCEL, R. « Le Messie fils de David et le Messie fils de Joseph dans la littérature rabbinique ancienne. » In L. Desrousseaux et J. Vermeylen, editors. *Figures de David à travers la Bible*, Paris, 1999. 265-275.

SHIMOFF, S.R. « The Hellenization of Solomon in Rabbinic Texts. » In L.K. Handy, editor. *The Age of Solomon : Scholarship at the Turn of the Millennium*. Leyde, 1997. 457-469.

David et Salomon dans les écrits des Pères de l'Église

WOJCIK, J. « Discriminations Against David's Tragedy in Ancient Jewish and Christian Literature. » In R.-J. Frontain and J. Wojcik, editors. *The David Myth in Western Literature*. West Lafayette, 1981. 12-37.

Épilogue – Symboles d'autorité

David et Salomon dans l'art et la littérature des temps médiévaux et modernes

FLEMINGER, J. *Behind the Eyes of David.* Sussex, 2002.

FRONTAIN, R.-J. et Wojcik J., editors. *The David Myth in Western Literature.* West Lafayette, 1981.

HOURIHANE, C., editor. *King David in the Index of Christian Art*. Princeton, 2002.

Index scripturaire

Ancien Testament

Nouveau Testament

Index des noms

T

U

V

W

Y

Z

Remerciements

Au cours de nos recherches et de la composition de notre analyse de la tradition de David et Salomon, replacée dans son contexte archéologique et historique, nous nous sommes endettés auprès de nombreux collègues et amis, dont l'aide et les conseils nous ont été infiniment précieux. Parmi ceux qui ont abordé avec nous certains problèmes historiques particuliers, ou qui ont révisé nos premiers manuscrits, notre reconnaissance va spécialement au Pr Donald Redford, de Penn State University, au Pr Thomas Römer, de l'université de Lausanne, au Dr Oded Lipschits et à Gidi Yahalom, de l'université de Tel Aviv, et au Dr Hanan Eshel, de l'université Bar Ilan.

Nous remercions également Yuri Smertenko, de l'Intitute of Archaeology de l'université de Tel Aviv, pour les cartes et les illustrations incluses dans ce livre.

Comme d'habitude, notre agent, Carol Mann, a habilement guidé nos pas dès la conception de l'ouvrage. Bruce Nichols, notre éditeur de la Free Press pour ce livre et le précédent, *The Bible Unearthed* (*La Bible dévoilée*), nous a prodigué une fois de plus ses conseils éclairés ; l'habileté de sa plume éditoriale nous fut aussi d'un immense secours.

Nos familles – Joëlle, Adar et Saraï Finkelstein, Ellen et Maya Silberman – ont été d'une patience et d'une compréhension admirables durant ces longs mois passés à voyager, à rechercher, à écrire, à réécrire, sans oublier nos marathoniennes conversations téléphoniques entre la Belgique et Israël. Espérons que le résultat de notre travail justifiera la foi constante qu'elles s'obstinent à placer en nous.

I.F.

N.A.S.

le 23 juin 2005

Table des matières

Mourir pour Dieu
Daniel Boyarin

Cet ouvrage s'inscrit dans le nouveau courant de recherches qui se focalisent sur le Iᵉʳ siècle de notre ère et montrent à quel point était grande l'interpénétration des sphères juives et chrétiennes.

La Terre Sainte, cinquante ans d'archéologie
Jacques Briend (Sous la direction de)
(2 volumes) – Format compact

La première encyclopédie de la Terre sainte. Voici, racontée par les meilleurs historiens et archéologues du Proche-Orient, l'histoire et l'actualité des fouilles dans chacun des sites de la Terre sainte. Du Jourdain à la Samarie, de la Judée au Sinaï, un guide de voyage original et érudit.

Judas. De l'Évangile à l'holocauste
Pierre-Emmanuel Dauzat

La première enquête sur deux mille ans d'histoire et de littérature autour du personnage de Judas.
Depuis les Évangiles jusqu'au XXᵉ siècle et dans toute l'Europe, ce livre passionnant nous fait découvrir des Judas yiddish, russes, extrême-orientaux… et montre implacablement la postérité terrible de cette légende, liée à l'antisémitisme occidental. Un auteur érudit et passionnant a systématiquement suivi les traces de la haine dans notre histoire…

Aux origines d'Israël – quand la Bible dit vrai
William G. Dever

La réponse d'un spécialiste à Israël Finkelstein, auteur de *La Bible dévoilée*. Qu'est-ce que l'archéologie peut nous dire de la réalité de l'ancien Israël ? Peut-on vraiment croire la Bible quand elle parle de l'histoire ? William Dever répond à toutes ces questions dans cet ouvrage synthétique, richement documenté et illustré. Pour contrebalancer le scepticisme ambiant, voici un livre qui fait la part des choses entre foi et vérité historique, en s'appuyant sur la Bible et l'archéologie.

La Bible devoilée
Israël Finkelstein et Neil Asher Silberman

Deux archéologues israéliens revisitent les grandes questions de la Bible hébraïque à la lumière des plus récentes découvertes archéologiques : l'apparition du monothéisme et des premiers Israélites, l'arrivée en Terre sainte, les conditions de l'Exode, la constitution de Jérusalem comme capitale, etc. La plus tonique et la plus audacieuse des synthèses sur la Bible et l'archéologie depuis cinquante ans.

Naissance du monothéisme
André Lemaire

S'appuyant sur les dernières découvertes archéologiques et l'épigraphie, André Lemaire reconstitue la genèse du monothéisme et montre comment l'unicité de Dieu a été la réponse religieuse d'Israël face à l'hostilité des nations polythéistes.

L'encyclopédie des religions
Frédéric Lenoir et Ysée Tardan-Masquelier (Sous la direction de)
(2 volumes) – Format compact

Près de 5 années de travail, 130 collaborateurs dans le monde entier, 228 articles, des portraits de sages et de mystiques, de nombreux extraits des textes sacrés, 5 000 entrées, 160 dessins originaux, une centaine de cartes et de tableaux chronologiques… Structuré en deux tomes (« Histoire » et « Thèmes »), cet ouvrage vaste et précis répond à nos besoins de sens et de culture.

Que sait-on de Qumrân ?
Jodi Magness

Si les célèbres manuscrits de la mer Morte sont désormais bien connus, l'exploration archéologique du site et les objets trouvés révèlent des aspects méconnus de la mystérieuse communauté religieuse de Qumrân. À ce jour, une des meilleures synthèses sur ce sujet.

La Terre, la Bible et l'histoire. « Vers le pays que je te ferai voir »
Alain Marchadour et David Neuhaus

La Terre sainte au risque de la Bible et de l'histoire.
En une lecture claire et intelligente des textes les plus controversés sur la conquête de la terre, les auteurs traversent deux mille ans d'histoire (les Pères de l'Église, le Talmud, les Croisades), n'évitent aucune question douloureuse, notamment celle de l'antisémitisme occidental et chrétien ou celle de la création de l'État d'Israël et du destin tragique du peuple palestinien.
Ce livre permet à tous d'accueillir les questions posées par l'histoire complexe de cette terre, revendiquée par deux peuples, associée à trois religions.

Dictionnaire des monothéismes
Jacques Potin et Valentine Zuber (Sous la direction de)

Judaïsme, christianisme et islam, en 600 mots clés. Ce dictionnaire, le premier du genre, propose une synthèse précise et utile pour mieux comprendre les trois grandes religions monothéistes dans leurs dimensions religieuses, historiques et culturelles.

Abraham, enquête sur un patriarche
Abraham Ségal

Une formidable enquête sur un personnage grandiose et complexe, à l'origine des trois grandes religions monothéistes. Ce livre offre une relecture de vingt siècles de représentations religieuses, politiques et artistiques de la figure d'Abraham.

Paul le converti – apôtre ou apostat
Alan Segal

L'historien Alan F. Segal mène l'enquête : Paul, apôtre singulier, à la fois converti et apostat, a provoqué la séparation entre judaïsme et christianisme alors qu'il croyait militer pour leur réunion. Paul est ainsi le meilleur témoin, et le seul restant, des débats religieux de son temps.

Enquête sur l'identité de Jésus
Geza Vermes

Qui est l'homme Jésus dont parlent les récits du Nouveau Testament ? Geza Vermes, l'un des plus grands spécialistes de la littérature intertestamentaire, donne sa réponse et fait découvrir aux lecteurs de nouvelles hypothèses sur l'identité de l'homme Jésus.

L'Évangile des origines
Geza Vermes

Geza Vermes est l'un des plus grands spécialistes internationaux des manuscrits de la mer Morte. Il continue ici sa réflexion sur la figure de Jésus et propose une interprétation critique des évangiles qui oppose le Jésus « authentique » au Jésus présenté et transformé par les évangélistes, les premiers chrétiens et deux mille ans de christianisme. Il analyse l'ensemble des paroles de Jésus et invite à y retrouver son vrai message, celui d'un homme lié à un contexte et une culture.

La prison de Joseph
Alain Zivie

À partir de la découverte d'un lieu légendaire de l'Ancien Testament, le célèbre égyptologue Alain Zivie s'attache à restaurer la rigueur scientifique dans les rapports controversés entre l'Égypte et la Bible. Une enquête biblique au pays de Pharaon.

Composé par Nord Compo
à Villeneuve-d'Ascq

Achevé d'imprimer en mars 2006
par Normandie Roto Impression s.a.s.,
à Lonrai (Orne)
N° d'impression : 060530
N° d'éditeur : 2908
Dépot légal : mars 2006

Imprimé en France